2008

China's National
Reading Survey
Report

全国国民阅读调查报告

中国出版科学研究所
全国国民阅读调查课题组

中国书籍出版社

《全国国民阅读调查报告 （2008）》
课题组

课题组组长：郝振省

课题组副组长： 魏玉山　徐升国

课题组成员： 屈明颖　拜庆平　刘　晨　刘志永

调 查 执 行 ： 新生代市场监测机构

北京美兰德信息公司

北京世纪谨勤市场研究公司

北京希普思文化咨询有限责任公司

　　《全国国民阅读调查报告（2008）》历时两年多终于与大家见面了，这也是该调研项目首次作为公益性研究成果面向社会公开出版发行（前几次属科研成果发布）。

　　十多年前，鉴于我国出版业国民基本阅读数据的缺乏，考虑到国民阅读对提高国民综合文化素质和我国出版事业与出版产业发展的重要作用，中国出版科学研究所向新闻出版署（后升格为总署）提出了持续进行"全国国民阅读与购买倾向抽样调查"的申请，并获得批准。从1999年第一次开展调查至第五次调查结束，全国国民阅读调查走过了十年的历程，产生了很大的影响。本次调查于2007年3月1日启动，本次出版的报告是2007年底至2008年初入户访问的第五次调查数据及其研究成果。

　　自2007年起，全国国民阅读调查项目获得了国家财政部公益项目资金的资助，我们深深地意识到其中的责任与使命。作为一项连续性工程，我们吸收和秉承了前四次调查的主要做法和经验，并力求在项目运作环节中取得一些突破和提升。经过前期数月筹备，2007年10月12日，我所向柳斌杰署长和邬书林副署长提交了"第五次全国国民阅读调查"的专项请示报告。10月25日，柳署长批示："**总体方案可行。周密设计、科学调查是成功的关键。拟适当增加农村（东、中、西）的样本，以分析城市、近郊、乡村不同地带图书、报刊使用情况，注意科学性、准确性、真实性。**"根据柳署长批示，我所课题组再次审查、细化抽样实施方案，适当改进了样本结构，将批示最大限度地落实到调查工作实际中。2007年11月22日我所就柳署长批示的落实情况再次提交了较为详细的回复报告。隔日，柳署长批复："**很好，科研机构要把科学性放在首位。希望此次调查能够有较好的成果。**"

考虑到全国国民阅读调查工作已成为新闻出版总署批准和委托的重要科研项目，考虑到国家财政部的鼎力支持，考虑到该项目已经在业内外、国内外产生了一定的影响，初步成为出版科研方面的重要品牌，根据领导指示精神，中国出版科学研究所全国国民阅读调查课题组同志经过精心设计，反复论证，对第五次调查做了适当改进。

第一，完善问卷内容，提升问卷设计思路。在保持该调查项目连续性的基础上，本次问卷做了比较大的补充修改，补充了一些新的调查问题，增加了电子书、手机报等新媒体方面的问项，增加了动漫产品、公共文化服务等方面的问项；在调查思路、问项设计、语言表达等方面尽可能地考虑了与国际接轨，以便与国外同类研究成果进行比较。

第二，科学设计抽样方案，增加样本量，适量提高农村样本比例，改进样本结构，开阔研究思路。本次调查样本的抽取采用五阶段不等概率抽样方法，在全国除西藏、海南和港澳台之外的29个省、自治区和直辖市人口50万以上的城市中抽取56个样本城市。其中东部地区为22个样本城市，中部地区为19个，西部地区为15个。调查的有效样本量由上次的8000个增加到20800个，将农村样本在上次调查为20%的基础上，上调了5个百分点，城市非农样本15840个，农村样本4960个，其中农村样本占总样本的25%，样本总量东、中、西部分配为8700：6200：5900。从城市规模上看，人口在400万以上的城市和在200万—400万的城市所占比重分别由2005年的40%和20%下降至本次的14%，人口在100万—200万的城市和50万—100万的城市由20%分别上升至29%和43%，两者合计由2005年的不到一半（40%）上升到现在的七成多（72%）。

本次调查抽样还适当增加了少数民族地区的样本配额，在56个样本城市中，少数民族地区样本量占总样本量的 15.6%，这对于研究少数民族地区阅读状况与购买倾向十分重要。

第三，严把质量关，将科学性、准确性、真实性贯穿于调查全过程。为确保质量，我们特别注意切实加强组织协调，通过公开、透明地开展竞争性谈判，确定由新生代市场监测机构、北京美兰德信息公司和中国人民大学世纪谨勤市场研究公司等几家信誉好、实力强的调查公司共同完成入户问卷调查。为确保数据质量，我们制定了严格的调查程序和复核办法。首先，课题组按照《督导员操作手册》、《访问员操作规范》以及项目实施方案中有关质量保障措施的要求，有重点地监控执行公司的调查行为，严格抽样取样。其次，我们在合同中约定，问卷执行结束后，执行公司复核人员对样本质量及真实性进行100%一审和至少 20%电话复核。问卷收回研究所后，课题组进行20%的问卷抽审，以最大限度保证问卷数据的真实性和科学有效性。

第四，在数据处理环节，优化数据加权方法，努力体现数据处理的历史一致性与同口径可比性。每次调查，我们均根据通行的社会调查统计方法对样本结构根据社会实际结构进行加权，以使调查数据能够推及到全国人口。为保证统计口径的一致性和数据的历史可比性，本次调查在数据处理中，重新对加权方法进行了调整和改进，除对城乡结构进行加权外，还将东、中、西部人口结构以及大、中、小城镇结构纳入到加权体系中，并据此对调查数据进行加权处理和统计，以保证调查数据更加科学、合理，更能反映真实情况。

此外，在第五次全国国民阅读调查问卷的设计中，将往年调查问卷中的四个问项，即"以最近一周为例，你平均每天花多少时间在下列活动上：报纸、期刊、图书、VCD/DVD、网络、CD/MP3、广播、电视？""你在过去一年中阅读了多少本图书？""你在过去一年中阅读了多少本期刊？""你经常上网吗？"合并为一个问项："你过去一年接触过以下哪些媒体：图书、报纸、杂志、电视、广播、互联网、VCD/DVD、CD/MP3"，因此，只能提取各类媒体的接触率数据，不能提取各类媒介的阅读率。考虑到社会各界对当前国民各类媒体阅读率数据的关注，就国民图书、期刊、报纸、网络阅读率几个问项，按照往年问卷的提问方式设计问项，以电话复核的方式，对四组数据重新进行CATI调查。为此，我们委托专业电话调查机构，于2008年5月1—8日专门对图书阅读率、报纸阅读率、期刊阅读率和网络阅读率进行电话补充访问。电话访问对象为此次调查的20800个样本，成功接触有效样本10065个，并且样本结构基本保持整体平衡，并根据电话调查的数据，对调查数据进行加权处理和统计计算。

阅读关乎民族的兴盛和进步。在我国，促进国民阅读也正在成为一项基本的国家公共文化政策。由我所科研人员撰写的前四册《全国国民阅读与购买倾向抽样调查报告》相继推出后，以报告本身的科学性、权威性，为新闻出版管理部门的决策提供了较有价值的参考，在全国出版业界内外得到了广泛应用，同时也受到了国际传媒业、出版业的广泛关注，中央电视台、新华社、《人民日报》等全国数百家媒体对调查的有关情况进行了及时报道、重点报道、连续报道。受调查影响，部分全国政协委员多次联名提议设立国家读书节。促进阅读，提高国民的文化素质已经成为出版管理机关和全社会的共同责任。

全国国民阅读调查报告社会影响力的日益提高，是对我所及相关科研人员的鞭策和鼓舞，我们将以此为契机，全力以赴，更加精心、更加科学地组织，更加周密地安排，把这项基础调查工作做好，以公正、客观、科学、权威的调研成果，回报社会各界的关怀与支持！

中国出版科学研究所　所长

郝振省

2009 年 9 月 18 日

导 言

第一章　中国媒介环境现状及趋势

第二章　我国国民图书阅读与购买倾向

第三章　我国国民报刊阅读与购买倾向

第四章　我国国民音像电子出版物阅读与购买倾向

第五章　我国国民动漫与游戏产品消费倾向

第六章　我国国民数字出版产品阅读与购买倾向

第七章　我国国民版权认知状况

第八章　我国国民公共文化设施使用状况

导　言

一、主要发现

■1.1　我国国民媒介接触状况

（1）本次调查结果显示，电视依旧是受众规模最大的媒介，以98.8％的接触率位于各大媒介之首。其次是报纸和期刊这两个平面媒介，接触率分别为58.3％和38.4％。值得注意的是录像带/VCD/DVD等视频出版物的接触率超过图书，高达31.7％。图书、广播这两个传统媒介的接触率分别为27.7％和26.8％，位列第五位和第六位。互联网这一新兴媒介的接触率虽然落后于其他传统媒介，但其接触率与广播已经非常接近，达25.7％。盒式录音带/CD/MP3等音频出版物的接触率为12.2％。

（2）男性比女性更广泛地接触不同类型的媒介，城镇人口比农业人口更广泛地接触媒介。从受教育程度上看，学历越高的人群接触的媒介类型更多；而年龄越大，接触的媒介种类越少。随着区域经济水平的增长，国民的媒介接触种类增多。

（3）女性对电视的接触率略高于男性；低学历群体的电视接触

率高于高学历群体；年轻人对电视的接触率低于中老年人；农业人口的电视接触率高于城镇人口。与电视媒介正好相反，广播媒介在男性、城镇人口、高学历人群中的接触率较高。在不同年龄段的人群中，广播媒介的接触率呈现两头高中间低的趋势，在18—29周岁的年轻群体和50岁以上老年群体中广播的接触率较高。

（4）男性、城镇人口、高学历、年轻人对平面媒介的接触率更高。有所不同的是，男性和女性在图书和报纸的接触率上差距较大，而在期刊接触率上的差距却很小。这说明相对图书、报纸而言，女性接触期刊的倾向性更高。相对图书和期刊而言，报纸接触率随年龄的增长下降的速度较慢。也就是说，报纸读者群的年龄跨度更大。

（5）音像出版物的接触率在男性、城镇人口、高学历、年轻人中较高。值得注意的是，录像带/VCD/DVD等视频出版物的接触率在城镇人口和农业人口间差距不大，尤其是在18—39周岁人口中，农业人口的接触率甚至高于城镇人口。

（6）我国网民的上网频率较高，87.9％的网民每周上网1次以上，每天上网1次以上的网民也占到39.9％。我国城镇居民互联网接触率为42.6％，而农村居民的互联网接触率仅为17.1％。互联网接触率较高的人群还是集中在高学历和年轻群体中。

■1.2　我国国民媒介使用目的

（1）相对而言，报纸、电视、广播最突出的功能是"了解国内外新闻时事"和"了解国内外观点和思潮"。图书最突出的功能是"了解与工作学习有关的信息"。期刊最突出的功能是"了解生活/消费资讯"、"了解时尚流行趋势"。互联网、音像电子出版物最突出的功能是"休闲娱乐"。值得注意的是，"境外媒介"最突出的功能是"了解时尚流行趋势"，而非了解时政和观点性资讯。

（2）电视是一种被依赖程度很高的媒介。在不同的使用目的上，平均有 48.2％的电视观众将电视作为可以依靠的媒介。其次是互联网，平均依赖度为 29.3％；第三是报纸，为 23.8％。

（3）在高学历人群中，依靠媒介"了解与工作学习有关的信息"的倾向性非常明显。对城镇人口来说，使用媒介的目的在"了解时尚流行趋势"的倾向性上突出，其次是"了解与工作学习有关的信息"。而农业人口在使用媒介时，更着重利用媒介比较基础和核心的功能"了解国内外新闻时事"，其次"休闲娱乐"也是农业人口倾向性较高的媒介使用目的。

■ 1.3 我国国民 2007 年自费消费出版物状况

（1）本次调查数据显示，在各类出版物中，我国国民购买率最高的是报纸，购买率达 45.4％；其次为期刊，购买率为 26.4％；VCD/DVD 位列第三，购买率为 25.3％。

（2）2007 年我国国民购买图书 5.1 亿本，购买总金额为 86.6 亿元。男性购书的数量显著高于女性。从购买金额上看，男性比女性平均每人多花 4.5 元左右。年龄越小购买图书的数量和金额越大，学历越高购书的数量和金额越大。在学历为硕士及以上的群体中，平均每人每年购买图书 9.26 本，购买总金额高达 247.1 元。从平均每本图书购买金额可以看到，我国国民购买每本图书的平均花费在 17 元左右。在 40—49 周岁年龄段的人群中，平均购买每本图书的花费较高。在高学历的人群中，平均购买每本图书的花费显著高于低学历群体。

（3）2007 年我国国民购买报纸总金额 218.2 亿元，购买期刊总金额 75.6 亿元。和图书一样，报纸和期刊在高学历群体中的消费金额要显著高于低学历群体。但从性别上看，男性购买报纸的数量和金额较高，而女性购买期刊的数量和金额则高于男性，说明女性阅读期刊的倾向性更高。

（4）2007 年我国国民自费购买 VCD/DVD 的总量为 10.2 亿张，总金额达 93.5 亿元；自费购买 CD-ROM 0.3 亿张，总金额达 2.6 亿元；自费购买盒式录音带 0.7 亿盒，总金额 6.5 亿元；自费购买 CD 0.9 亿张，总金额 9.0 亿元。音像电子出版物在男性、年轻人和高学历人群中购买数量和金额较高。

▌1.4 我国国民读书状况及变化

（1）本次调查数据显示，我国国民对阅读重要性的认知程度较高，69.1％的被访者认为当今社会阅读是"非常重要"或"比较重要"的。男性和女性在对阅读重要性的认知上差别不大；城镇人口对阅读重要性的认知度比农业人口略高；高学历群体对阅读重要性的认知度要高于低学历群体；18—29 周岁人群对阅读重要性的认知度要显著高于其他年龄段的群体。值得注意的是，在不同媒介的受众中，图书读者对阅读重要性的认知度最高，电视观众对阅读重要性的认知度最低。这说明收看电视可能对人们的阅读的需求会有一定的影响。

（2）在图书的读者中，对读书的目的选择最多的是"增加知识，开阔视野"，选择比例达 58.0％；其次是"休闲消遣"，占 45.5％；第三是"满足兴趣爱好"，占 41.6％。

（3）本次调查数据显示，我国国民每年平均每人阅读图书 4.58 本。其中男性平均每人读书 5.40 本，显著高于女性的平均每人 3.71 本。城镇人口平均每人读书 6.68 本，显著高于农业人口的平均每人 3.51 本。在不同学历和年龄的人口中，学历越高 2007 年阅读图书的本数越多，年龄越小 2007 年阅读图书的本数越多。

（4）我国国民阅读的图书主要来源于"自费购买"，选择比例达 70.7％；其次是"向他人借阅"，占 51.6％。在城镇人口中，"自费购买"、"到图书馆借阅"的倾向性显著高于农业人口。在农业人口中，"向他人借阅"、"租书"的倾向性显著高于城镇人口。同时可以看到，农业人口在"农家书屋"读书的相对比例要显著高于城镇人口在"社区书屋"读书的比例。

（5）我国国民家庭藏书量平均为 76 本。其中城镇人口家庭平均藏书 105 本，远远高于农业人口的 48 本。被访者的学历越高，家庭藏书量越大。高年龄群体中的家庭藏书量要显著高于低年龄群体中的家庭藏书量。

■1.5 我国国民购书状况

（1）新华书店是我国国民买书的最主要渠道，选择比例达 70.2%；其次为除新华书店外的其他书店，选择比例为 42.4%。值得注意的是，"街头书摊"的购买比例排在第三位，高达 35.7%。

（2）97.0% 的购书者主要的购买目的是"自己看"，"给孩子、家人看"的比例占到 36.6%。值得注意的是，"作为礼品赠送他人"的比例占到 3.3%。虽然占总体的比例不是很大，但推及到总量还是具有相当大的规模。如果按照 3.3% 的比例计算，礼品书的市场规模大约有 3 亿左右，是一个很有潜力的市场。

（3）在消费者购书过程中，有很多因素影响到最终的购买行为。本次数据显示，在影响购书的因素中，选择比例最高的是"图书内容简介"，占 68.2%；其次是书名，占 27.1%；价格因素排在第三位，占 22.6%。在图书的购买障碍方面，选择比例最高的是"家离卖书的地方很远"，占 21.1%；其次是"对书的信息知道得少"，占 10.5%；排在第三位的是"想买的书总是没有"，占 9.9%。

（4）本次调查数据显示，消费者获取图书信息最主要的渠道是"朋友或他人推荐"，选择比例占 35.4%；其次为"报纸、期刊"，占 32.1%；排在第三位的是电视，占 28.1%。

（5）我国图书读者平均能接受一本 200 页左右的文学类简装书的价格为 14.3 元。女性平均能承受的价格比男性高出 0.5 元。城镇人口的价格承受力高于农业人口，高学历、低年龄的群体价格承受力更高。

1.6 中国分类图书市场状况

（1）各类图书中，市场占有率最高的是文学类图书。2007 年共有约 0.7 亿人购买过文学类图书，占总图书购买人数的 33.4%；其次为综合类图书，市场占有率达 20.5%；排名第三的是文化、科学、教育、体育类图书，市场占有率为 19.9%。

（2）数据显示，2007 年文学类图书的总销售量大约在 2.7 亿本左右；文化、科学、教育、体育类图书的销量在 1.8 亿本左右；综合性图书的销量在 1.7 亿本左右。

（3）在文学类图书中，最受喜爱的是文学名著，偏好度为 37.4%；其次是武侠小说，偏好度为 28.4%；排名第三的是当代小说，偏好度为 26.3%。从市场占有率上看，最高的是文学名著，市场占有率为 32.6%；其次为当代小说，市场占有率为 21.3%；第三是武侠小说，市场占有率为 18.9%。

（4）在经济类图书中，偏好度排名前三的图书分别是：市场营销、经营管理和经济理论，市场占有率排名前三的仍旧是这三类。市场空白度排名前三的分别是证券期货、经济理论、房产物业。

（5）儿童类图书偏好度和市场占有率最高的都是童话故事，市场空白度最高的是学前教育。

（6）在生活类图书市场中，偏好度、市场占有率排名前三的分别是生活知识、家庭保健、烹饪美食。市场空白度排名前三的是家庭手工制作、家庭保健和生活知识。

（7）在外语类图书市场中，市场占有率排名前三的图书分别为外语工具书、外语学习、文艺类读物。市场空白度最高的三类分别为文艺读物、商贸外语、旅游外语。

（8）在科技类图书市场中，市场占有率排名前三的图书分别为医药卫生、计算机和农业科技。市场空白度最高的三类分别为科普、医药卫生和农业科技。

■1.7 我国国民报刊阅读与购买倾向

（1）2007年我国国民报纸阅读率为73.4%，而识字者报纸阅读率为73.8%。在我国识字人群中，每人每月平均阅读报纸约7.4期。识字人群报纸阅读情况整体上呈现出一种"两极化"的倾向，表现为：在我国识字的报纸阅读总体中，每月读20期以上报纸的读者比例最高，占24.5%；其次为每月读3—4期报纸的读者比例，占8.6%；第三为每月读1—2期的读者比例，占8.1%；第四为每月读5—9期的读者比例，占8.0%；而不读报纸的人数比例达到39.9%。

（2）2007年，我国识字人群购买报纸的比例为46.1%，而在报纸阅读人群中，通过自费购买方式获取报纸的达到72.6%。在所有渠道中，读者通过报摊购买获得报纸的比例最高，为45.7%；其次为家庭订阅，比例为31.0%；第三是借阅，比例为27.8%；第四是单位订阅，比例为15.7%。通过邮购、手机报和网上购买方式获得报纸的比例较低，分别为邮购1.0%、手机报0.6%、网上购买0.3%。

（3）本次调查的结果显示，在我国报纸读者中，很少有人能接受广告版面占总版面比例的50%以上，能接受的比例不足1.2%；只有5.7%的读者能接受广告版面占总版面比例的30%以上；50.2%的读者能接受占版面不到10%的广告；7.4%的读者希望没有广告。

（4）在我国识字人群中，期刊阅读率为58.4％，平均每人每月阅读期刊约1.7期。每月平均读1—2期的读者比例最高，占53.5％；其次为每月读3—4期的读者，占23.6％；每月读5本以上期刊的读者较少。

（5）在不同类型的期刊中，文化娱乐类期刊的阅读率最高，达到45.9％；其次是家居生活类期刊，阅读率达到39.7％；第三是文学艺术类期刊，阅读率为35.0％。财经管理类、学习辅导类、学术科技类和卡通漫画类期刊阅读率偏低一些。

（6）我国期刊读者获得期刊的第一渠道是报摊购买，比例为53.7％；其次是借阅，比例为40.3％；排在第三位的是书店购买，比例为16.5％。

（7）只有1.1％的读者能接受期刊价格在20元以上；能接受10—19元价格区间的读者有11.8％；68.1％的读者能接受的期刊价格在6元以下。

（8）在我国期刊读者中，只有1.5％的人能接受广告版面占总版面比例的50％以上；只有5.1％的读者能接受广告版面占总版面比例的30％以上；53.8％的读者能接受不到总版面10％的广告；10.5％的读者希望没有广告。

■1.8　我国音像电子出版物消费市场

（1）从各个类别音像电子出版物的购买率看，VCD/DVD制品的购买率最高，占到25.3％；CD、盒式录音带以及CD-ROM的购买率相对较低，分别为3.0％、2.8％及0.9％。从城乡区别来看，农村人口VCD/DVD制品的购买率高，为25.4％，高于城镇人口的购买率。而在盒式录音带、CD制品、CD-ROM上，农村人口的购买率则低于城镇人口。

（2）我国国民对几个类别的音像电子出版物的价格承受力比较

一致，集中在 10—12 元之间。其中，对 CD-ROM 价格的承受力最高，为 11.88 元，第二位的为 DVD 光盘，平均承受价格为 11.39 元。而 VCD 光盘、CD 光盘及盒式录音带的承受力均在 10—11 元之间。

（3）根据本次调查样本总体的音像电子产品消费情况，推算出全国国民在 2007 年对音像电子出版物的总体消费状况。VCD/DVD 光碟无论从数量上还是金额上都在音像电子出版物中居首位，全年消费量达 10.2 亿张，总金额达 93.5 亿元人民币，产值仅次于报纸，高于期刊和图书，位居出版物排名第二位。

（4）数据显示，音像店是人们最主要的购买音像电子出版物的地点，33.0％的人群选择经常去音像店购买音像电子制品，而街头地摊则是排名第二位的购买地点，比例为 16.2％。此外，商场超市、书店也是我国国民经常购买音像电子出版物的地点。而软件专卖店、网络和其他渠道则较少有人选择，仅有 1.0％的人群会到软件专卖店购买，0.5％的人群会在网上购买音像电子出版物。

（5）经常通过互联网购买音像电子出版物的人群占样本总体的 0.5％，而在所有音像电子出版物的购买人群中这一比例达到 1.1％。在有网络购买经验的人群中，经常通过网络购买音像电子出版物的人群比例为 17.8％。

■1.9　我国动漫与游戏消费市场

（1）本次调查结果显示，我国国民中有 26.1％的人口接触过漫画等动漫作品。就年龄而言，不同人群对动漫作品的接触在 30—39 周岁、40—49 周岁年龄段之间出现了明显落差。超过 80％的动漫接触人群集中在 18—39 周岁年龄段，这与 20 世纪八九十年代的动漫作品大流行趋势相吻合。而 18—22 周岁这一年龄段集中了 25.9％的动漫接触人群，明显高于总体人群，年轻化倾向显著。动漫接触人群中，学历在高中及以上的占 59.3%。

（2）搞笑题材作品以其广泛适应性受到普遍欢迎，在所有接触过动漫作品的人群中，有 53.3% 的人表示喜爱搞笑类作品。神话、科幻、侦探等富有戏剧性情节的作品也为动漫接触人群所喜爱。恐怖、励志题材作品则较为小众，仅为部分人所喜爱。

（3）在本次调查中，中国内地的动漫作品以 51.9% 的喜好比例占据绝对优势，而日本紧随其后，排在第二位。韩国、美国、中国港台地区的动漫作品喜好比例依次降低。

（4）总体而言，动漫作品接触人群最偏爱的单机游戏类型，是以动作操控为主的赛车类，棋牌益智类休闲游戏位居第二，富于情节的神话武侠 RPG、动作类和科幻奇幻类 RPG 的喜爱度依次下降。

（5）从人群特征分析，女性花费在单机游戏上的时间略长于男性。18—30 周岁人群的游戏时间较长。从消费状况看，动漫作品接触人群过去一年在单机游戏上的平均花费为 47.1 元。超过六成的动漫接触人群在单机游戏上没有花费，而有过消费的消费金额多数集中在 50 元以下。

（6）与单机游戏不同，动漫接触人群最为喜爱的网络游戏为棋牌益智类，占 36.6%。在能够实现多人联网的网络游戏环境下，适于多人合作竞技的棋牌益智类游戏具有独特优势。神话武侠 RPG 则位居第二，35.9% 的人群对其表示喜爱。总体而言，无论是网络游戏还是单机游戏，棋牌益智类、神话武侠 RPG、科幻奇幻 RPG 及赛车类都受到了普遍喜爱。

（7）动漫接触人群花费在网络游戏上的平均时间明显长于单机游戏，为 1.64 小时。从数量上看，动漫接触人群 2007 年网络游戏的平均花费为 155.4 元，远超在单机游戏上的花费，而仅有 35.0% 的动漫接触人群表示在网络游戏上没有花费，这也反映出网络游戏对时间、金钱成本的要求。

1.10 数字出版消费市场

（1）数据显示，在我国图书读者中，知道或听说过电子图书的人群占总体的 47.4％。其中男性对电子图书的认知度比女性更高。城镇人口对电子图书的认知度显著高于农业人口，高出近 18 个百分点。高学历群体、低年龄群体对电子图书的认知度更高。

（2）在 2007 年阅读过图书的人群中，19.3％的人阅读过电子图书。其中男性占 21.4％，显著高于女性的 16.3％。城镇人口中电子图书阅读率为 24.8％，远远高于农业人口的 14.7％。电子图书阅读率在高学历人群和低学历人群之间的差距相当惊人。硕士及以上学历人群中电子图书阅读率高达 64.8％，而小学及以下学历人群中电子图书阅读率仅为 1.0％。低年龄群体的电子图书阅读率也显著高于高年龄群体。

（3）在电子图书的三种获取方式中，网络在线阅读是最普遍的阅读方式，选择比例高达 79.7％；其次为下载阅读，选择比例为 49.6％；第三为光盘（CD-ROM）读取，选择比例为 7.3％。主要通过光盘读取的方式来阅读电子书的人群，具有高学历、年龄较大、高收入等特征。网络在线阅读人群平均学历较低，收入较低，农业人口占的比例较大。而下载到终端设备阅读的人学历和收入都比较高。

（4）数据显示，有 39.9％的被访者认为阅读电子书对印刷书籍的购买"不会有任何影响"，有 34.9％的人认为"会减少印刷书籍的购买"，只有 4.4％的人认为"会增加印刷书籍的购买"。不同人群对此的看法也有差异，其中学生群体中认为会减少印刷书籍购买的比例较低，而认为不变或增加的比例较高。相比农业人口，城镇人口中认为不变或增加的比例较高。

（5）本次调查数据显示，在我国报纸的读者中，有固定阅读手机报习惯的用户规模在 251 万人左右，占报纸总体读者的

0.56%，占总体人口的比例为 0.33%。在不同人群中，手机报阅读率有所差异，男性阅读手机报的比例略高于女性。城镇人口中手机报阅读率高于农业人口。手机报在高学历和低年龄群体中阅读率较高。

（6）在我国期刊的读者中，有固定阅读电子期刊习惯的人口规模在 227 万人左右，占期刊读者的 0.77%，占总体人口的 0.30%。女性中有固定阅读电子期刊习惯的比例高于男性。

（7）本次调查数据显示，我国网民上网从事的活动中，比例最高的是"网上聊天/交友"，占 61.1%；其次是"阅读新闻"，占 52.5%；第三是"查询各类信息"，占 50.7%。在网上主要从事与阅读有关行为的人占全体网民的 81.2%，其中女性在网上主要从事与阅读有关行为的比例高于男性，城镇人口高于农业人口。此外，在高学历和高年龄的人中这个比例也较高。

■ 1.11 我国国民版权认知状况

（1）71.3% 的国民表示"听说过"版权这回事，仅有 28.7% 的国民表示"没听说过"。与 2005 年 60.6% 的国民认知率相比，国民对于版权概念的认知有大幅度提高。从东/中/西区域分布看，各个区域人口之间版权认知度具有一定差异，东部地区近 80% 的国民"听说过"版权概念，高于中部和西部地区。从城市规模来看，大型城市的版权认知率达到 78.7%，中型城市为 71.8%，小型城市为 65.3%，呈现出城市规模越大，版权认知度越高的趋势。而从城、乡分布来看，城镇人口对于版权的认知度明显高于农业人口，近 90% 的城镇人口表示"听说过"版权的概念。

（2）从版权涉及的范围看，国民认知的版权作品类型中，64% 以上的国民认为文字作品、书报刊和音像制品属于版权作品，认知度最高。影视作品的版权的国民认知率达到 47.2%，软件、设计图、美术摄影作品等有 20% 以上的国民认为属于版权作品，仅有 10.7% 的人口认为口述作品也属于版权作品。另外，分别有 39.8% 和 21.2% 的国民将"专利、商标、发明等"和"工商产品"这类与版权作品同属于知识产权保护范围的产品形式误选为是版权作品。

（3）对于版权受到侵害时应该去寻求帮助的管理机构，国民对版权局、法院和知识产权局的认知度最高，分别是 45.4%、30.6% 和 26.6%，也有 17.3% 的国民认为，应该向新闻出版局寻求帮助。仅有 2.6% 国民认为，在版权受到侵害时应该向城管部门寻求帮助。消费者协会、公安局的选择比例也均不高。

（4）在回答"您认为侵犯版权应该受到什么处罚"这一问题时，仅有 1.7% 的国民认为侵犯版权"不需要受到处罚"，意味着绝大部分国民均认为侵犯版权应该受到相应处罚。具体而言，69.0% 的国民认为应该"没收非法所得并罚款"，而 26.5% 的国民也表示应该"没收非法所得"。对于"判刑"这一处罚措施，有 17.8% 的国民认同。

（5）本次调查结果表明，2007 年我国国民的盗版出版物购买率为 41.9%，与 2005 年 45.5% 的盗版出版物购买率相比，有所下降。从盗版出版物分类来看，音像制品的购买率最高，76.6% 的盗版购买人群表示购买过音像制品；一般图书的购买率位居第二，有 36.9% 的人群购买过一般图书；而游戏软件和计算机软件的购买率则维持在 6% 左右，购买比例较低。

（6）便宜的价格是吸引人们购买盗版出版物的最主要原因，84.2% 的盗版购买者表示因为价格原因而购买盗版。而购买方便也是人们购买盗版出版物的原因之一，30.4% 的盗版购买者出于购买方便而选择盗版。也有 14.6% 的盗版购买者表示买时不知道所买的是盗版。另外，品种丰富、内容新颖和没有正版可买也是盗版购买者选择盗版出版物的原因。

（7）从历年来我国国民对于盗版出版物的认知变化来看，认为

"盗版对读者和出版者都不利"的比例逐年下降。2001 年时，61.8％的国民持此观点，2003 年下降到 53.2％，2005 年为 47.4％，直到 2007 年的调查结果显示，选择"盗版对读者和出版者都不利"的比例为 45.2％，为历年最低。另外，36.8％的国民认为"盗版对读者有利，对出版者不利"，而认为"盗版对读者和出版者都有利"的国民则略有上升，从 2005 年的 5.3％上升至 7.3％。

■ 1.12 我国公共文化设施状况

（1）在我国的城镇地区，报刊栏是普及率最高的公共文化设施，达 50.1％，这与其占地小、设置灵活方便的特点有关。公共图书馆的普及率为 44.8％，社区阅览室的普及率较低，为 28.7％。公共文化设施的总体普及率为 65.0％。

（2）在我国的城镇地区，公共文化设施的使用频率以阅报栏为最高，平均使用频率为 13.3 次/年，而每月使用阅报栏一次以上的居民比例达到 49.9％，公共阅报栏是居民最经常使用的公共阅读文化设施。社区阅览室的平均使用频率为 6.9 次/年，略高于公共图书馆的使用频率。

（3）在我国的城镇地区，公众对于公共文化设施的满意度普遍较高。其中，对于公共图书馆的满意度最高，56.6％的人群表示对公共图书馆"满意"或"比较满意"，仅有 6.7％的人对公共图书馆表示不满意。社区阅览室、报刊栏的公众满意度也较高，均超过 50％。

（4）农家书屋工程是新闻出版总署等 8 部委于 2007 年初共同发起实施的一项惠及广大农民群众，推动农村文化建设的重大工程，被列为国家公共文化服务体系建设 5 项重大工程之一。经过近一年的实施和发展，农家书屋在农村地区取得了一定成效。本次调查数据显示，农家书屋在我国农业人口中的普及率达到 12.7％。分区域来看，东部地区农家书屋的普及率高于中部、西部地区，达到

16.3%；中部地区普及率为 12.9%，与平均水平基本持平；西部地区农家书屋的普及率为 7.3%，仍然需要大力普及和发展。

（5）从使用频率上看，已经建成农家书屋的地区，其平均每人使用频率为 6.7 次/年，与城镇公共文化设施中公共图书馆 6.5 次/年、社区阅览室 6.9 次/年的平均使用频率不相上下。

（6）农村人口对于农家书屋的满意度较高，67.5% 的农村人口对农家书屋表示满意。比较城镇人口对于城市公共文化设施 50% 左右的满意度，农村人口对于农家书屋的满意度较高。

（7）对农家书屋的设置表示"一般"和"不满意"的人群，其不满意的主要原因是"书报刊太少"，23.4% 的人群认同这一观点。"环境不理想"这一原因排在第二位，为 20.7%。对于农家书屋的出版物类型，农村居民认为最为缺少的是自然科学技术类，这一比例达到 32.0%；而认为缺少文学艺术类、哲学社会科学类的也占到了 29.8% 和 25.8%；认为缺少文化教育和少儿读物的比例也达到 21.9% 和 18.6%。另外，还有 14.6% 和 11.4% 的人群认为农家书屋缺少影视作品、音乐作品。

二、抽样设计

■ 2.1　调查目的

全面了解我国国民的阅读与购买兴趣、偏好、方式、需求、行为等基本状况和变动情况，分析、总结我国国民阅读与购买图书、报纸、期刊、音像、电子、网络等不同出版物的变化规律和发展趋势，为国家新闻出版管理机关的管理和出版单位的生产提供服务。

2.2 调查总体

本次调查的对象为我国市辖区人口在 50 万以上的地级以上城市（不包括西藏、海南及港澳台地区），年龄在 18—70 周岁之间，具有本市城镇或农业户口的人。

2.3 抽样框

本次调查抽样框根据《2006 中国城市统计年鉴》及各城市行政区划资料编制。

2.4 样本量

考虑到自代表城市对自身城市的代表性，我们将人口数大于 500 万的自代表城市样本量定为 600 个，人口 500 万以下的自代表城市样本量定为 500 个，非自代表城市的样本量定为 300 个。总样本量为20800个，其中非农业人口 15840 人，农业人口 4960 人。

按照完全随机抽样的方式，在 95％的置信水平下，总样本合计 20800，抽样误差为 0.68％。

人口大于 500 万的自代表城市样本量 600，抽样误差为 4.0％。

人口 500 万以下的自代表城市样本量 500，抽样误差为 4.4％。

其他城市样本量 300，抽样误差为 5.7％。

随机抽样样本量计算公式如下：

$$n = \frac{Z^2(S^2/X^2)}{d^2/X^2} = \frac{Z^2V^2}{P^2}$$

其中：n 代表所需要样本量；Z 表示置信水平下的 Z 统计量，如 95％置信水平的 Z 统计量为 1.96；P 代表相对误差；V 为变异系数，通常比较保守的估计值为 0.5 左右。

以上是按完全随机抽样计算的抽样误差，而本次研究所采用的多阶段分层不等概率抽样的抽样误差要小于完全随机抽样误差。也就是说，在样本量达到 600 的情况下，能够做到样本与整体之间的差距小于 4%；在样本量达到 500 的情况下，能够做到样本与整体之间的差距小于 4.4%。对于整个调查，样本量为 20800，能够做到样本与整体之间的差距小于 0.68%。

■2.5　抽样方法

本方案采用分层的五阶段不等概率抽样，各阶段的抽样单位为：

第一阶段：以人口数在 50 万以上的地级及以上城市为一级抽样单位。

第二阶段：以区（市辖区）、县（市辖县）为二级抽样单位。

第三阶段：非农样本以地图块为三级抽样单位，农村样本以镇下行政村为三级抽样单位。

第四阶段：以家庭户为四级抽样单位。

第五阶段：以 KISH 表随机选取的家庭成员为最终样本。

■2.6　样本城市

2.6.1　16 个自代表城市

市辖区人口在 200 万以上[①]的城市我们采用典型抽样的方法，用 16 个自代表城市作为研究的样本城市。分别为：北京、上海、重庆、广州、武汉、天津、西安、南京、成都、沈阳、杭州、济南、

---

① 本报告中城市人口数据均来自《2006 中国城市统计年鉴》。

郑州、昆明、兰州、乌鲁木齐①。

2.6.2 40个非自代表城市

对于人口数在50万—200万之间的地级及以上城市,我们采用实际人口规模和区域②两个维度,将40个城市样本进行分配。结果如下:

	市辖区人口 100万—200万	市辖区人口 50万—100万
东部	7	7
中部	5	10
西部	4	7

以上40个城市从符合人口规模和区域分布的城市列表中随机抽样产生。最终抽样得到的城市为:

	市辖区人口100万—200万	市辖区人口50万—100万
东部	湖州/临沂/邯郸/泉州/徐州/抚顺/中山	阜新/揭阳/金华/漳州/德州/南通/廊坊
中部	亳州/齐齐哈尔/荆州/宜春/益阳	吉安/马鞍山/开封/临汾/牡丹江/邵阳/荆门/松原/忻州/新乡
西部	西宁/天水/资阳/呼和浩特	曲靖/商洛/攀枝花/遵义/银川/玉林/通辽

---

① 乌鲁木齐市辖区人口为185.61万,考虑到本次调查对西部地区国民阅读状况的关注,将乌鲁木齐作为自代表城市进行调查。

② 东、中、西部区域的划分以区域的经济水平差异为主要依据。依据全国人大"七五"计划的划分,并结合2000年国家制定的西部大开发政策中对西部地区范围的调整划分如下:(不包括西藏、海南及港澳台地区)

东部:北京、天津、河北、辽宁、上海、江苏、浙江、福建、山东、广东。

中部:山西、吉林、黑龙江、安徽、江西、河南、湖北、湖南。

西部:广西、重庆、四川、贵州、云南、陕西、甘肃、内蒙古、宁夏、青海、新疆。

■ 2.7 城镇/农业样本配额

由于农村地区国民的阅读状况是本调查关注的重点之一，一方面考虑执行的可行性，另一方面考虑样本的代表性，本次调查将城市样本与农村样本的比例设计为3:1左右。为了加强具体执行过程的可操作性和数据的可控性，我们规定在市辖区内只抽取地图块为三级单元，并且只访问城市样本；在市辖县内只抽取乡镇为三级单元，并且只访问农村样本。具体配额如下：

市辖区人口＞500万的自代表城市，城镇:农业＝5:1

市辖区人口＜500万的自代表城市，城镇:农业＝4:1

市辖区人口100万—200万的非自代表城市，城镇:农业＝4:1

市辖区人口50万—100万的非自代表城市，城镇:农业＝2:1

■ 2.8 样本分布

本次调查设计总样本量20800个，其中城镇人口样本15840个，农业人口样本4960个。包括56个城市，覆盖除西藏、海南和港澳台之外的全部省份。东部、中部、西部的样本比例为8700:6200:5900。非农和农业人口比例为3.2:1。整体抽样误差不超过0.68%。

各样本城市农业、城镇人口样本分布如下：

东部					中部					西部				
省份	城市	总样本	城镇	农业	省份	城市	总样本	城镇	农业	省份	城市	总样本	城镇	农业
北京	北京	600	500	100	山西	临汾	300	200	100	广西	玉林	300	200	100
天津	天津	600	500	100	山西	忻州	300	200	100	重庆	重庆	600	500	100
河北	邯郸	300	240	60	内蒙古	呼和浩特	300	240	60	四川	成都	500	400	100
河北	廊坊	300	200	100	内蒙古					四川	资阳	300	240	60
辽宁	沈阳	500	400	100	内蒙古	通辽	300	200	100	四川	攀枝花	300	200	100
辽宁	抚顺	300	240	60	吉林	松原	300	200	100	贵州	遵义	300	200	100
辽宁	阜新	300	200	100	黑龙江	齐齐哈尔	300	240	60	云南	昆明	500	400	100
上海	上海	600	500	100	黑龙江					云南	曲靖	300	200	100
江苏	南京	600	500	100	黑龙江	牡丹江	300	200	100	陕西	商洛	300	200	100
江苏	徐州	300	240	60	安徽	亳州	300	240	60	陕西	西安	600	500	100
江苏	南通	300	200	100	安徽	马鞍山	300	200	100	甘肃	兰州	500	400	100
浙江	杭州	500	400	100	江西	宜春	300	240	60	甘肃	天水	300	240	60
浙江	湖州	300	240	60	江西	吉安	300	200	100	宁夏	银川	300	200	100
浙江	金华	300	200	100	河南	郑州	500	400	100	青海	西宁	300	240	60
福建	泉州	300	240	60	河南	开封	300	200	100	新疆	乌鲁木齐	500	400	100
福建	漳州	300	200	100	河南	新乡	300	200	100	小计		5900	4520	1380
山东	济南	500	400	100	湖北	武汉	600	500	100					
山东	临沂	300	240	60	湖北	荆州	300	240	60					
山东	德州	300	200	100	湖北	荆门	300	200	100					
广东	广州	600	500	100	湖南	邵阳	300	200	100					
广东	中山	300	240	60	湖南	益阳	300	240	60					
广东	揭阳	300	200	100	小计		6200	4540	1660					
小计		8700	6780	1920										

■ 2.9　统计推断

　　本次研究采用的抽样方法为多阶段分层不等概率抽样。由于是全国性大样本的调查，在各个阶段中用到了多种复杂抽样方法的组

全国国民阅读调查 报告（2008）

020

合，包括 PPS 抽样[①]、简单随机抽样、等距抽样、kish 表抽样、典型抽样等。

由于抽样阶段很多，每个层次涉及到的抽样方法各不相同，在进行最终统计推断时非常复杂。为了简化参数估计的计算，对总体的推断有更加清晰的了解，我们将复杂的抽样过程简化为两个阶段：初级抽样单元（PSU），即抽取到的城市；二级抽样单元（SSU），即抽取到的最终样本——个人。

根据方差分析原理，对总体进行分层后，总体方差可以分解为两部分，一部分是层间方差，一部分是层内方差。初级抽样单元 PSU 之间的方差为层间方差；二级抽样单元 SSU 之间的方差为层内方差。两个层的方差估计过程如下：

第一阶段，城市的抽取，采用的是 PPS 抽样。PPS 抽样的估计，可直接应用汉森—赫维茨（Hansen-Hurwitz）估计量的公式进行计算。具体计算过程如下：

记 Y_{ij} 为总体的第 i 个群中第 j 个次级单元的观测值（$i=1$, 2, $\cdots$, N; $j=1$, 2, $\cdots$, M_i），其中 M_i 是群的大小。y_{ij} 为样本中第 i 个群中第 j 个次级单元的观测值（$i=1$, 2, $\cdots$, n; $j=1$, 2, $\cdots$, m_i）其中 m_i 是群的大小。

总体总量 Y 的估计量为 $\hat{Y}$。

$$\hat{Y} = \frac{1}{n} \sum_{i=1}^{n} \frac{y_i}{z_i}$$

总体总量估计量 $\hat{Y}$ 的方差估计量 $V(\hat{Y})$。

$$V(\hat{Y}) = \frac{1}{n} \sum_{i=1}^{N} Z_i \left(\frac{Y_i}{Z_i} - Y \right)^2 \tag{1}$$

其中 $Y_i = \sum_{i=1}^{M_i} Y_{ij}$, $y_i = \sum_{i=1}^{m_i} y_{ij}$, $z_i = \frac{M_i}{M_o}$（M_i 是分层抽样中群的大

---

① PPS 为 Sampling with probability proportional to size 的缩写，即不等概率抽样。

小，M_o 是总体中所有群大小之和）。

第二阶段，从抽到的城市中抽取访问的个体。这个过程分成了多个阶段，地图块的抽取采用简单随机抽样，从地图块抽取户采用等距抽样，从户中抽取最终访问的样本采用 Kish 表抽样。在这一阶段中虽然采用了多中抽样方法的结合，但这几种方法组合的抽样原理基本可以认为与分层随机抽样一致。因此在这一阶段，我们采用分层随机抽样的统计推断方法来对总体进行估计。

在抽中的 PSU 所含的全部 M_i 个 SSU 中抽取 m_i 个，总体方差的估计公式为

$$V(\hat{Y}) = \frac{1}{n} \sum_{i=1}^{N} \frac{M_i^2(1-f_i)S_i^2}{m_i Z_i} \qquad (2)$$

其中 S_i^2 为第 i 个 PSU 中的 SSU 之间的方差。$f_i = \dfrac{n_i}{N_i}$

非自代表城市的样本，是通过以上两阶段抽取，在统计推断时其总体方差估计＝公式（1）＋公式（2）。自代表城市的样本，没有经过抽取城市的第一阶段，因此在统计推断时其总体方差仅来自于层内差，即公式（2）。

农业人口样本，在抽取县和村委会时采用了就近抽样的典型抽样方法，这种方法的变异量要高于随机抽样。因此在估计农业人口样本的总体方差时需要适当扩大公式（2）的值。

三、最终样本结构

本次调查实际获得的有效样本为 20689 个，其中城镇样本15543 个，农业样本 5146 个。参考《2006 中国城市统计年鉴》的数据以

及公安部全国公民身份信息系统提供的人口统计数据[1]，对本次调查实际有效样本的城市规模、区域分布、户口属性、性别、年龄等变量进行交叉配额的加权，使其加权后的人口结构与研究总体一致。加权后可推及人口规模 7.69 亿。实际样本和加权样本的比较如下：

	结构指标	实际样本分布 (%)	加权样本分布 (%)
性别	男	45.60	51.28
	女	54.40	48.72
户口	农业人口	24.87	66.29
	城镇人口	75.13	33.71
年龄	18—29 周岁	25.65	26.97
	30—39 周岁	24.04	23.71
	40—49 周岁	23.45	21.63
	50—59 周岁	17.20	17.03
	60—70 周岁	9.67	10.66
学历	小学及以下	13.05	22.44
	初中	31.23	39.47
	高中/中专	32.66	24.62
	大专	14.35	8.87
	大学本科	8.34	4.42
	硕士及以上	0.36	0.20
职业身份	工人/商业服务业人员	15.68	10.10
	企业领导/管理人员	3.19	2.01
	农民/农民工	17.44	43.37
	机关/事业单位干部	3.55	2.33
	一般职员/文员/秘书	9.49	5.60

---

① 公安部全国公民身份信息系统基于全国户籍人口信息，与本次调查的口径一致。本次调查采用的数据为 2008 年 1 月更新。

续前表

	结构指标	实际样本分布（%）	加权样本分布（%）
职业身份	公检法/军人/武警	0.49	0.26
	专业技术人员/教师/医生	6.97	4.90
	私营/个体劳动者	13.21	11.61
	学生	5.96	4.69
个人月收入	无收入	15.11	16.56
	500元以下	12.75	23.05
	501—1000元	26.93	26.42
	1001—1500元	18.21	13.55
	1501—2000元	10.32	6.62
	2001—3000元	6.27	3.62
	3001—4000元	2.03	1.41
	4000元以上	2.13	2.48
家庭人口	一口人	4.32	3.30
	两口人	17.74	15.85
	三口人	43.57	35.87
	四口人	19.38	24.15
	五口人	10.38	13.54
	六口人	3.17	5.11
	七口人	0.80	1.35
	八口人及以上	0.63	0.84
18—70周岁人口	一口人	7.28	6.05
	两口人	46.05	44.48
	三口人	27.67	25.26
	四口人	15.16	19.18
	五口人	2.88	3.69
	六口人	0.78	1.10
	七口人	0.12	0.15
	八口人及以上	0.06	0.08

第一章
中国媒介环境现状及趋势

▌1.1 我国国民媒介接触状况及变化

1.1.1 我国国民媒介接触总体情况

2007 年，我国国民媒介接触情况如表 1-1-1 所示：

表 1-1-1 我国国民各类媒介接触率

媒介	受众规模[①]（万人）	接触率[②]（%）	排序
电视	75804	98.8	1
报纸	44707	58.3	2
期刊	29467	38.4	3
图书	21265	27.7	4
互联网	19741	25.7	5
录像带/VCD/DVD	24358	31.7	6
广播	20581	26.8	7
盒式录音带/CD/MP3	9364	12.2	8

---

① 本报告中的受众规模均指推及的人口规模，仅覆盖 18—70 周岁之间、市辖区人口 50 万以上的地级市的人口。

② 接触率指过去一周收看、收听、阅读、浏览过该媒介的人口数占总人口数的比例。

电视依旧是受众规模最大的媒介，以 98.8％的接触率位于各大媒介之首。其次是报纸和期刊这两个平面媒介，接触率分别为 58.3％和 38.4％。值得注意的是录像带/VCD/DVD 等视频出版物的接触率超过图书，高达 31.7％。

图书、广播这两个传统媒介的接触率分别为 27.7％和 26.8％，位列第五位和第六位。互联网这一新兴媒介的接触率虽然落后于其他传统媒介，但其接触率与广播已经非常接近，达 25.7％。盒式录音带/CD/MP3 等音频出版物的接触率为 12.2％。

历年《全国国民阅读与购买倾向抽样调查报告》的数据以及多项研究成果均显示，我国国民接触的媒介呈现形式多元化、介质多样化的变化趋势。在这种大环境下，"媒介碎片化"、"长尾理论"等观点也被越来越多地应用到媒介研究的视角中去。在这样的媒介环境下，我们需要进一步地审视以下问题：媒介接触多元化的趋势在哪些人群中表现的更加突出呢？在中国城乡二元结构的社会体制下，农村地区的媒介接触行为是否也有多元化的趋势呢？

我们以媒介接触种类为主要指标来评估以上问题。如果一个被访者过去一年接触了上表中八大媒介中的其中一种则计为 1，接触了两种则计为 2，依次类推。做性别、户口类型、学历、年龄、收入等变量和媒介接触种类的均值比较，结果如表 1-1-2 所示：

表 1-1-2　不同人口特征人群媒介接触种类

人口特征	类别	媒介接触种类（％）
性别	男性	3.40
	女性	2.97
年龄	18—29 周岁	4.11
	30—39 周岁	3.43
	40—49 周岁	2.83
	50—59 周岁	2.47
	60—70 周岁	2.21

续前表

人口特征	类别	媒介接触种类（%）
户口	城镇人口	3.91
	农业人口	2.83
学历	小学及以下	1.80
	初中	2.92
	高中/中专	3.99
	大专	4.70
	大学本科	5.16
	硕士及以上	5.27

从以上结果可以看出，男性比女性更广泛地接触不同类型的媒介，城镇人口比农业人口更广泛地接触媒介。从受教育程度上看，学历越高的人群接触的媒介类型越多；从年龄看，年龄越大，接触的媒介种类越少。

从收入上看，家庭月收入和个人月收入与媒介接触种类均存在显著的相关性，但其关系趋势略有差异。从家庭收入上看，家庭收入越高接触的媒介种类越多，两者呈线性相关。但个人收入与媒介接触种类并非绝对的线性相关（见表1-1-3、表1-1-4）。

表 1-1-3 不同家庭收入人群媒介接触种类

家庭月收入	媒介接触种类	家庭月收入	媒介接触种类
无收入	2.17	3001—4000 元	4.11
500 元以下	2.21	4001—5000 元	4.27
501—1000 元	2.59	5001—6000 元	4.32
1001—1500 元	2.84	6001—7000 元	4.57
1501—2000 元	3.20	7001—8000 元	4.87
2001—3000 元	3.75	8000 元以上	5.14

表 1-1-4　不同个人收入人群媒介接触种类

个人月收入	媒介接触种类	个人月收入	媒介接触种类
无收入	3.16	3001—4000 元	4.75
500 元以下	2.32	4001—5000 元	5.17
501—1000 元	3.04	5001—6000 元	6.16
1001—1500 元	3.68	6001—7000 元	5.02
1501—2000 元	4.06	7001—8000 元	4.47
2001—3000 元	4.48	8000 元以上	4.60

对于无收入的群体，学生占据一定的比例，虽然他们没有实际收入但有父母供给，因而无收入群体的媒介接触种类并不是最低的。在有收入的人群中，随着收入的增长媒介接触种类总体上呈增长趋势；但是个人月收入在 6000 元以上的群体，随收入的增长媒介接触种类却显著下降。可能的原因是，高收入人群由于工作繁忙，虽然收入允许但能花在接触媒介上的时间却有限，因而媒介接触种类不升反降。

做以上人口统计变量中与媒介接触种类的方差分析，R^2 如表 1-1-5 所示。R^2 值越大表示这个变量与媒介接触种类的关系越强，对媒介接触种类变化的解释力越大。可以看到，学历的差异是导致媒介接触种类变化的最主要因素，其次是家庭月收入和年龄。

表 1-1-5　媒介接触种类影响因素方差分析

变量	R^2
性别	0.012
户口	0.070
学历	0.270
年龄	0.120
家庭月收入	0.128
个人月收入	0.077

经济发达程度不同的区域，国民的媒介接触种类也表现出显著差异。我们用各地级市市辖区年生产总值①这一维度来衡量其经济发达水平，做不同经济水平地区城镇人口和农业人口媒介接触种类的均值比较。整体来说，随区域经济水平的增长国民的媒介接触种类增多（见表 1-1-6）。

表 1-1-6   不同经济水平城市媒介接触种类

市辖区年生产总值（亿元）	总人口规模（万人）	平均媒介接触种类		
		城镇	农业	总体
0—100	15646	3.70	2.62	2.88
100—200	20210	3.78	2.71	2.99
200—500	13951	3.92	2.72	3.09
500—1000	10211	3.87	3.14	3.40
1000—2000	7041	3.73	3.38	3.53
2000—5000	7797	4.03	3.11	3.61
5000 以上	2010	4.88	2.71	4.44

在城镇人口中，这样的变化趋势相对明显，但在农业人口中区域年生产总值的增长并没有带来媒介接触种类的持续增长。在年生产总值 2000 亿元以上的区域，随经济发达程度的上升，农业人口的媒介接触种类反而有较明显的下降趋势。也就是说，在北京、上海这样的特大城市，城乡之间媒介环境的差距巨大。以往农村文化建设的重点一直聚焦在西部不发达地区的农村，而特大城市的农村地区有可能成为被忽视的角落。

年生产总值与媒介接触种类的变化关系图显示，虽然整体来说随区域经济水平的增长国民的媒介接触种类呈现上升趋势，但这种增长并非是线性的（见图 1-1-1）。

---

① 各地级市市辖区年生产总值数据来自《2006 中国城市统计年鉴》。

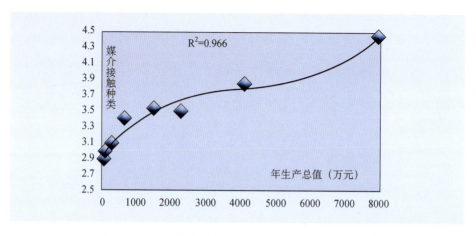

图 1-1-1　国民媒介接触种类随年生产总值变化曲线

在经济欠发达区域，国民媒介接触种类随经济水平的上升呈现快速上升；在经济中等发达区域，国民媒介接触种类随经济水平的上升缓慢上升；在经济发达区域，随经济水平的上升又带来国民媒介接触种类的急剧上升。换言之，在国民经济水平达到一定发达程度之后，国民媒介接触种类会出现爆发式的增长。

从以上分析可以看到，媒介接触多元化、碎片化的趋势主要集中体现在经济发达的大城市的城镇人口中，在高学历、高收入的人群中体现得尤为明显。而在经济欠发达区域和农业人口中，媒介接触种类依然较为单一。但随着国民经济的增长，多介质、立体化的媒介形态也必将渗透到这些区域和人口中。

为了进一步分析国民对于不同类型媒介的阅读习惯，剖析不同类型媒介各自的受众特征。我们将媒介类型做如下划分：电波媒介、音像出版物、平面媒介和互联网媒介。其中电波媒介包括广播和电视；平面媒介包括报纸、期刊、图书；音像出版物包括录像带/VCD/DVD、盒式录音带/CD/MP3。这几类媒介各自的特征如表 1-1-7 所示：

表 1-1-7　不同媒介特质比较

	形式	内容特征	伴随携带	终端设备	保存	互动
电波媒介	视频、音频	形象、生动、丰富、受众涉入度较低	伴随性[①]好，携带性差（广播除外）	需要终端设备，但价格要求较低	不易复制保存	互动性差
音像出版物					可以复制保存	
平面媒介	文字、画面	抽象，受众涉入度较高	伴随性差，携带性好	不需要终端设备	不易复制保存	
互联网	兼具以上形式	兼具以上特征	伴随性差，携带性差	需要终端设备，价格要求较高	可以保存，容易复制并传播	互动性好

1.1.2　我国国民电波媒介接触状况及变化

电视是目前我国覆盖人口最多的大众媒介。本次调查数据显示，电视媒介的接触率已经达到 98.8%。电视媒介的广泛覆盖在农业人口中表现得尤为突出。调查数据显示，我国农业人口电视接触率高于城镇人口（见表 1-1-8）。

表 1-1-8　不同人口特征人群电视接触率

人口特征	类别	电视接触率（%）
性别	男性	98.7
	女性	98.9
年龄	18—29 周岁	98.1
	30—39 周岁	98.8
	40—49 周岁	98.9
	50—59 周岁	99.4
	60—70 周岁	99.3
户口	城镇人口	98.3
	农业人口	99.0

---

①　伴随性指受众是否可以在接触媒介的同时有其他行为，例如受众可以边听广播边开车，广播则是一个伴随性很高的媒介。

续前表

人口特征	类别	电视接触率（%）
学历	小学及以下	99.0
	初中	99.2
	高中/中专	99.1
	大专	97.5
	大学及以上	94.9

从以上数据可以看到女性对电视的接触率略高于男性；低学历群体的电视接触率高于高学历群体；年轻人对电视的接触率低于中老年人。尤其值得注意的是，农业人口的电视接触率高于城镇人口。这可能是由于城镇人口能接触到的可以替代电视的媒介较多；而农村人口能接触到的媒介形态相对有限，能够替代电视的媒介更有限，因而对电视的接触率较高。

广播媒介诞生伊始时也是一种覆盖人群非常广泛的媒介，但随着电视媒介的出现和普及，新媒介的飞速发展，广播受到了严重冲击。1999 年我国广播媒介营业额甚至出现了负增长。但中国广播媒介随即进行了再定位，通过频率品牌化、节目专业化等诸多手段，使得中国广播业得到了再次复兴。

在这样的媒介环境下，虽然同样是电波媒介，广播的人群定位与电视却有较大差距（见表 1-1-9）。

表 1-1-9　不同人口特征人群广播接触率

人口特征	类别	广播接触率（%）
性别	男性	29.4
	女性	24.1
年龄	18—29 周岁	28.1
	30—39 周岁	25.3
	40—49 周岁	24.6
	50—59 周岁	29.2
	60—70 周岁	27.7

续前表

人口特征	类别	广播接触率（%）
户口	城镇人口	28.5
	农业人口	25.9
学历	小学及以下	22.3
	初中	25.0
	高中/中专	29.7
	大专	32.5
	大学本科	37.7
	硕士及以上	40.1

与电视媒介正好相反，广播媒介在男性、城镇人口、高学历人群中的接触率较高。在不同年龄段的人群中，广播媒介的接触率呈现两头高中间低的趋势。在18—29周岁的年轻群体和50周岁以上老年群体中广播的接触率较高。这在一定程度上说明，广播媒介的内容针对性较强，市场细分程度较高。

从接触时间[①]上来看，我国国民平均每天收看电视的时间超过2小时，其中工作日平均每天收看2.01小时，休息日平均2.12小时。我国国民平均每天收听广播时间超过1小时，其中工作日平均每天收听1.04小时，休息日平均每天收听1.13小时（见表1-1-10）。

表1-1-10　我国国民电波媒介平均每天接触时间

	平均每周接触时间（小时）	工作日平均每天接触时间（小时）	休息日平均每天接触时间（小时）
电视	14.34	2.01	2.12
广播	7.52	1.04	1.13

---

① 本报告中的媒介接触时间以过去一年接触过该媒介人群的平均接触时间计算。例如广播媒介平均每周接触时间等于过去一周收听过广播的人群每周收听广播时间的均值。其他媒介同此。

历年来，我国国民电波媒介接触率变化①如图 1-1-2 所示：

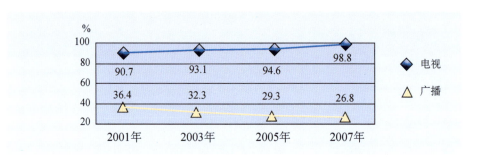

图 1-1-2　我国国民电波媒介接触率历年变化趋势

数据显示，2001—2007 年我国国民电视接触率呈现稳步上升，而广播接触率持续下降。

1.1.3　我国国民平面媒介接触状况及变化

图书、报纸、期刊等纸质媒介是最早出现的大众媒介形式。新闻学中把报纸 newspaper 称为"新闻纸"，正是强调了纸质媒介的媒介特性。基于这种特性，平面媒介主要以静态的图文为主，这决定了平面媒介表达的内容比电波媒介抽象，对读者的文化程度要求也更高。另外，平面媒介以纸张为内容载体，在传播上涉及印刷、发行的问题，因而对农村和偏远地区的覆盖较为困难。

表 1-1-11　不同人口特征人群图书接触率

人口特征	类别	图书接触率（%）
性别	男性	31.7
	女性	23.5

---

①　往届调查中媒介接触行为定义为每天花一定时间接触某类媒介的人，本次调查中对媒介接触行为的界定为过去一周接触过某类媒介的人。由于界定不同，接触率数据的变化趋势仅供参考。本文中其他接触率数据同此。

续前表

人口特征	类别	图书接触率（%）
年龄	18—29 周岁	41.3
	30—39 周岁	30.7
	40—49 周岁	22.2
	50—59 周岁	16.9
	60—70 周岁	15.0
户口	城镇人口	37.3
	农业人口	22.8
学历	小学及以下	6.7
	初中	22.0
	高中/中专	39.8
	大专	53.1
	大学及以上	65.4

表 1-1-12　不同人口特征人群报纸接触率

人口特征	类别	报纸接触率（%）
性别	男性	64.4
	女性	51.8
年龄	18—29 周岁	64.0
	30—39 周岁	64.4
	40—49 周岁	58.1
	50—59 周岁	50.2
	60—70 周岁	43.2
户口	城镇人口	80.9
	农业人口	46.7
学历	小学及以下	22.2
	初中	57.5
	高中/中专	78.8
	大专	81.4
	大学本科	84.8
	硕士及以上	91.4

表 1-1-13　不同人口特征人群期刊接触率

人口特征	类别	期刊接触率（%）
性别	男性	39.7
	女性	37.0
年龄	18—29 周岁	55.1
	30—39 周岁	45.6
	40—49 周岁	31.5
	50—59 周岁	22.8
	60—70 周岁	18.8
户口	城镇人口	54.0
	农业人口	30.5
学历	小学及以下	8.2
	初中	33.8
	高中/中专	56.5
	大专	66.9
	大学本科	72.1
	硕士及以上	87.5

如表 1-1-11 和 1-1-12 所示，我国国民对图书、报纸、期刊的阅读特征非常接近。城镇人口、高学历人群、年轻人对平面媒介的接触率更高。相对图书和期刊而言，报纸接触率随年龄的增长下降的速度较慢。这表明，报纸读者群的年龄跨度较大，相对于图书和期刊其老龄读者更多。

表 1-1-14　我国国民平面媒介平均每天接触时间

	平均每周接触时间（小时）	工作日平均每天接触时间（小时）	休息日平均每天接触时间（小时）
图书	7.14	1.00	1.06
报纸	6.05	0.85	0.90
期刊	5.83	0.80	0.91

如表 1-1-14 所示，图书、报纸、期刊三种媒介平均每天接触时间比较接近，但均低于电视和广播。在三种媒介中，图书的平均每天接触时间最长，工作日平均每天接触时间 1.00 小时，休息日平均每天 1.06 小时。值得关注的是，报纸工作日平均每天接触时间高于期刊，而期刊在休息日平均每天接触时间高于报纸。这与我国国民的"办公室媒介环境"有关，报纸的单位订阅比例较高，上班读报是很多人多年习惯。期刊则更多是私人的、个性化的读物，休息日在家中看期刊也是很多人的休闲方式。

历年来，我国国民平面媒介接触率变化如图 1-1-3 所示：

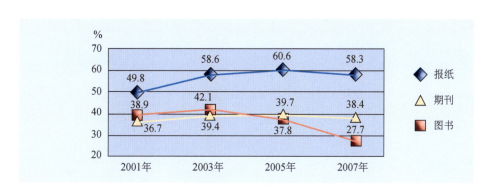

图 1-1-3　我国国民平面媒介接触率历年变化趋势

数据显示，2001—2007 年，我国国民对各类平面媒体的接触率大致呈先升后降的趋势。相比之下，2007 年我国国民的图书接触率降幅最大。

1.1.4　我国国民音像出版物接触状况及变化

音像出版物是以磁、光、电等介质为载体，用数字或模拟信号，将图、文、声、像编辑加工后记录下来，通过视听设备播放使用的出版物。相对于纸质出版物来说，音像出版物具有体积小、容量大、不易损坏、内容更生动更丰富等特点。随着影碟机、MP3 等播放设备的普及，人们观看、收听音像出版物的成本大大降低，接触音像出版物的比例也大大提高。

表 1-1-15　不同人口特征人群录像带/VCD/DVD 接触率

人口特征	类别	录像带/VCD/ DVD 接触率（%）
性别	男性	33.9
	女性	29.4
年龄	18—29 周岁	43.4
	30—39 周岁	40.0
	40—49 周岁	27.0
	50—59 周岁	18.8
	60—70 周岁	13.9
户口	城镇人口	32.4
	农业人口	31.4
学历	小学及以下	18.1
	初中	32.7
	高中/中专	38.8
	大专	37.2
	大学本科	41.3
	硕士及以上	47.1

表 1-1-16　不同人口特征人群盒式录音带/CD/MP3 接触率

人口特征	类别	盒式录音带/CD/ MP3 接触率（%）
性别	男性	13.1
	女性	11.3
年龄	18—29 周岁	23.8
	30—39 周岁	13.3
	40—49 周岁	7.6
	50—59 周岁	4.5
	60—70 周岁	2.1

续前表

人口特征	类别	盒式录音带/CD/MP3 接触率（%）
户口	城镇人口	16.8
	农业人口	9.9
学历	小学及以下	2.4
	初中	9.2
	高中/中专	16.3
	大专	26.4
	大学及以上	35.8

如表 1-1-15 和表 1-1-16 所示，音像出版物的接触率在男性、城镇人口、高学历、年轻人中较高。

值得注意的是，录像带/VCD/DVD 等视频出版物的接触率在城镇人口和农业人口间差距不大，尤其是在 18—39 周岁人口中，农业人口的接触率甚至高于城镇人口。具体数据如表 1-1-17 所示：

表 1-1-17　城乡人口中不同年龄段人群盒式录音带/CD/MP3 接触率（%）

年龄	城镇人口	农业人口
18—29 周岁	40.9	44.7
30—39 周岁	39.1	40.4
40—49 周岁	31.2	24.9
50—59 周岁	22.4	16.9
60—70 周岁	15.1	13.3

受众平均每天接触音像出版物的时间比平面媒介略高。具体时间如表 1-1-18 所示：

表 1-1-18　我国国民音像出版物平均每天接触时间

	平均每周接触时间（小时）	工作日平均每天接触时间（小时）	休息日平均每天接触时间（小时）
录像带/VCD/DVD	7.19	0.98	1.12
盒式录音带/CD/MP3	6.74	0.95	1.01

历年来，我国国民音像出版物接触率变化如图 1-1-4 所示：

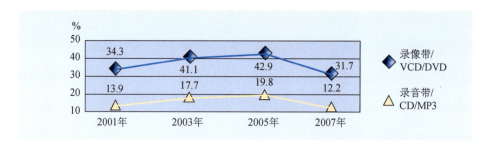

图 1-1-4　我国国民音像出版物接触率历年变化趋势

说明：2007 年调查中对音像出版物的界定与往届略有差异，"VCD/DVD"更改为"录像带/VCD/DVD"，"CD/MP3"更改为"盒式录音带/CD/MP3"，数据仅供参考。

1.1.5　我国国民互联网接触状况及变化

近年来，我国互联网媒介发展迅猛，接触率逐年攀升。我国互联网网民人口分布的重要特征在于城乡网民比例差距较大。本次调查数据也显示，我国城镇居民互联网接触率为 42.6％，而农村居民的互联网接触率仅为 17.1％。互联网接触率较高的人群还是集中在高学历和年轻群体中。具体情况如表 1-1-19 所示：

表 1-1-19　不同人口特征人群互联网接触率

人口特征	类别	互联网接触率（％）
性别	男性	29.7
	女性	21.6
年龄	18—29 周岁	57.7
	30—39 周岁	24.7
	40—49 周岁	13.3
	50—59 周岁	6.6
	60—70 周岁	2.3
户口类型	城镇人口	42.6
	农业人口	17.1

续前表

人口特征	类别	互联网接触率（%）
学历	小学及以下	1.8
	初中	12.6
	高中/中专	39.7
	大专	75.9
	大学及以上	83.0

我国网民的互联网接触时间较长，仅次于电视。如表 1-1-20 所示，我国网民工作日平均每天接触互联网 1.60 小时，休息日平均每天接触互联网 1.79 小时。

表 1-1-20　我国国民互联网平均每天接触时间

	平均每周接触时间（小时）	工作日平均每天接触时间（小时）	休息日平均每天接触时间（小时）
互联网	11.61	1.60	1.79

如表 1-1-21 所示，我国网民的上网频率较高，87.9%的网民每周上网 1 次以上，每天上网 1 次以上的网民也占到 39.9%。

表 1-1-21　我国国民上网频率

上网频率	选择比例（%）
每天 1 次或以上	39.9
每周 4—6 次	18.0
每周 2—3 次	20.7
每周 1 次	9.3
每月 2—3 次	4.4
每月 1 次	1.8
每月 1 次以下	1.7
记不清	4.2

历年来，我国国民互联网接触率变化如图 1-1-5 所示。数据显示，2001—2007 年来我国国民互联网接触率大幅上升，从 2001 年

的 8.5％上升到 2007 年的 25.7％。

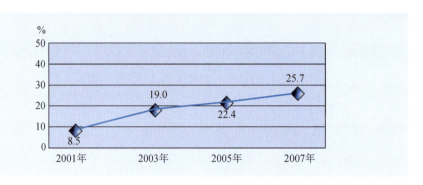

图 1-1-5　我国国民互联网接触率历年变化趋势

1.1.6　我国农业人口对各媒介的接触情况

我国国民媒介接触习惯存在较大的城乡差异，详见表 1-1-22：

表 1-1-22　城乡人口媒介接触率比较

	媒介接触率（％）		平均每周接触时间（小时）	
	城镇人口	农业人口	城镇人口	农业人口
图书	37.3	22.8	7.4	6.9
报纸	80.9	46.7	6.5	5.7
期刊	54.0	30.5	5.9	5.7
电视	98.3	99.0	14.1	14.5
广播	28.5	25.9	7.4	7.6
互联网	42.6	17.1	12.0	11.1
录像带/VCD/DVD	32.4	31.4	6.9	7.3
盒式录音带/CD/MP3	16.8	9.9	6.9	6.6

　　农业人口媒介接触的主要特点表现为：在图书、报纸、期刊、互联网等媒介接触率上与城镇人口差异较大；而在电视、广播、录像带/VCD/DVD 等媒介的接触上与城镇人口差距较小，在平均每周接触时间上甚至超过城镇人口。由此可知，农业人口主要接触以声音和影像为主的动态媒介，而对以文字为主的静态媒介接触较少。另外受设备和知识的限制，农业人口对互联网这样的新媒介也

较少接触。

1.1.7 我国少数民族地区人口对各媒介的接触情况

我国少数民族地区[①]人口在电视、广播、录像带/VCD/DVD等媒介的接触率上高于非少数民族地区人口，在图书、报纸、期刊、互联网等媒介的接触率上低于非少数民族地区人口。

少数民族地区人口在图书、录像带/VCD/DVD和盒式录音带/CD/MP3的平均每周接触时间上高于非少数民族地区人口，在其他媒介的平均每周接触时间上低于非少数民族地区人口。

表 1-1-23　少数民族地区人口媒介接触率

	媒介接触率（%）		平均每周接触时间（小时）	
	少数民族地区	非少数民族地区	少数民族地区	非少数民族地区
图书	24.3	27.7	7.85	7.02
报纸	36.5	58.8	5.58	6.10
期刊	25.8	38.7	5.68	5.85
电视	99.0	98.8	14.11	14.38
广播	30.1	26.3	6.59	7.69
互联网	23.6	25.9	11.48	11.63
录像带/VCD/DVD	38.4	30.7	8.14	6.99
盒式录音带/CD/MP3	10.9	12.4	7.24	6.68

1.1.8 我国东/中/西部人口对各媒介的接触情况

如表 1-1-24 所示，除电视和录像带/VCD/DVD外，从整体看，东部地区人口对各媒介的接触率普遍高于中、西部地区。虽然西部地区在经济发达程度上要低于中部地区，但在某些媒介的接触率上

---

① 本报告中少数民族地区包括：内蒙古、新疆、广西、宁夏、云南、贵州、青海、甘肃等省份。

却要高于中部。数据显示,在图书、报纸等平面媒介上,东部地区的接触率最高,其次是西部地区,最低的是中部地区。在广播和盒式录音带/CD/MP3这两种以声音为主要传播内容的媒介上,趋势也是如此。

在电视媒介上,中部地区的接触率最高,达99.3%。其次是西部地区98.8%,东部地区反居最后为98.4%。在互联网媒介上,东部地区接触率最高为34.2%,其次是中部地区20.0%和西部地区19.3%。

值得注意的是,在录像带/VCD/DVD的接触率上,西部地区要远远高于东部和中部地区,高达40.5%。这可能与西部地区版权意识较差,盗版音像制品较多有关(具体数据见第七章中国版权状况中的分析)。也有可能是受西部地区生活习惯的影响,人们生活相对悠闲,时间比较充裕,对音像制品的偏好较高。录像带/VCD/DVD接触率最高的三个城市分别是昆明69.2%、玉林59.4%、曲靖57.4%。

表 1-1-24 东中西部地区人口媒介接触率比较（%）

	东部地区	中部地区	西部地区
图书	31.5	23.3	27.8
报纸	65.3	52.5	54.6
期刊	40.4	36.4	37.8
电视	98.4	99.3	98.8
广播	32.4	21.1	25.7
互联网	34.2	20.0	19.3
录像带/VCD/DVD	29.3	29.0	40.5
盒式录音带/CD/MP3	15.3	9.9	10.3

1.1.9 我国国民媒介接触行为分群研究

在对不同人群各种媒介接触倾向性的差异进行分析之后,根据国民媒介接触时间的不同进行聚类分析，将人们划分成媒介接触行为迥异的五群人。聚类结果如表 1-1-25 所示：

表 1-1-25　我国国民媒介接触行为分群描述

平均每周接触时间（小时）	第一类人群	第二类人群	第三类人群	第四类人群	第五类人群
图书	2.2	5.3	0.4	1.2	6.8
报纸	3.7	8.9	1.7	3.0	7.4
期刊	2.7	5.6	0.7	2.0	7.1
电视	11.4	14.2	14.5	15.4	15.0
广播	1.0	3.8	1.3	2.6	4.4
互联网	13.2	0.9	0.1	0.4	13.8
录像带/VCD/DVD	1.3	1.3	0.5	12.2	7.0
盒式录音带/CD/MP3	0.7	0.5	0.1	1.1	6.2

对以上五类人群的人口统计变量进行交叉分析，结果如表 1-1-26 所示：

表 1-1-26　我国国民媒介接触行为分群人口特征描述

	平均年龄	城镇人口分布（%）	农业人口分布（%）	平均学历①	个人月收入（元）	家庭月收入（元）
第一类人群	29.2	21.8	7.4	3.4	1276	3157
第二类人群	41.8	17.7	9.5	2.7	1236	2573
第三类人群	44.4	45.8	71.5	1.9	702	1549
第四类人群	37.8	5.0	7.9	2.1	830	1710
第五类人群	29.5	9.6	3.8	3.2	2075	4461

该五类人群在媒介接触行为和人口统计特征方面表现出如下特征：

———————————

① 平均学历的计算方法为：小学学历＝1，初中＝2，高中中专＝3，大专＝4，大学本科＝5，硕士及以上＝6，进行均值计算。例如，平均学历为 3.44 意味着这群人平均学历介于高中和大专之间。

第一类人群，主要接触电视和互联网，比较年轻，城镇人口居多，学历较高。

第二类人群，主要接触电视以及其他传统媒介（例如图书、报纸、期刊、广播），城镇人口居多，年纪偏大，学历偏低，收入偏低。

第三类人群，仅接触电视，年纪较大，农业人口居多，学历和收入都很低。

第四类人群，接触电视和录像带/VCD/DVD，农业人口居多，年纪低于第三类人群，学历和收入也略高于第三类人群，但低于第一、二、五类人群。

第五类人群，全方位的接触各类媒介，城镇人口居多，年轻，高学历，高收入。

在不同地域人口中，该五类人群的分布特征如表 1-1-27：

表 1-1-27　我国国民媒介接触行为分群地区特征描述（%）

	总人口	东部	中部	西部	大型城市	中型城市	小型城市
第一类人群	12.0	16.6	9.7	8.1	13.8	13.5	9.2
第二类人群	12.1	14.3	11.5	9.6	14.9	11.5	10.7
第三类人群	63.3	56.1	68.0	67.8	58.4	63.5	66.7
第四类人群	7.0	5.0	6.8	10.4	6.8	5.2	8.9
第五类人群	5.6	8.1	4.0	4.1	6.2	6.3	4.5

从以上可以看到第三类人群，也就是仅接触电视媒介的人群在我国占有很大比重，在中、西部地区的比例更是接近 70%。要提升我国国民整体阅读水平，培养国民的阅读习惯，改变这类人群的媒介接触习惯至关重要。

1.1.10　我国国民媒介接触行为变化趋势

1999—2007 年我国国民每天平均接触媒介 2 小时以上的接触率

变化，按照工作日和休息日区分如表1-1-28所示：

表 1-1-28　我国国民媒介接触时间历年变化趋势

每天接触2小时以上接触率（%）	工作日					休息日				
	1999	2001	2003	2005	2007	1999	2001	2003	2005	2007
电视	46.1	48.2	48.7	58.5	67.7	50.6	59.3	66.2	69.8	74.2
报纸	2.6	6.0	5.6	7.3	4.2	1.7	9.2	7.7	9.6	4.6
图书	4.3	9.0	8.5	7.9	5.4	4.1	10.9	10.5	8.8	5.5
广播	5.5	7.4	4.8	6.3	3.3	1.8	7.2	8.0	7.4	3.9
期刊	1.7	3.8	4.0	4.2	2.7	3.9	12.0	5.5	5.9	3.6
VCD/DVD*	2.7	5.1	6.9	7.7	3.3	6.1	10.7	11.8	11.5	4.5
CD/MP3*	0.9	1.1	4.8	4.2	1.5	0.9	2.2	8.0	5.8	1.4
上网	0.6	1.6	4.7	7.3	17.1	0.6	3.2	7.9	11.0	21.7

说明：2007年调查中对音像出版物的界定与往届略有差异，"VCD/DVD"更改为"录像带/VCD/DVD"，"CD/MP3"更改为"盒式录音带/ CD/MP3"，数据仅供参考。

数据显示，每天接触电视 2 小时以上人群的比例逐年稳步上升，可能的原因之一是我国居民收入不断增长，电视机的普及率不断提高；其二是我国电视频道迅速增加，电视节目市场化、娱乐化的倾向明显。在这样的媒介环境下，重度接触电视的观众比例逐年增长。

报纸、图书、期刊都经历了先上升后回落的变化趋势。上升趋势主要是由于媒介市场化、媒介种类和内容日益丰富，而下降趋势主要来自新媒介对受众注意力的抢夺和分散。在上升动因和下降动因的博弈和平衡中，导致了这几类媒介整体覆盖率呈上升趋势，但重度受众比例呈下降趋势。

与传统平面媒介相反，互联网作为新媒介的代表形式，其重度受众比例呈现快速上升趋势。近 10 年来，互联网的功能从最初的 E-mail、浏览新闻等基础应用，发展成今天搜索、即时通讯、虚拟社区、博客等多种形态。互联网媒介的"黏度"不断增加，受众"泡"在网上的时间不断增加。

由于互联网对报纸、期刊、图书等传统平面媒介的替代性较强，对互联网媒介的重度接触抢夺了受众对报纸、期刊、图书的接触时间。相对而言，互联网对电视媒介的替代性较低，因此在互联网飞速发展的今天，电视媒介的受众规模仍能保持稳定的增长。但随着 IPTV、流媒介等网络视频技术的发展，以及手机 3G 时代的到来，电视媒介仍有可能受到来自新媒介的有力冲击。

■ 1.2 我国国民媒介使用目的

上文中，我们分析了不同人群媒介接触行为的差异。在本节中我们将进一步探讨这种差异背后的动因是什么。传播学的使用与满足理论[①]认为，人们接触使用传媒的目的都是为了满足自己的某种需要，这种需求和社会因素、个人心理因素有关。因而分析受众使用媒介的目的有助于我们更深入地理解不同人群在媒介接触行为上的差异。

1.2.1 不同媒介的功能差异

不同媒介由于传播介质和表现形式的差异，在功能上也存在一定差异。受众在满足不同需求时依赖的媒介有所不同，具体选择的比例如表 1-2-1 所示：

表 1-2-1　我国国民满足不同需求时的媒介选择情况（%）

	了解国内外新闻时事		了解国内外观点和思潮		了解与工作学习有关的信息	
	主要依靠	其次依靠	主要依靠	其次依靠	主要依靠	其次依靠
国内报纸	10.4	31.1	9.2	27.8	9.5	22.8
国内期刊	0.7	4.4	1.9	4.8	2.1	5.0

---

① 使用与满足理论（Use and Gratifications Theory），1974 年 E·卡茨在其著作《个人对大众传播的使用》中首次提出该理论。

续前表

	了解国内外新闻时事		了解国内外观点和思潮		了解与工作学习有关的信息	
	主要依靠	其次依靠	主要依靠	其次依靠	主要依靠	其次依靠
国内电视	76.2	13.7	69.8	13.1	56.0	12.5
国内广播	3.7	8.6	3.5	8.1	3.6	6.7
国内图书	0.3	1.0	0.5	1.0	4.0	3.0
国内互联网	6.0	6.4	6.9	5.6	9.6	5.7
国内音像出版物	0.1	0.5	0.0	0.6	0.1	0.8
国内电子出版物	0.1	0.0	0.0	0.0	0.0	0.1
境外媒介	0.3	0.4	0.4	0.5	0.2	0.2
其他	0.2	0.5	0.4	0.6	0.6	0.6
以上皆无	1.9	33.3	7.5	37.9	14.4	42.6

	了解生活/消费资讯		了解时尚流行趋势		休闲娱乐	
	主要依靠	其次依靠	主要依靠	其次依靠	主要依靠	其次依靠
国内报纸	8.6	23.6	6.0	22.7	5.9	22.8
国内期刊	3.5	6.5	4.8	6.9	3.1	6.0
国内电视	64.1	13.0	59.4	12.5	63.8	13.0
国内广播	3.6	7.8	3.1	6.8	3.1	7.2
国内图书	0.7	1.3	0.6	1.0	0.5	1.3
国内互联网	8.5	5.6	9.6	5.8	10.1	5.4
国内音像出版物	0.1	0.7	0.2	0.7	1.0	2.0
国内电子出版物	0.0	0.1	0.0	0.2	0.2	0.3
境外媒介	0.3	0.4	0.6	0.5	0.5	0.6
其他	0.5	0.7	0.6	0.6	0.5	0.6
以上皆无	10.1	40.3	15.1	42.3	11.3	40.8

为了更清晰地看到不同媒介在功能上的差异，我们采用市场研究中对排序题常用的分析方法，对"主要依靠"、"其次依靠"两个变量进行加权分析。具体计算方法为：不同使用目的依赖媒介的比

例＝（主要依靠比例×2＋其次依靠比例×1）/3。结果如表 1-2-2 所示：

表 1-2-2　我国国民满足不同需求时的媒介选择情况加权分析（%）

	了解国内外新闻时事	了解国内外观点和思潮	了解与工作学习有关的信息	了解生活/消费资讯	了解时尚流行趋势	休闲娱乐
报纸	17.3	15.4	14.0	13.6	11.6	11.5
期刊	1.9	2.9	3.0	4.5	5.5	4.1
电视	55.4	50.9	41.5	47.1	43.8	46.9
广播	5.4	5.0	4.6	5.0	4.4	4.5
图书	0.5	0.7	3.6	0.9	0.7	0.7
互联网	6.1	6.5	8.3	7.5	8.3	8.5
音像出版物	0.2	0.2	0.3	0.3	0.3	1.4
电子出版物	0.1	0.0	0.1	0.0	0.1	0.3
境外媒介	0.4	0.4	0.2	0.4	0.6	0.5

可以看到，相对而言报纸、电视、广播在"了解国内外新闻时事"和"了解国内外观点和思潮"等方面功能突出。这可能与这些媒介的核心内容是新闻报道有关。而"了解与工作学习有关的信息"，是图书最主要的功能。"了解生活/消费资讯"、"了解时尚流行趋势"，是期刊最主要的功能。而"休闲娱乐"，是互联网和音像电子出版物最主要的功能。

值得注意的是，"境外媒介"最突出的功能是"了解时尚流行趋势"，而非了解时政和观点性资讯。这或许与我国媒介内容日益开放有关，国外的新闻和思想在国内媒介上也可获得，并非只有通过境外媒介才能获得这些资讯。

1.2.2　不同媒介的依赖度比较

以上分析的是在总体人口中，不同使用目的所依赖媒介的比例。由于不同媒介自身的覆盖率有很大差异，因而我们需要讨论在该媒介覆盖的人群中有多少人会对该媒介产生依赖。我们采用"依赖度"这个指标来衡量媒介的这一特性。具体的计算方法为：依赖度＝依赖该媒介的比例/该媒介的过去一年接触率×100。受众在满足不同的使用目的时，对各媒介的依赖度如表1-2-3所示：

表1-2-3　我国国民对不同媒介的依赖度分析（%）

	报纸	期刊	电视	广播	图书	互联网	音像出版物[①]
了解国内外新闻时事	29.7	5.0	56.1	20.0	1.8	23.9	0.6
了解国内外观点和思潮	26.4	7.5	51.5	18.7	2.3	25.1	0.6
了解与工作学习有关的信息	23.9	7.9	42.0	17.2	13.1	32.2	0.9
了解生活/消费资讯	23.3	11.7	47.7	18.6	3.3	29.2	0.8
了解时尚流行趋势	19.9	14.3	44.3	16.3	2.5	32.4	1.0
休闲娱乐	19.7	10.7	47.4	16.6	2.6	33.2	3.9
均值	23.8	9.5	48.2	17.9	4.3	29.3	1.3

从均值上看，电视是一种依赖程度很高的媒介。在不同的使用目的上，平均有48.2%的电视观众将电视作为可以依赖的媒介；其次是互联网，平均依赖度为29.3%；第三是报纸，为23.8%。

从不同使用目的的依赖度分布上，我们可以看到媒介功能特性。例如，图书媒介的功能较为单一，突出地表现在"了解与工作学习有关的信息"方面，而对其他功能的依赖程度较低。音像出版物也是如此，功能较多地集中在"休闲娱乐"上。而电视、互联

---

① 音像出版物过去一年的接触率采用过去一年（2007年）接触了录像带/VCD/DVD或盒式录音带/CD/MP3的人群占人口总体的比例计算。

网、报纸、广播相对来说是"多功能媒介",在不同功能的依赖程度上比较平均。

1.2.3　不同年龄段人群使用媒介目的的差异

在本次调查中,我们在不同使用目的依赖的媒介这道题中,设置了"以上皆无"这一选项。也就是说,如果被访者对这一使用目的没有任何需求,也不需要接触任何媒介,则可以选择"以上皆无"。我们用这一指标来衡量不同人群对不同使用目的的需求。具体的计算方法是:在"主要依靠媒介"和"其次依靠媒介"中选择了任意一个媒介计为"1",没有选择任何一个媒介,即都选择了"以上皆无"的计为"0"。"1"表示被访者对媒介的这项功能有需求,"0"表示被访者对媒介的这项功能没有需求。

为了比较各细分人群和总体之间的差异,我们引入了 TGI 指数(Target Group Index)来进行衡量。TGI 是英国市场研究局(BMRB)发展的市场与媒介研究方法。TGI 中文译作目标群体指数(倾向性指数),是指某一子群某一指标的比例与总群同一指标比例之比再乘以标准数 100 所得的值。

不同年龄段人群在不同媒介功能需求上的 TGI 指数如表 1-2-4 所示:

表 1-2-4　不同年龄段人群媒介需求倾向性指数

	了解国内外新闻时事	了解国内外观点和思潮	了解与工作学习有关的信息	了解生活/消费资讯	了解时尚流行趋势	休闲娱乐
18—29 周岁	100.5	102.2	105.9	103.8	107.7	105.3
30—39 周岁	100.0	100.1	100.7	101.5	101.5	100.4
40—49 周岁	100.1	98.6	98.7	97.8	97.5	97.7
50—59 周岁	99.4	99.3	95.5	97.3	94.4	97.0
60—70 周岁	99.4	98.3	92.9	95.6	90.7	94.9

相对来说，18—29周岁人群在使用媒介"了解时尚流行趋势"方面具有较高的倾向性，30—39周岁人群在使用媒介"了解生活/消费资讯"和"了解时尚流行趋势"方面具有较高的倾向性，40—70周岁的人群在使用媒介"了解国内外新闻时事"方面具有较高的倾向性。

1.2.4　不同学历人群使用媒介目的的差异

不同学历人群使用媒介目的的 TGI 指数如表 1-2-5 所示：

表 1-2-5　不同学历人群媒介需求倾向性指数

	了解国内外新闻时事	了解国内外观点和思潮	了解与工作学习有关的信息	了解生活/消费资讯	了解时尚流行趋势	休闲娱乐
小学及以下	96.8	92.4	88.7	91.8	87.5	90.7
初中	100.6	100.9	98.8	99.6	100.3	100.6
高中/中专	101.3	103.0	106.0	104.1	105.0	103.3
大专	101.1	103.7	109.7	106.3	109.3	106.5
大学本科	101.4	105.3	112.2	107.2	110.6	106.7
硕士及以上	101.7	106.7	111.7	106.0	108.1	104.0

可以看到，在高学历人群中，依靠媒介"了解与工作学习有关的信息"的倾向性非常明显。

1.2.5　城乡居民使用媒介目的的差异

表 1-2-6　不同户口类型人群媒介需求倾向性指数

	了解国内外新闻时事	了解国内外观点和思潮	了解与工作学习有关的信息	了解生活/消费资讯	了解时尚流行趋势	休闲娱乐
城镇人口	101.1	103.0	104.3	103.9	104.5	103.0
农业人口	99.4	98.4	97.8	98.0	97.6	98.4

如表 1-2-6 所示，对城镇人口来说，使用媒介的目的在"了解时尚流行趋势"方面倾向性突出，其次是"了解与工作学习有关的信息"。而农业人口在使用媒介时，更着重于媒介比较基础和核心的功能"了解国内外新闻时事"，其次"休闲娱乐"也是农业人口倾向性较高的媒介使用目的。

1.2.6 我国大/中/小城市人口使用媒介目的的差异

表 1-2-7 大中小城市人群媒介需求倾向性指数

	了解国内外新闻时事	了解国内外观点和思潮	了解与工作学习有关的信息	了解生活/消费资讯	了解时尚流行趋势	休闲娱乐
大型城市	101.4	104.1	106.0	105.1	107.5	104.4
中型城市	99.2	98.4	97.4	96.5	94.9	95.6
小型城市	99.8	98.6	98.2	99.8	99.5	101.1

如表 1-2-7 所示，对于大城市的人群来说，使用媒介的目的在"了解时尚流行趋势"和"了解与工作学习有关的信息"方面倾向性明显，中型城市人群在"了解国内外新闻时事"和"了解国内外观点和思潮"方面倾向性明显，小型城市的人口的媒介使用目的在满足"休闲娱乐"和"了解生活/消费资讯"等方面的需求上更为突出。

1.2.7 我国少数民族地区人口使用媒介目的的差异

表 1-2-8 少数民族地区人群媒介需求倾向性指数

	了解国内外新闻时事	了解国内外观点和思潮	了解与工作学习有关的信息	了解生活/消费资讯	了解时尚流行趋势	休闲娱乐
非少数民族地区人口	100.0	100.7	100.6	100.7	101.4	101.5
少数民族地区人口	99.8	95.6	96.4	95.8	90.9	90.8

如表 1-2-8 所示,整体来说,非少数民族地区人口在使用媒介各方面功能的倾向性上均高于少数民族地区人口。相对来说,非少数民族地区人口在使用媒介用于"休闲娱乐"的倾向性最高,少数民族地区人口使用媒介用于"了解国内外新闻时事"的倾向性最高。

1.2.8 我国东/中/西部人口使用媒介目的的差异

表 1-2-9 东中西部地区人群媒介需求倾向性指数

	了解国内外新闻时事	了解国内外观点和思潮	了解与工作学习有关的信息	了解生活/消费资讯	了解时尚流行趋势	休闲娱乐
东部	100.3	102.1	103.2	104.3	106.2	104.2
中部	99.4	98.8	96.6	95.6	95.4	97.9
西部	100.4	98.0	99.5	98.9	95.7	95.3

如表 1-2-9 所示,整体来说,东部人口使用媒介的动机在各方面倾向性都很高,尤其突出的是在"了解生活/消费资讯"和"了解时尚流行趋势"方面。而对于中部和西部人口,对媒介的使用目的主要还是集中在"了解国内外新闻时事"方面。

1.2.9 不同经济发展水平地区人口使用媒介目的的差异

从以上不同群体使用媒介目的的倾向性比较中我们可以看到,经济发达地区人口使用媒介的动机更加强烈,使用媒介的目的也更加多样性,尤其是在了解生活、时尚资讯、休闲娱乐等方面的倾向性更是显著高于经济相对不发达地区的人口。而经济相对不发达地区人口对媒介的使用,主要集中在"了解国内外新闻时事"这样的基础功能上。

国民使用媒介目的倾向性随经济发展水平的增长的变化趋势,如图 1-2-1 所示:

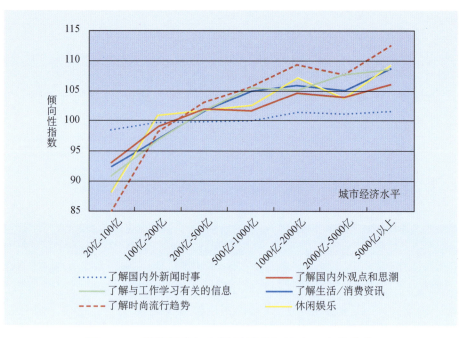

图 1-2-1　媒体需求倾向性随城市经济水平变化曲线

可以看到，随经济水平的增长，使用媒介"了解时尚流行趋势"倾向性增长最为迅速，而随着经济水平的增长，在使用媒介"了解国内外新闻时事"方面的倾向性变化不大。

从这个数据上我们可以预见，随着我国国民经济的不断增长，媒介的功能会更加多元化，媒介的作用会深入国民生活的方方面面。

■ 1.3　我国出版行业状况概述

据中华人民共和国新闻出版总署计划财务司公布的数据显示，2007 年全国出版图书、期刊、报纸总印张为 2345.2 亿印张，折合用纸量 542.7 万吨，与上年相比用纸量增长 1.61%。其中，书籍用纸占总量的 10.82%，课本用纸占总量的 10.22%，图片用纸占总量的 0.04%；期刊用纸占总量的 6.84%；报纸用纸占总量的 72.08%。

1.3.1 图书出版情况

2007 年全国共有出版社 578 家（包括副牌社 34 家），其中中央在京出版社 220 家（包括副牌 14 家），地方出版社 358 家（包括副牌 20 家）。

2007 年全国共出版图书 248283 种，其中新版图书 136226 种，重版、重印图书 112057 种，总印数 62.93 亿册（张），总印张 486.51 亿印张，折合用纸量 114.42 万吨，定价总金额 676.72 亿元。与上年相比图书品种增长 6.12%，新版图书品种增长 4.58%，重版、重印图书品种增长 8.05%，总印数下降 1.79%，总印张下降 4.97%，定价总金额增长 4.25%。

1.3.2 期刊出版情况

2007 年全国共出版期刊 9468 种，平均期印数 16697 万册，总印数 30.41 亿册，总印张 157.93 亿印张，定价总金额 170.93 亿元，折合用纸量 37.11 万吨（含高校学报、公报、政报、年鉴 1742 种，平均期印数 386 万册，总印数 4011 万册，总印张 264689 千印张）。

各类期刊的出版数量、所占比重为：综合类 479 种，占期刊总品种的 5.06%；哲学、社会科学类 2339 种，占期刊总品种的 24.7%；自然科学、技术类 4713 种，占期刊总品种的 49.78%；文化、教育类 1175 种，占期刊总品种的 12.41%；文学、艺术类 613 种，占期刊总品种的 6.47%；少儿读物类 98 种，占期刊总品种 1.04%；画刊类 51 种，占期刊总品种的 0.54%。

1.3.3 报纸出版情况

2007 年全国共出版报纸 1938 种，平均期印数 20545.37 万份，总印数 437.99 亿份，总印张 1700.76 亿印张，定价总金额 306.53 亿元，折合用纸量 391.17 万吨。与上年相比，种数持平，平均期印数增长 4.27%，总印数增长 3.17%，总印张增长 2.52%，定价总金额增长 11.03%。在报纸出版结构中，全国性报纸 221 种，占报纸总品种的 11.4%；省级报纸 816 种，占报纸总品种的 42.11%；地、市级报纸 882 种，占报纸总品种的 45.51%；县级报纸 19 种，占报纸总品种的 0.98%。综合报纸 809 种，占报纸总品种的 41.74%；专业报纸 1129 种，占报纸总品种的 58.26%。

1.3.4 音像电子出版物出版情况

2007 年全国共有音像制品出版单位 363 家，电子出版物出版单位 228 家。

全国共出版录音制品 15314 种，出版数量 2.06 亿盒（张），发行数量 2 亿盒（张），发行总金额 11.52 亿元。全国共出版录像制品 16641 种，出版数量 2.85 亿盒（张），发行数量 2.36 亿盒（张），发行总金额 19.94 亿元。全国共出版电子出版物 8652 种、13584.04 万张。其中，只读光盘（CD-ROM）7845 种、11658.35 万张，高密度只读光盘（DVD-ROM）421 种、934.38 万张，交互式光盘（CD-I）及其他 386 种、991.31 万张。

1.3.5 出版物发行情况

2007 年全国共有出版物发行网点 167254 处，其中国有书店和国有发行网点 10726 处，供销社发行网点 2103 处，出版社自办发行网点 562 处，文化、教育、广电、邮政系统发行网点 32016 处，二级民营批发网点 5946 处，集个体零售网点 114965 处。

2007 年全国出版物发行业从业人员 76.85 万人，其中国有书店和国有发行网点从业人员 14.08 万人，供销社售书点从业人员 0.33 万人，出版社自办售书网点从业人员 0.63 万人，文化、教育、广电、邮政系统发行从业人员 7.26 万人，二级民营批发点从业人员 9.13 万人，集个体零售网点从业人员 45.11 万人。全国新华书店系统、出版社自办发行单位出版物总购进 161.57 亿册（张/份/盒）、1406.07亿元，其中，新华书店系统购进 113.11 亿册（张/份/盒），购进金额 824.23 亿元。全国新华书店系统、出版社自办发行单位出版物总销售 161.19 亿册（张/份/盒）、1366.67 亿元，其中，新华书店系统销售 113.65 亿册（张/份/盒）、817.26 亿元。全国新华书店系统、出版社自办发行单位纯销售 63.13 亿册（张/份/盒）、512.62 亿元。全国新华书店系统、出版社自办发行单位出版物销售总额中：居民和社会团体零售总额 429.40 亿元，其中城市零售 340.55 亿元，农村零售 88.85 亿元，城乡零售比重为 79：21。出版物批发销售总额 934.95 亿元，其中，批给市、县批发、零售出版物发行企业 854.05 亿元，批给县以下单位或个人 61.81 亿元，其他批发 19.09 亿元。

1.3.6　出版物进出口情况

2007 年全国图书、报纸、期刊累计出口 1155765 种次、1027.83 万册（份）、3787.46 万美元。其中，图书出口 1104293 种次、714.14 万册、3298.39 万美元，期刊出口 50149 种次、235.57 万册、354.68 万美元，报纸出口 1324 种次、78.12 万份、134.39 万美元。全国图书、报纸、期刊累计进口 815233 种次、2385.99 万册（份）、21105.44 万美元，其中，图书进口 771582 种次、366.38 万册、7812.91 万美元，期刊进口 42630 种次、424.71 万册、11188.10 万美元，报纸进口 1021 种次、1594.91 万份、2104.43万美元。

2007 年全国音像制品、电子出版物累计出口 51875 种次、63.74 万盒（张）、180.51 万美元，累计进口 8348 种次、15.09 万盒（张）、4340.26 万美元。

1.4 我国国民 2007 年自费消费出版物情况

1.4.1 我国国民出版物消费总体情况

本次调查数据显示，在各类出版物中，我国国民购买率最高的是报纸，购买率达 45.4％；其次为期刊，购买率为 26.4％；VCD/DVD 位列第三，购买率为 25.3％。具体数据如表 1-4-1 所示：

表 1-4-1　我国国民自费消费出版物情况

	购买率（％）	自费购买数量	购买金额（元）	最高购买量	最高消费（元）
报纸	45.4	0.98（种）	69.8	25（种）	9800
期刊	26.4	0.94（种）	25.7	50（种）	8400
图书	19.2	1.75（本）	28.9	700（本）	8500
VCD/DVD	25.3	3.47（张）	32.7	600（张）	7000
盒式录音带	2.8	0.24（盒）	2.2	100（盒）	1100
CD-ROM	0.9	0.10（张）	0.9	243（张）	5000
CD	3.0	0.31（张）	3.2	150（张）	5000

注：以上数据为总体平均值，即包括了购买和不购买各类出版物的全体国民。

我国国民 2007 年人均自费购买报纸 0.98 种，花费 69.8 元；人均自费购买期刊 0.94 种，花费 25.7 元；人均自费购买图书 1.75 本，花费 28.9 元；人均自费购买 VCD/DVD 3.47 张，花费 32.7 元；人均自费购买盒式录音带 0.24 盒，花费 2.2 元；人均自费购买 CD-ROM 0.1 张，花费 0.9 元；人均自费购买 CD 0.31 张，花费 3.2 元。

通过对出版物购买数量和金额进行加权，可以大致推及全国整体的出版物市场规模。本次调查推及总体的数据显示（见表 1-4-2），我国销售额最大的出版物为报纸，2007 年总计销售金额 218.2 亿元；其次为 VCD/DVD，2007 年总计销售金额 93.5 亿元；图书排名第三，2007 年总计销售金额 86.6 亿元。①

表 1-4-2　我国国民出版物自费消费市场总量估计

	购买总数量	购买总金额（亿元）
报纸②	—	218.2
期刊	—	75.6
图书	5.1（亿本）	86.6
VCD/DVD	10.2（亿张）	93.5
盒式录音带	0.7（亿盒）	6.5
CD-ROM	0.3（亿张）	2.6
CD	0.9（亿张）	9.0

历年来我国国民自费购买各类出版物的平均花费金额的变化如表 1-4-3 所示：

表 1-4-3　我国国民自费购买出版物平均花费历年变化趋势（元）

	1999 年	2001 年	2003 年	2005 年	2007 年
报纸	51.7	56.7	54.0	75.7	69.8
期刊	23.0	24.0	21.6	26.1	25.7
图书	26.9	32.5	43.7	34.2	28.9
VCD/DVD	34.1	41.8	34.6	41.8	32.7
CD	7.9	8.8	9.0	6.6	3.2
盒式录音带	9.1	9.2	5.2	3.4	2.2
CD-ROM	2.8	2.9	1.9	3.2	0.9

注：以上数据为总体平均值，即包括了购买和不购买各类出版物的全体国民。

在描述完总体出版物市场状况之后，我们将分析不同类型的媒介的国民消费情况。

---

① 此处推及全国出版物市场规模仅为 18—70 周岁成人自费购买出版物市场规模。

② 本次调查中，报纸和期刊的购买数量计量单位为"种"，因此无法做总量的推及。

1.4.2 我国国民图书消费情况

如上文所述，2007 年我国国民购买图书 5.1 亿本，购买总金额为 86.6 亿元。从人口特征上看，男性购书的数量要显著高于女性，从购买金额上看，男性比女性平均每人多花 4.5 元左右。具体情况如表 1-4-4 所示：

表 1-4-4　不同人口特征人群图书消费情况

	购买数量（本）	购买金额（元）	平均每本金额（元）
男性	1.91	31.0	16.3
女性	1.58	26.5	16.7
18—29 周岁	2.58	41.5	16.1
30—39 周岁	2.19	34.8	15.9
40—49 周岁	1.12	20.7	18.4
50—59 周岁	0.90	15.4	17.0
60—70 周岁	1.01	16.6	16.4
小学及以下	0.25	3.4	13.9
初中	0.93	11.8	12.8
高中/中专	2.40	37.2	15.5
大专	4.21	78.0	18.5
大学本科	6.17	125.4	20.3
硕士及以上	9.26	247.1	26.7

整体上看，年龄越小购买图书的数量和总金额越大，18—29 周岁人群 2007 年平均购买图书 2.58 本，平均购买总金额 41.5 元。学历越高购书的数量和总金额越大，在学历为硕士及以上的群体中，平均每年购买图书 9.26 本，购买总金额高达 247.1 元。

从平均每本图书购买金额可以看到，我国国民购买每本图书的平均花费在 17 元左右。在 40—49 周岁年龄段的人群中，平均购买每本图书的花费最高，达 18.4 元。在高学历的人群中，平均购买每本图书的花费显著高于低学历群体，硕士及以上人群平均购买每本

全国国民阅读调查报告（2008）

图书的花费为 26.7 元。

1.4.3 我国国民报刊消费情况

根据本次调查结果，2007 年我国国民购买报纸总金额 218.2 亿元，购买期刊总金额 75.6 亿元。与图书消费特征一致，报纸和期刊在高学历群体中的消费金额要显著高于低学历群体。但在性别和年龄上，报纸和期刊的细分人群特征与图书有所差异。具体数据见表 1-4-5：

表 1-4-5 不同人口特征人群报纸消费情况

	报纸		期刊	
	购买数量（种）	购买金额（元）	购买数量（种）	购买金额（元）
男性	1.06	71.0	0.89	23.4
女性	0.90	68.4	0.99	28.2
18—29 周岁	0.95	66.0	1.61	39.7
30—39 周岁	1.09	73.7	1.01	26.8
40—49 周岁	1.03	72.8	0.61	19.6
50—59 周岁	0.99	70.2	0.41	14.1
60—70 周岁	0.67	63.2	0.37	13.5
小学及以下	0.31	20.4	0.16	2.8
初中	0.90	61.2	0.63	13.3
高中/中专	1.34	95.6	1.39	37.2
大专	1.33	106.7	2.00	62.3
大学本科	1.59	116.1	2.04	84.9
硕士及以上	1.72	163.9	1.55	89.6

男性购买报纸的数量和金额都高于女性，男性平均购买报纸 1.06 种，平均花费 71.0 元，女性平均购买报纸 0.90 种，平均花费 68.4 元。在期刊的购买数量和金额方面，女性显著高于男性，女性平均购买期刊 0.99 种，平均花费 28.2 元，男性平均购买期刊 0.89 种，平均花费 23.4 元。以上数据说明，女性的期刊阅读倾向性更高。这可能与期刊的媒介功能有关，在"我国国民媒介使用目的"一节中

我们提到，受众使用期刊的主要目的在于"了解生活/消费资讯"以及"了解时尚流行趋势"，而女性在这两方面上的需求更强。

另外值得注意的是，从年龄段上看，报纸购买金额最高的人群集中在 30—39 周岁这一年龄段；而期刊购买金额最高的人群集中在 18—29 周岁这一群体。另外，在各年龄段中，报纸购买的花费差别不是很大，而期刊购买的花费差别很大。这表明报纸适应的年龄层相对较广，而期刊则是一个更加"窄众"的媒介，期刊对年轻群体有很强的吸引力。相对报纸的重度购买者而言，期刊的重度购买者具有明显的年轻化倾向。

1.4.4 我国国民音像电子出版物消费情况

2007 年我国国民自费购买 VCD/DVD 总量 10.2 亿张，总金额达 93.5 亿元；自费购买 CD-ROM 0.3 亿张，总金额达 2.6 亿元；自费购买盒式录音带 0.7 亿盒，总金额 6.5 亿元；自费购买 CD 0.9 亿张，总金额 9.0 亿元。

表 1-4-6　不同人口特征人群 VCD/DVD、CD-ROM 消费情况

	VCD/DVD		CD-ROM	
	购买数量（张）	购买金额（元）	购买数量（张）	购买金额（元）
男性	3.97	37.5	0.103	1.0
女性	2.91	27.3	0.095	0.7
18—29 周岁	4.82	48.5	0.15	1.3
30—39 周岁	4.27	38.4	0.10	1.3
40—49 周岁	2.85	27.7	0.06	0.4
50—59 周岁	1.86	14.3	0.09	0.6
60—70 周岁	1.41	12.3	0.05	0.3
小学及以下	1.91	14.7	0.002	0.02
初中	3.60	31.3	0.03	0.4
高中/中专	3.93	41.6	0.11	0.8

续前表

	VCD/DVD		CD-ROM	
	购买数量 （张）	购买金额 （元）	购买数量 （张）	购买金额 （元）
大专	4.02	39.8	0.27	2.8
大学本科	4.25	47.2	0.68	4.9
硕士及以上	12.94	109.3	1.31	15.1

表 1-4-7　不同人口特征人群盒式录音带/CD 消费情况

	盒式录音带		CD	
	购买数量 （盒）	购买金额 （元）	购买数量 （张）	购买金额 （元）
男性	0.29	2.4	0.36	3.7
女性	0.19	2.0	0.26	2.7
18—29 周岁	0.28	3.7	0.58	5.9
30—39 周岁	0.40	2.8	0.30	3.8
40—49 周岁	0.21	1.4	0.20	1.8
50—59 周岁	0.09	0.7	0.15	1.1
60—70 周岁	0.06	0.5	0.05	0.4
小学及以下	0.11	0.7	0.07	0.5
初中	0.27	2.1	0.23	2.2
高中/中专	0.21	2.2	0.40	3.5
大专	0.34	4.0	0.66	8.5
大学本科	0.48	4.1	0.79	10.1
硕士及以上	0.56	10.7	1.57	15.4

如表 1-4-6 和表 1-4-7 所示，男性、年轻群体和高学历群体对音像电子出版物的购买数量和金额都较高。另外值得注意的是，以上所有的细分人群在以上四种类型的音像电子出版物中，平均每张/盒的购买金额都在 10 元左右。也就是说，几乎所有人都把"10 元"作为音像电子出版物的普遍价格。但目前市场上正版的音像电子出

版物的价格能落在这一区间内的比例恰恰较少。这可能是盗版音像电子出版物猖獗的驱动因素之一。具体对我国盗版状况的分析见本报告的第七章。

1.4.5 我国农业人口出版物消费情况

在以上我们分析的 7 种出版物中，我国城镇人口的购买数量和金额均高于农业人口。其中差距最大的是 CD-ROM 的消费情况，城镇人口的人均购买金额大约是农业人口的 10 倍左右。报纸、期刊、图书、CD 的人均购买金额，城镇人口大约是农业人口的 3—3.5 倍。

值得注意的是，农业人口中 VCD/DVD 和盒式录音带的人均购买数量和金额与城镇人口相差不多。由于农业人口基数巨大，因而推及到整体市场规模，农业人口对 VCD/DVD 和盒式录音带的消费金额要显著高于城镇人口。具体数据如表 1-4-8 和表 1-4-9 所示：

表 1-4-8 城乡人口出版物消费情况比较

	平均购买数量		平均购买金额（元）	
	农业人口	城镇人口	农业人口	城镇人口
报纸	0.74（种）	1.43（种）	42.44	120.13
期刊	0.73（种）	1.32（种）	13.29	48.46
图书	1.19（本）	2.79（本）	15.43	53.71
VCD/DVD	3.30（张）	3.79（张）	30.71	36.34
盒式录音带	0.25（盒）	0.24（盒）	2.17	2.30
CD-ROM	0.02（张）	0.24（张）	0.23	2.14
CD	0.23（张）	0.46（张）	1.97	5.49

表 1-4-9 城乡人口出版物消费市场总量比较

	购买总数量		购买总金额（亿元）	
	农业人口	城镇人口	农业人口	城镇人口
报纸	—	—	83.66	134.49
期刊	—	—	22.19	53.36

	购买总数量		购买总金额（亿元）	
	农业人口	城镇人口	农业人口	城镇人口
图书	1.99（亿本）	3.15（亿本）	25.47	61.14
VCD/DVD	6.09（亿张）	4.14（亿张）	53.78	39.76
盒式录音带	0.46（亿盒）	0.26（亿盒）	3.99	2.54
CD-ROM	0.04（亿张）	0.25（亿张）	0.34	2.24
CD	0.41（亿张）	0.46（亿张）	3.43	5.61

近年来由于互联网的快速发展，MP3 播放技术的成熟，免费下载 MP3 来播放音乐已经成为城市人口的重要音乐收听形式；但盒式录音带的市场空间并没有消亡。农村地区由于接触互联网的比例较低，MP3 普及程度不高，盒式录音带还是一种重要的音乐播放形式。根据以上分析结果我们也可以看到，盒式录音带如果转向农村市场开拓可能有很大的商业空间。

1.4.6　我国少数民族地区人口出版物消费情况

如表 1-4-10 所示，除报纸以外，我国少数民族地区人口在各类出版物的购买数量上均高于非少数民族地区人口。这可能是由于少数民族地区人口对阅读重要性的认知度高于非少数民族地区人口导致，具体的数据在下文中会有所分析。另一方面，也可能是由于少数民族地区人口上网率较低，相对更加依赖传统媒介和出版物。

表 1-4-10　少数民族地区人口出版物消费情况

	平均购买数量		平均购买金额（元）	
	少数民族地区	非少数民族地区	少数民族地区	非少数民族地区
报纸	0.76（种）	1.02（种）	58.06	71.55
期刊	1.23（种）	0.90（种）	35.02	24.23
图书	2.56（本）	1.63（本）	45.68	26.31
VCD/DVD	5.33（张）	3.19（张）	52.42	29.69

续前表

	平均购买数量		平均购买金额（元）	
	少数民族地区	非少数民族地区	少数民族地区	非少数民族地区
盒式录音带	0.25（盒）	0.24（盒）	2.20	2.22
CD-ROM	0.12（张）	0.10（张）	2.03	0.72
CD	0.59（张）	0.27（张）	5.96	2.79

1.4.7 我国东/中/西部人口出版物消费情况

从人均出版物消费水平来看，如表 1-4-11 所示，东部地区人口在报纸、盒式录音带、CD-ROM、CD 等出版物的购买数量上高于中部和西部地区人口。西部地区人口在期刊、图书、VCD/DVD 的人均购买数量和购买金额上都高于东部和中部人口，尤其在 VCD/DVD 的消费上优势显著。此前我们在媒介接触行为分析中提到西部人口对录像带/VCD/DVD 的接触率远高于东、中部人口，高接触率也导致了重度的消费行为，这两个结论一致。

从这一数据可以看到，西部地区的出版物市场环境基础良好，甚至优于中部地区，尤其在 VCD/DVD 市场上有很大潜力。

表 1-4-11 东中西部地区人口出版物消费情况比较

	平均购买数量			平均购买金额（元）		
	东部	中部	西部	东部	中部	西部
报纸	1.44（种）	0.62（种）	0.74（种）	88.3	57.3	55.4
期刊	0.99（种）	0.80（种）	1.07（种）	29.0	18.8	30.4
图书	1.98（本）	1.22（本）	2.19（本）	34.1	18.5	35.7
VCD/DVD	3.14（张）	2.93（张）	4.94（张）	26.9	29.3	48.8
盒式录音带	0.27（盒）	0.23（盒）	0.23（盒）	1.6	2.9	2.2
CD-ROM	0.15（张）	0.04（张）	0.09（张）	0.9	0.5	1.5
CD	0.41（张）	0.14（张）	0.40（张）	4.2	1.3	4.3

从市场规模总量上看，如表 1-4-12 所示，东部地区由于人均消费力较强，加上人口基数庞大，因而在各出版物的市场规模上均为最大。西部地区虽然在期刊、图书、VCD/DVD 的人均消费上有一定优势，但由于人口基数较小，在整体市场规模上没有表现出很大优势。

表 1-4-12　东中西部地区出版物市场总量比较

	总数量			总金额（亿元）		
	东部	中部	西部	东部	中部	西部
报纸	—	—	—	108.85	73.20	36.10
期刊	—	—	—	34.40	21.30	19.86
图书	2.41（亿本）	1.41（亿本）	1.32（亿本）	42.18	21.30	23.14
VCD/DVD	3.74（亿张）	3.25（亿张）	3.23（亿张）	32.52	30.17	30.85
盒式录音带	0.31（亿盒）	0.26（亿盒）	0.15（亿盒）	1.94	2.81	1.77
CD-ROM	0.18（亿张）	0.05（亿张）	0.06（亿张）	1.06	0.52	1.00
CD	0.49（亿张）	0.14（亿张）	0.24（亿张）	5.00	1.45	2.59

1.4.8　我国大/中/小城市人口出版物消费情况

如表 1-4-13 所示，整体来说，大型城市人口在大部分出版物的消费数量和花费上都显著高于中型、小型城市人口。但值得注意的是，中、小型城市还保持着一定量的盒式录音带消费量，在购买数量和花费上高于大型城市。

另外，除报纸之外，小型城市人口在各类出版物的消费上虽然低于大型城市，但高于中型城市。

表 1-4-13　大中小城市人口出版物消费情况比较

	平均购买数量			平均购买金额（元）		
	大型城市	中型城市	小型城市	大型城市	中型城市	小型城市
报纸	1.17（种）	1.16（种）	0.67（种）	121.29	56.60	44.32
期刊	1.21（种）	0.72（种）	0.95（种）	38.45	19.15	22.56
图书	2.05（本）	1.61（本）	1.67（本）	39.93	24.54	24.88

续前表

	平均购买数量			平均购买金额（元）		
	大型城市	中型城市	小型城市	大型城市	中型城市	小型城市
VCD/DVD	4.58（张）	2.49（张）	3.62（张）	44.98	25.76	30.35
盒式录音带	0.19（盒）	0.28（盒）	0.24（盒）	1.60	2.26	2.64
CD-ROM	0.21（张）	0.04（张）	0.07（张）	1.41	0.69	0.72
CD	0.41（张）	0.20（张）	0.35（张）	4.88	2.14	3.01

第二章
我国国民图书阅读与购买倾向

▌ 2.1 我国国民阅读状况及其变化

2.1.1 我国国民对阅读作用的认知

本次调查数据显示，我国国民对阅读的重要性认知程度较高，69.1%的被访者认为当今社会阅读是"非常重要"或"比较重要"的。具体情况如图 2-1-1 所示：

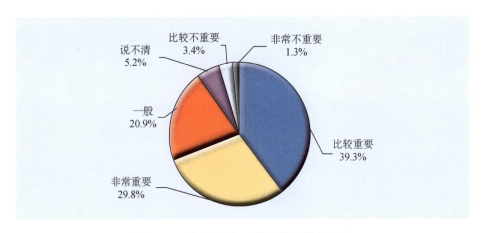

图 2-1-1　我国国民对阅读重要性的认知

如表 2-1-1 所示，男性和女性对阅读重要性的认知上差别不大；

城镇人口对阅读重要性的认知度比农业人口略高；在高学历群体中对阅读重要性的认知度要高于低学历群体；18—29周岁年轻人对阅读重要性的认知度要显著高于其他年龄段的群体。

表 2-1-1　不同人口特征人群对阅读重要性的认知（%）

人口特征	类别	阅读重要性认知[1]
性别	男性	3.98
	女性	3.97
年龄	18—29周岁	4.06
	30—39周岁	4.00
	40—49周岁	3.93
	50—59周岁	3.91
	60—70周岁	3.93
户口	城镇人口	4.00
	农业人口	3.97
学历	小学及以下	3.94
	初中	3.86
	高中/中专	4.08
	大专	4.17
	大学本科	4.26
	硕士及以上	4.20

如表 2-1-2 所示，从区域分布上看，西部地区人口对阅读重要性认知程度最高；中型城市人口对阅读重要性认知程度略低于大型城市和小型城市。少数民族地区人口对阅读重要性认知高于非少数民族地区人口，这个数据能够用来解释少数民族地区人口在大部分

---

① 阅读重要性认知度的计算方法为，认为阅读的作用非常不重要＝1，比较不重要＝2，一般＝3，比较重要＝4，非常重要＝5，说不清计为缺失值，进行均值计算。阅读重要性认知度数值越大，表明该群体认为阅读的作用越重要。

出版物的人均消费上要高于非少数民族地区人口。

值得注意的是，在不同媒介的受众群体中，图书读者对阅读重要性的认知度最高，电视观众对阅读的重要性度认知最低。这说明收看电视有可能对人们的阅读需求和愿望产生一定影响。

表 2-1-2　不同区域/媒介接触人群对阅读重要性的认知（%）

人群分布		阅读重要性认知
城市	大型城市	3.99
	中型城市	3.96
	小型城市	3.99
地域	东部	3.95
	中部	3.91
	西部	4.15
民族	少数民族地区	4.18
	非少数民族地区	3.95
媒介	图书	4.20
	报纸	4.05
	期刊	4.12
	电视	3.98
	广播	4.07
	互联网	4.11
	录像带/VCD/DVD	4.07
	盒式录音带/CD/MP3	4.05

互联网用户对阅读重要性的认知度在各媒介中排第三，仅次于图书和期刊。这说明互联网对阅读观念不仅没有消极影响，可能还有所帮助。在新媒介时代，虽然传统纸质媒介的阅读行为有所降低，但包括网上阅读在内的综合阅读行为不一定是下降的趋势。在本项调查今后的研究中，会越来越关注这种综合阅读行为的变化趋势。

在第一章的分析中，我们根据人们的媒介接触行为将所有人分为五类。这五类人群中的第三类人群（仅接触电视）和第四类人群

（仅接触电视和 VCD/DVD）对阅读重要性的认知度较低。可见，只看电视或 VCD/DVD 而不接触其他"阅读性媒介"（例如报纸、图书、期刊、互联网等），会导致阅读观念的弱化。

表 2-1-3　媒介接触行为分群对阅读重要性的认知

	媒介接触行为	阅读重要性认知
第一类人群	电视＋互联网	4.06
第二类人群	电视＋其他传统媒介	4.14
第三类人群	电视	3.86
第四类人群	电视＋VCD/DVD	4.00
第五类人群	所有媒介	4.03

2.1.2　我国国民对读书目的的认知及变化

如表 2-1-4 所示，在图书读者中，对读书的目的选择最多的是"增加知识，开阔视野"，选择比例达 58.0%；其次是"休闲消遣"，占 45.5%；第三是"满足兴趣爱好"，占 41.6%。

表 2-1-4　我国国民对读书目的的认知（%）

读书的目的	选择比例
增加知识，开阔眼界	58.0
休闲消遣	45.5
满足兴趣爱好	41.6
提高修养	32.1
掌握一些实用技能	29.0
工作学习需要	27.0
增加与别人交流谈话的谈资	14.0
其他	0.7

根据传播学的使用与满足研究理论，我们将以上读书的功能分为"认知性功能"、"工具性功能"、"情感性功能"、"社会心理功能"四大类。具体分类如表 2-1-5 所示：

表 2-1-5　阅读四大功能的划分

读书的四大功能	读书的目的	选择比例（%）
认知性功能	增加知识，开阔眼界	58.0
工具性功能	掌握一些实用技能	43.7
	工作学习需要	
情感性功能	满足兴趣爱好	64.3
	休闲消遣	
社会心理功能	提高修养	37.7
	增加与别人交流谈话的谈资	

　　我国国民读书的主要目的集中在满足"情感性功能"上，即通过"满足兴趣爱好"和"休闲消遣"来得到情感和精神上的愉悦。而读书在满足"社会心理功能"上是比较薄弱的，这可能与图书媒介本身的交互性较低有关。

　　不同阅读目的的人群在图书的购买行为上也有较大差异。表2-1-6中数据显示，以"工具性功能"和"认知性功能"为主要阅读目的的人群在购书数量和花费上均高于其他人群。而以"情感性功能"为主要阅读目的的人群在购书数量和花费上较低。由此可见，在出版物定价策略方面，知识类图书的定价上可以适当提高，而休闲消遣类图书的定价不宜过高。

表 2-1-6　不同阅读功能下的阅读行为特征

	购书数量（本）	购书金额（元）
认知性功能	6.74	111.1
工具性功能	7.05	120.5
情感性功能	5.26	88.5
社会心理功能	6.44	116.6

　　如表 2-1-7 和表 2-1-8 所示，西部地区和小型城市的人口在阅读的"认知性功能"和"工具性功能"上倾向性突出。如上文分析结论，以"认知性功能"和"工具性功能"为阅读目的的读者在购买

倾向上的表现更加明显。由此可见，西部地区和小型城市的图书市场前景乐观，可以重点推广以知识性、工具性内容为主的图书。

表 2-1-7 东中西部地区人群阅读目的比较（%）

	认知性功能	工具性功能	情感性功能	社会心理功能
东部	54.6	44.0	65.0	39.3
中部	58.0	38.7	67.7	35.6
西部	58.7	45.5	56.5	39.3

表 2-1-8 大中小城市人群阅读目的比较（%）

	认知性功能	工具性功能	情感性功能	社会心理功能
大型城市	57.7	41.2	60.9	43.4
中型城市	52.9	41.9	68.1	37.0
小型城市	59.5	44.8	62.4	34.3

此外，不同分类图书的读者对阅读功能的需求也有所不同。调查显示，喜欢阅读哲学、宗教、语言、文字以及艺术类图书的读者，在"社会心理功能"上有较强的倾向性；喜欢阅读政治、法律、医药、卫生的读者，在"工具性功能"上有较强的倾向性；文学类图书的读者侧重"情感性功能"；而喜欢历史、地理类图书的读者，在"认知性功能"的倾向性上明显。具体数据如表 2-1-9 所示：

表 2-1-9 不同图书类型读者侧重的阅读功能（%）

图书类别	阅读的作用			
	认知性	工具性	情感性	社会心理
马列主义、毛泽东思想	3.4	4.3	3.5	4.7
哲学、宗教	5.0	5.1	4.2	7.0
社会科学总论	3.9	4.4	3.1	4.8
政治、法律	15.9	17.3	12.9	14.9
军事	13.5	13.3	12.1	13.7
经济	12.2	14.0	11.0	14.1

图书类别	阅读的作用			
	认知性	工具性	情感性	社会心理
文化、科学、教育、体育	28.6	28.8	24.2	29.7
语言、文字	14.7	16.4	17.3	18.9
文学	43.8	38.9	47.5	46.0
艺术	12.8	13.5	13.2	14.3
历史、地理	13.1	11.7	11.4	12.3
自然科学总论	4.7	5.6	3.7	4.4
数理科学和化学	1.6	1.7	1.1	1.3
天文学、地球科学	2.9	4.0	2.6	2.2
生物科学	2.6	2.7	1.8	2.0
医药、卫生	19.4	20.0	14.9	18.2
农业科学	9.5	10.6	6.7	6.7
工业技术	2.5	3.7	1.8	2.3
交通运输	2.2	2.6	1.2	1.9
航空、航天	1.9	2.1	1.7	2.2
环境科学、安全科学	2.6	2.8	2.3	2.3
综合性图书	30.1	28.1	32.9	30.0

从我国国民读书目的历年的变化趋势看，图 2-1-2 中数据显示，在"休闲消遣"、"满足兴趣爱好"、"掌握实用技能"、"增加与别人交流的谈资"方面，2007 年选择的比例比过去历年均有较大幅度的增长。说明读者阅读图书的目的存在"多元化"、"娱乐化"、"个性化"的变化趋势。在信息大爆炸的时代，信息不是不足而是过剩。在这种背景下，图书出版机构不能只把目光放在满足读者的认知性需求上，而应该更多地关注读者的情感需求和社会心理需求。

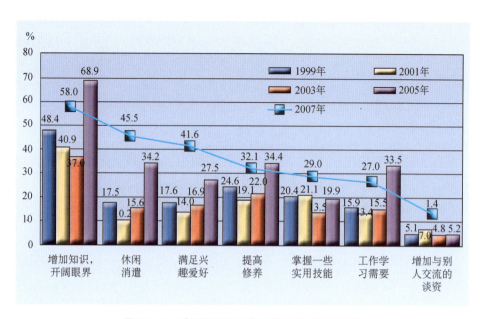

图 2-1-2　我国国民阅读目的历年变化趋势

　　以上是图书读者对读书目的的认知和倾向性。那么对于非读者来说，他们不读书的原因何在呢？如表 2-1-10 所示，我国国民不读书的原因排在第一位的是"没有读书的时间"，选择比例为 49.4％；其次是"没有读书的习惯"，占 42.8％。

表 2-1-10　我国国民不读书的原因（％）

不读书的原因	总体	农业人口	城镇人口	少数民族地区	非少数民族地区
没有读书的习惯	42.8	42.0	44.8	46.2	42.4
没有读书的时间	49.4	50.9	46.1	51.6	49.1
文化水平有限，读书有困难	14.6	17.8	7.5	17.8	14.2
没有可读的书	8.9	8.3	10.3	4.5	9.6
读书没用	4.6	4.7	4.4	3.1	4.8
不知道读什么	9.2	8.3	11.3	10.7	9.0
没有看书的地方	1.6	2.0	0.9	1.2	1.7
经济条件不好	6.9	8.9	2.5	13.5	6.0

　　在农业人口和城镇人口中，不读书的原因有所差异。城镇人口的主要原因是"没有读书的习惯"、"没有可读的书"、"不知道读什

么"；而农村人口的主要原因是"没有读书的时间"、"文化水平有限"、"没有看书的地方"、"经济条件不好"。

在少数民族地区和非少数民族地区的人口中，不读书的原因也有差异。少数民族地区人口的主要原因是"没有读书的习惯"、"文化水平有限"、"经济条件不好"；非少数民族地区人口的主要原因是"没有可读的书"、"读书没用"。

因而在实施国民阅读促进策略时，针对城镇人口和农业人口的侧重应有所区别。针对城镇人口应该加强阅读习惯的培养、图书信息的推荐和阅读的指导；针对农业人口应该加强"农家书屋"等公共文化设施建设，同时提高农村人口的文化素质和阅读水平。

历年调查中不读书的原因变化趋势如图 2-1-3 所示：

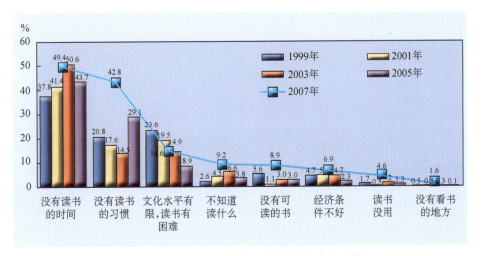

图 2-1-3　我国国民不读书原因历年变化趋势

说明：1999—2005 年问卷中该题是单选题，在 2007 年的调查中改为多选题，会导致数据的波动。以上趋势比较仅供参考。

2.1.3　我国国民图书阅读率和阅读量

本次调查数据显示，我国国民 2007 年的图书阅读率为 48.8%，比 2006 年的 48.7% 提高了 0.1 个百分点。2007 年平均每人阅读图书 4.58 本。其中男性平均每人读书 5.40 本，显著高于女性的平均每人 3.71 本。城镇人口平均每人读书 6.68 本，显著高于农业人口的平均每人 3.51 本。在不同学历和年龄的人口中，学历越高 2007 年阅读图书的数量越多，年龄越小 2007 年阅读图书数量越多。具体数据如表 2-1-11 所示：

表 2-1-11　不同人口特征人群阅读数量

人口特征	类别	平均读书量（本）
性别	男性	5.40
	女性	3.71
年龄	18—29 周岁	7.63
	30—39 周岁	5.01
	40—49 周岁	3.08
	50—59 周岁	2.71
	60—70 周岁	1.93
户口类型	城镇人口	6.68
	农业人口	3.51
学历	小学及以下	0.81
	初中	3.02
	高中/中专	6.84
	大专	9.83
	大学本科	14.07
	硕士及以上	16.12
总　体		4.58

注：以上数据为总体平均值，即包括了读书和不读书的全体国民。

在不同职业人群中，学生阅读量最大，2007 年平均阅读图书 14.35 本（图书不包括教科书）；其次是教师、医生等专业技术人员，2007 年平均阅读图书 10.92 本；农民或农民工阅读量最低，2007 年平均阅读图书仅为 2.06 本。

在不同收入人群中，平均阅读量随收入的增加呈现先增加后降低的趋势。可能的原因是，低收入人群的经济水平较低、学历较低，阅读图书的需求和购买能力不足，导致其阅读量较低。高收入人群虽有买书的经济实力，但可能因为工作过于繁忙、压力较大等原因没有时间看书。综合以上两个因素，中等收入人群阅读量最大。具体数据如表 2-1-12 所示：

表 2-1-12　不同职业/收入人群阅读数量

职业	平均读书本数	个人月收入	平均读书本数
工人/商业服务业人员	5.48	无收入	5.98
企业领导或管理人员	7.60	500 元以下	1.76
农民/农民工	2.06	501—1000 元	3.71
机关/事业单位干部	9.37	1001—1500 元	6.07
一般职员/文员/秘书	6.83	1501—2000 元	7.43
公检法/军人/武警	9.33	2001—3000 元	8.15
专业技术人员/教师/医生	10.92	3001—4000 元	7.41
私营/个体劳动者	4.40	4001—5000 元	8.83
学生	14.35	5001—6000 元	8.06
离退休人员	3.42	6001—7000 元	7.23
无业/失业人员	3.77	7001—8000 元	6.08
其他	8.59	8000 元以上	5.39
		拒绝回答	4.79

注：以上数据为总体平均值，即包括了读书和不读书的全体国民。

从不同区域来看，东部人口比中、西部人口 2007 年平均阅读图书的数量多。从不同城市类型来看，大型城市人口比中、小型城市人口 2007 年平均阅读图书的数量多。从不同民族区域来看，少数民族地区人口比非少数民族地区人口 2007 年平均阅读图书的数量多。具体数据如表 2-1-13 所示：

表 2-1-13　不同区域人群阅读数量

地区分布	平均读书本数	城市类型	平均读书本数	民族区域	平均读书本数
东部	5.02	大型城市	4.79	少数民族地区	5.08
中部	4.00	中型城市	4.30	非少数民族地区	4.50
西部	4.68	小型城市	4.70		

注：以上数据为总体平均值，即包括了读书和不读书的全体国民。

本次调查涉及的 56 个城市中，福建省两个城市的阅读率最高，分别是漳州市 67.1% 和泉州市 65.3%。北京市民阅读率位列第三，为 63.0%。具体阅读率和排序及阅读量和排序如表 2-1-14 所示：

表 2-1-14　各城市居民阅读率及阅读数量排序

城市	图书阅读率（%）	排序	平均阅读量（本）	排序
漳州	67.1	1	6.05	11
泉州	65.3	2	6.60	6
北京	63.0	3	6.75	5
中山	61.6	4	4.20	34
昆明	58.8	5	5.68	15
重庆	58.1	6	5.13	22
邯郸	57.0	7	8.83	4
开封	56.6	8	4.50	29
松原	56.1	9	6.00	12
郑州	55.6	10	4.25	32
西安	55.0	11	5.41	18
新乡	54.4	12	10.48	1
德州	53.1	13	4.58	27
齐齐哈尔	52.6	14	2.04	52
临沂	52.2	15	5.16	21
天水	50.8	16	9.98	2
徐州	50.7	17	4.33	30
马鞍山	50.6	18	5.13	22
济南	50.5	19	4.51	28
南通	50.3	20	6.13	10
呼和浩特	50.2	21	3.46	37
廊坊	49.9	22	5.65	16
天津	49.7	23	5.28	19
玉林	49.4	24	3.45	38
揭阳	49.4	24	5.04	25

城市	图书阅读率（%）	排序	平均阅读量（本）	排序
阜新	47.8	27	3.29	42
资阳	47.5	28	2.37	51
兰州	47.5	28	6.33	8
益阳	47.2	30	2.55	47
南京	46.8	31	4.24	33
上海	46.7	32	6.17	9
成都	46.0	33	2.50	49
商洛	45.9	34	5.45	17
乌鲁木齐	49.4	24	4.17	36
曲靖	45.1	35	9.32	3
吉安	44.2	36	4.27	31
通辽	43.7	37	1.61	56
武汉	43.4	38	3.06	44
广州	43.4	38	5.06	24
西宁	43.1	40	1.83	54
杭州	43.1	40	6.51	7
牡丹江	42.8	42	2.53	48
临汾	42.3	43	2.43	50
沈阳	42.3	43	3.13	43
忻州	42.1	45	4.18	35
攀枝花	42.1	45	2.68	46
金华	41.7	47	2.70	45
湖州	41.4	48	5.87	13
荆州	40.5	49	5.85	14
荆门	39.9	50	3.34	40
亳州	39.7	51	3.35	39
遵义	39.2	52	3.33	41
宜春	39.2	52	1.90	53
银川	37.8	54	4.98	26
邵阳	36.7	55	5.17	20
抚顺	34.8	56	1.82	55

2.1.4 我国国民阅读的图书的来源与阅读地点

我国国民阅读的图书主要来源于"自费购买"，选择比例达70.7%；其次是"向他人借阅"，占51.6%。

在城镇人口中，"自费购买"、"到图书馆借阅"的倾向性显著高于农业人口。农业人口中"向他人借阅"、"租书"的倾向性显著高于城镇人口。同时可以看到，农村人口在"农家书屋"读书的比例要显著高于城镇人口在"社区书屋"读书的比例。

在少数民族地区人口中，"自费购买"、"向他人借阅"、"租书"的比例要显著高于非少数民族地区人口。而非少数民族地区人口在通过公共文化设施获得图书的比例，要高于少数民族地区人口，表现在"到图书馆等地借阅"、"农家书屋或社区书屋"等比例较高，同时"在书店或书吧里看"的倾向性上也较为显著。具体数据如表2-1-15所示：

表 2-1-15　我国国民阅读来源（%）

阅读来源	总体	农业人口	城镇人口	少数民族地区	非少数民族地区
自费购买	70.6	66.9	75.1	75.4	69.8
到图书馆等地借阅	22.8	18.9	27.4	16.5	23.9
向他人借阅	51.6	56.8	45.3	54.6	51.0
他人赠送	9.8	11.3	8.0	9.5	9.8
租书	12.8	13.8	11.5	15.7	12.2
在书店或书吧里看	9.8	8.8	11.0	8.1	10.1
单位购买	8.4	5.9	11.4	8.8	8.3
出版社赠阅	0.9	0.8	1.0	1.4	0.8
农家书屋或社区书屋	1.0	1.7	0.2	0.3	1.2

由于2007年调查问卷该题的选项比历年的问卷有所增加，我们选取共同的选项来分析历年读者阅读来源的变化趋势。历年读者阅读来源变化如图2-1-4所示：

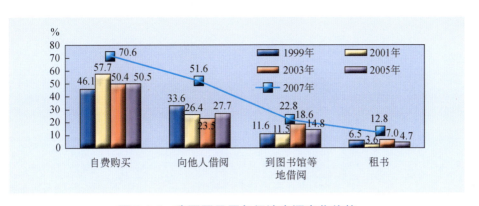

图 2-1-4　我国国民历年阅读来源变化趋势

说明：1999—2005 年问卷中该题是单选题，在 2007 年的调查中改为多选题，会导致数据的波动。以上趋势比较仅供参考。

　　如表 2-1-16 所示，我国国民最主要的读书地点是"家里"，选择比例为 91.8％；其次为"学校或工作单位"，选择比例为 32.6％。城镇人口在"学校或工作单位"、"图书馆"读书的比例显著高于农业人口。少数民族地区人口在"家里"、"学校或工作单位"读书的比例较高，非少数民族地区人口在"图书馆"、"书店或书吧"读书的比例较高。

表 2-1-16　我国国民阅读地点

阅读地点	选择比例（％）				
	总体	农业人口	城镇人口	少数民族地区	非少数民族地区
家里	91.8	91.7	91.8	93.5	91.5
学校/工作单位	32.6	26.5	39.8	33.3	32.4
图书馆	15.1	13.7	16.9	13.4	15.5
书店/书吧	8.4	7.5	9.6	7.9	8.5
在公共汽车/地铁/火车/飞机等交通工具上	2.4	1.8	3.2	1.4	2.6
农家书屋/社区书屋	0.6	0.7	0.3	1.5	0.4

　　由于 2007 年调查问卷该题的选项比历年的问卷有所增加，我们选取共同的选项来分析。数据显示，历年来读者在"学校或工作单位"以及"图书馆"阅读图书的比例一直在稳步增加。具体变化趋

势如图 2-1-5 所示：

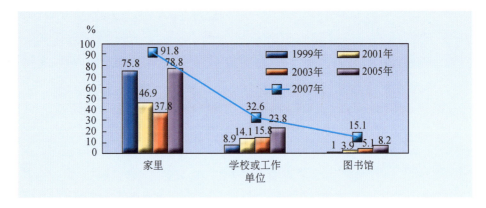

图 2-1-5　我国国民阅读地点历年变化趋势

2.1.5　家庭藏书量

本次调查数据显示，我国国民家庭藏书量平均为 76 本。其中城镇人口家庭平均藏书 105 本，远远高于农业人口的 48 本。少数民族地区人口家庭藏书量略高于非少数民族地区人口，分别为 77 本和 75 本。学历越高的人群，家庭藏书量越大。高年龄人群中家庭藏书量要显著高于低年龄群体中的家庭藏书量，这可能与"藏"书本身的特征有关，随着时间的累积家庭藏书会越来越丰富。

我国国民家庭藏书量的比例分布如图 2-1-6 所示：

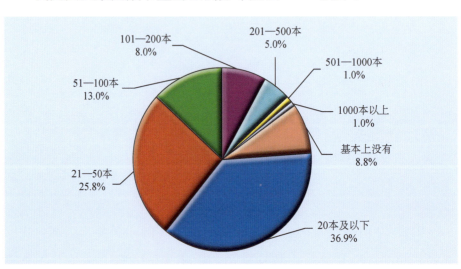

图 2-1-6　我国国民家庭藏书量分布

可以看到，我国国民家庭藏书量主要集中在 50 本以下，其中 20 本及以下占 36.9%，21—50 本占 25.8%。

不同户籍人口家庭藏书量比例分布如图 2-1-7 所示：

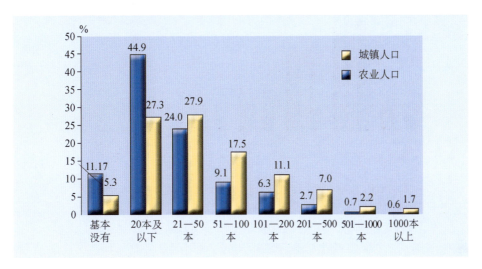

图 2-1-7　城乡人口家庭藏书量分布比较

可以看到，农业人口家庭藏书量显著低于城镇人口。

不同规模城市家庭藏书量比例分布如图 2-1-8 所示：

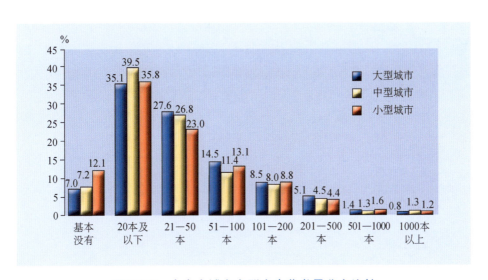

图 2-1-8　大中小城市人群家庭藏书量分布比较

可以看到，小型城市中"基本没有"家庭藏书的人群比例显著高于大、中型城市。

不同区域家庭藏书量比例分布如图 2-1-9 所示：

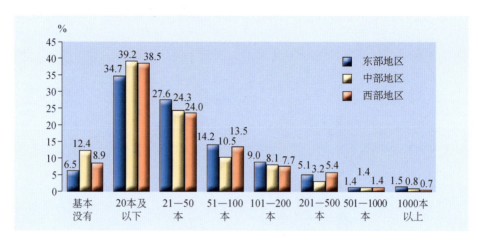

图 2-1-9　东中西部地区人群家庭藏书量分布比较

可以看到，中、西部地区人口的家庭藏书量显著低于东部地区。尤其是中部地区人口在"基本没有"家庭藏书和家庭藏书量在 20 本及以下的比例上显著高于东、西部地区。

不同特征的家庭藏书量情况如表 2-1-17 所示：

表 2-1-17　不同人口特征人群家庭平均藏书量比较

人口特征	类别	家庭①藏书量（本）
户口类型	城镇人口	105
	农业人口	48
年龄	18—29 周岁	54
	30—39 周岁	38
	40—49 周岁	65
	50—59 周岁	118
	60—70 周岁	158
民族区域	少数民族地区	77
	非少数民族地区	75

---

① 因为涉及到家庭的藏书量，在加权的时候采用以"户"为单位的加权数据，而非以"个人"为单位的加权数据。

续前表

人口特征	类别	家庭①藏书量（本）
学历	小学及以下	54
	初中	38
	高中/中专	64
	大专	118
	大学本科	158
	硕士及以上	370
总体		76

注：以上数据为总体平均值，即包括了读书和不读书的全体国民。

从不同的区域来看，东部人口比中、西部人口平均家庭藏书量多。从不同城市类型来看，中型城市人口比大、小型城市人口平均家庭藏书量少。具体数据如表 2-1-18 所示：

表 2-1-18　不同区域人群家庭平均藏书量比较

区域	家庭藏书量（本）	城市类型	家庭藏书量（本）
东部	86	大型城市	77
中部	66	中型城市	73
西部	71	小型城市	78

注：以上数据为总体平均值，即包括了读书和不读书的全体国民。

值得注意的是，小型城市的人口在藏书数量上反而相对较高，这可能与其阅读的目的有关。

2.1.6　最受读者欢迎的图书作者排名及变化

在本次调查中，由被访者自行列举其最喜欢的三个国内作家的名字。我们对所有被提及的作家进行统计，得到最受国人喜爱的十位作家。排在前三位的分别是：金庸、鲁迅和琼瑶。

---

①　因为涉及到家庭的藏书量，在加权的时候采用以"户"为单位的加权数据，而非以"个人"为单位的加权数据。

具体排名如表 2-1-19 所示：

表 2-1-19　最受读者欢迎的图书作者排名

排名	作者	排名	作者
1	金庸	6	贾平凹
2	鲁迅	7	余秋雨
3	琼瑶	8	巴金
4	韩寒	9	老舍
5	郭敬明	10	古龙

历年读者选出的最受欢迎作者和作家的排名变化如表 2-1-20 所示：

表 2-1-20　最受读者欢迎的图书作者排名历年变化趋势

排名	1999 年	2001 年	2003 年	2005 年	2007 年
1	鲁迅	鲁迅	鲁迅	金庸	金庸
2	金庸	金庸	巴金	巴金	鲁迅
3	琼瑶	巴金	金庸	鲁迅	琼瑶
4	巴金	琼瑶	老舍	琼瑶	韩寒
5	冰心	老舍	琼瑶	贾平凹	郭敬明
6	老舍	古龙	古龙	老舍	贾平凹
7	贾平凹	贾平凹	余秋雨	古龙	余秋雨
8	古龙	曹雪芹	贾平凹	冰心	巴金
9	三毛	茅盾	曹雪芹	余秋雨	老舍
10	王朔	王朔	冰心	曹雪芹	古龙

2.1.7　最受读者欢迎的出版社排名及变化

通过同样的方法，我们也统计出最受国人喜爱的十大出版社。排在前三位的出版社分别是：人民出版社、新华出版社和人民教育出版社。

具体排名如表 2-1-21 所示：

表 2-1-21　最受读者欢迎的出版社排名

排名	出版社	排名	出版社
1	人民出版社	6	陕西人民出版社
2	新华出版社	7	人民文学出版社
3	人民教育出版社	8	作家出版社
4	浙江人民出版社	9	上海文艺出版社
5	上海人民出版社	10	北京出版社

历年读者选出的最喜爱出版社的排名变化如表 2-1-22 所示：

表 2-1-22　最受读者欢迎的出版社排名历年变化趋势

排名	1999 年	2001 年	2003 年	2005 年	2007 年
1	人民出版社	上海人民出版社	人民出版社	人民出版社	人民出版社
2	人民教育出版社	人民出版社	人民文学出版社	新华出版社	新华出版社
3	新华出版社	人民教育出版社	人民教育出版社	人民教育出版社	人民教育出版社
4	商务印书馆	北京出版社	上海人民出版社	商务印书馆	浙江人民出版社
5	金盾出版社	新华出版社	新华出版社	人民文学出版社	上海人民出版社
6	三联书店	人民文学出版社	商务印书馆	作家出版社	陕西人民出版社
7	人民文学出版社	商务印书馆	作家出版社	北京出版社	人民文学出版社
8	花城出版社	中国少年儿童出版社	中国少年儿童出版社	中国青年出版社	作家出版社

■2.2　我国国民购书状况及其变化

2.2.1　图书购买渠道

本次调查的数据显示，新华书店是我国国民购书的最主要渠道，选择比例达 70.2％；其次为除新华书店外的其他书店，选择比例为 42.4％。具体数据如图 2-2-1 所示：

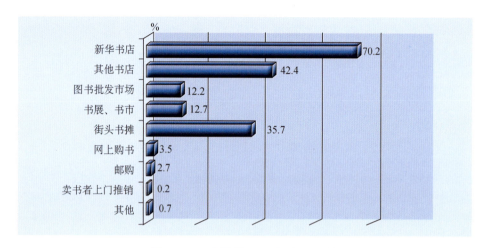

图 2-2-1　我国国民图书购买渠道

值得注意的是，"街头书摊"的购买比例排在第三位，高达 35.7％。"街头书摊"是盗版书籍流通的重要渠道，但因其购买便利、价格较低，而成为人们购书的重要渠道之一。

"街头书摊"被大量购书者作为主要的购书渠道的现状，从侧面反映目前我国书店等正规购书渠道可能存在一定购买障碍，导致很多读者选择在"街头书摊"购买图书。我们将读者经常买书的渠道和读者买书不便利的地方做对应分析。如图 2-2-2 所示，我们发现：

"家离卖书的地方很远"、"书店陈列混乱，很难找书"，可能成为消费者去街头书摊购买图书的重要动因。街头书摊的流动性使买书行为变得便利，那些居住地附近没有书店的人可能会选择在街头书摊进行购买。街头书摊容纳的书较少，图书可以得到很好的展示，也规避了"书店陈列混乱，很难找书"的缺点。此外，价格较低也是重要原因之一。

在不同人群中，对图书购买渠道的倾向性有所差异。城镇人口在"新华书店"、"图书批发市场"、"书展、书市"以及"网上购书"的倾向性较高；农业人口在"街头书摊"购书的倾向性较高。东部

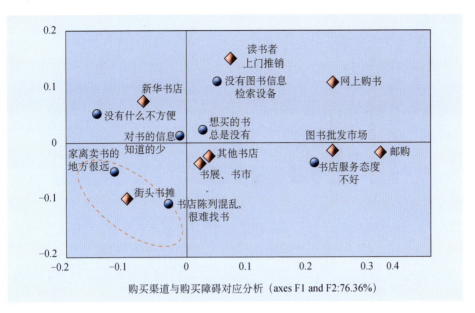

图 2-2-2　图书购买渠道与购买障碍对应分析

区域的人口、大型城市人口在"书店"、"网上"、"书展书市"购书的倾向性较高，中、西部区域人口、中小型城市人口在"街头书摊"购书的倾向性较高。非少数民族地区人口在"新华书店"、"书展书市"购书的倾向性较高，少数民族地区人口在"街头书摊"购书的倾向性较高。

不同户口类型人口购书渠道分布如图 2-2-3 所示：

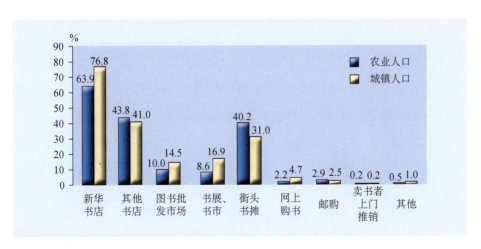

图 2-2-3　城乡人口图书购买渠道比较

不同区域人口购书渠道分布如图 2-2-4 所示：

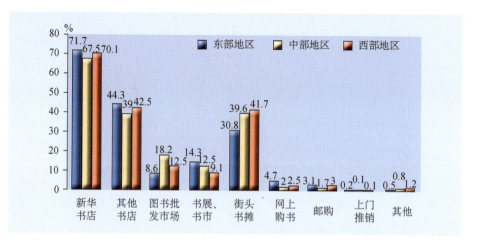

图 2-2-4　东中西部地区人口图书购买渠道比较

不同城市规模的人口的购书渠道分布如图 2-2-5 所示：

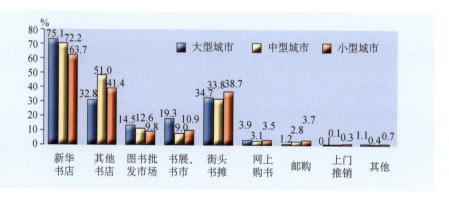

图 2-2-5　大中小型城市人口图书购买渠道比较

不同民族地区人口购书渠道分布如图 2-2-6 所示：

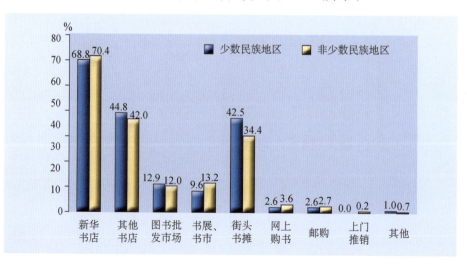

图 2-2-6　少数民族地区人口图书购买渠道

我们可以看到，"新华书店"、"书展、书市"这样的图书销售渠道主要集中在东部地区、大型城市、非少数民族地区。而对于中小城市、中西部地区、少数民族地区人口来说，这种比较正规的购书渠道相对匮乏，这可能是这些区域消费者大量在"街头书摊"购书的原因之一。

历年我国读者在购书渠道上的变化如表 2-2-1 所示：

表 2-2-1　我国国民图书购买渠道历年变化趋势

购书渠道	1999 年		2001 年		2003 年		2005 年		2007 年	
	百分比	排序	百分比	排序	百分比	排序	百分比	排序	百分比	排序
新华书店	45.3	1	36.4	1	30.1	1	54.4	1	70.2	1
个体书店	16.7	3	9.3	3	11.9	4	32.8	2	其他书店 42.4	2
专业书店	13.1	4	11.0	4	12.7	3	14.7	4		
街头书摊	28.8	2	16.1	2	17.7	2	29.5	3	35.7	3
图书批发市场	5.1	6	4.3	6	7.3	5	9.8	5	12.2	5
书展书市	8.6	5	6.6	5	5.6	6	7.9	6	12.7	4
邮购	4.9	7	2.6	7	2.2	7	1.8	7	2.7	7
网上购书	0.4	9	0.5	8	0.9	8	1.8	8	3.5	6
上门推销	3.3	8	0.2	9	0.4	9	0.9	9	0.2	8

　　说明：2007 年调查中将除新华书店外的书店定义为"其他书店"，并不完全等同于"个体书店"和"专业书店"之和，该项数据仅供参考。

2.2.2　图书购买目的

本次调查数据显示，97.0％的购书者主要购买目的是"自己看"，"给孩子、家人看"的比例占到 36.6％。具体数据如表 2-2-2 所示：

表 2-2-2　我国国民图书购买目的（%）

购书目的	选择比例
自己看	97.0
给孩子、家人看	36.6
作为礼品赠送他人	3.3
其他	0.5

1999—2007 年，我国读者购书目的变化如表 2-2-3 所示：

表 2-2-3　我国国民图书购买目的历年变化趋势（%）

	1999 年	2001 年	2003 年	2005 年	2007 年
自己看	68.4	83.1	83.2	82.6	97.0
给孩子、家人看	29.1	13.6	13.7	16.1	36.6

值得注意的是，"作为礼品赠送他人"的比例占到 3.3%。虽然占总体的比例不是很大，但推及到总量还是具有相当大的规模。如果按照 3.3% 的比例计算，礼品书的市场规模大约有 3 亿左右，是一个很有潜力的市场。

另外，数据显示，购买图书"作为礼品赠送他人"的消费者，2007 年购书金额高于买书"自己看"或"给家人看"的人群；平均购买的每本书的价格也显著高于其他人群。这说明人们在将书作为礼物购买时，对价格的承受力更高，因而礼品书在找准市场定位的前提下，可以比一般图书获得更高的利润空间。具体数据见表 2-2-4 所示：

表 2-2-4　不同图书购买目的人群消费情况

购书目的	购书数量（本）	购买金额（元）	平均单本价格（元）
自己看	7.30	121.1	16.6
给孩子、家人看	7.87	131.2	16.7
作为礼品赠送他人	7.47	135.1	18.1

2.2.3 图书购买影响因素和障碍点

在消费者购书过程中，多种因素会影响其最终的购买行为。调查显示，影响购书因素中选择比例最高的是"图书内容简介"，占68.2%；其次是书名，占27.1%；价格因素排在第三位，占22.6%。在图书的购买障碍方面，选择比例最高的是"家离卖书的地方很远"，占21.1%；其次是"对书的信息知道的少"，占10.5%；排在第三位的是"想买的书总是没有"，占9.9%。具体数据如表2-2-5所示：

表 2-2-5　我国国民图书购买影响因素（%）

购书影响因素	选择比例	购买障碍点	选择比例
图书内容简介	68.2	家离卖书的地方很远	21.1
书名	27.1	对书的信息知道的少	10.5
价格	22.6	想买的书总是没有	9.9
熟人推荐	22.6	书店陈列混乱，很难找书	6.6
作者	19.0	没有图书信息检索设备	5.2
店员推荐	9.9	书店服务态度不好	2.6
媒介的书讯和书评	6.9	其他	1.1
图书排行榜	6.4	没有什么不方便	57.4
出版社的名气	6.1		
装帧设计	4.1		
图书广告	4.0		
厚薄	2.7		
开本大小	1.9		
其他	4.9		

2.2.3.1　图书购买影响因素和障碍 4P 模型

对以上购买影响因素，我们根据市场营销的 4P 模型①分类如表 2-2-6 所示：

表 2-2-6　图书购买影响因素 4P 模型

4P	要素	因素	类型
产品（Product）	内容	图书内容简介	购买考虑因素
	品牌	书名	
		出版社的名气	
		作者	
	外观	装帧设计	
		开本大小	
		厚薄	
价格（Price）	价格	价格	
销售促进（Promotion）	人际传播	店员推荐	购买驱力
		熟人推荐	
	广告推介	图书排行榜	
		媒介的书讯和书评	
		图书广告	
渠道（Place）	渠道	对书的信息知道的少	购买障碍点
		家离卖书的地方很远	
		书店陈列混乱，很难找书	
		想买的书总是没有	
		书店服务态度不好	
		没有图书信息检索设备	

――――――――――

① 4P 是美国营销学者麦卡锡教授在 20 世纪 60 年代提出的，包括产品（Pro-duct）、价格（Price）、渠道（Place）和促销（Promotion）。他认为一次成功和完整的市场营销活动，意味着以适当的产品、适当的价格、适当的渠道和适当的传播促销推广手段，将适当的产品和服务投放到特定市场的行为。

其中，"图书内容简介"、"书名"等是读者购买时通常会考虑的因素，我们称之为"购买考虑因素"，而"店员推荐"、"熟人推荐"等对最终销售有直接促进作用的，我们称之为"购买驱力"。"购买考虑因素"和"购买驱力"共同构成了图书购买影响因素。

2.2.3.2 图书购买影响因素分析

我国城乡人口购书影响因素差异如表 2-2-7 所示：

表 2-2-7　城乡人口图书购买影响因素比较（%）

购书影响因素		城镇人口	农业人口
内容	图书内容简介	67.3	69.0
品牌	书名	28.3	25.9
	出版社的名气	6.8	5.4
	作者	19.9	18.1
外观	装帧设计	3.7	4.5
	开本大小	2.6	1.2
	厚薄	3.1	2.4
价格	价格	21.1	24.1
人际传播	店员推荐	11.2	8.8
	熟人推荐	23.5	21.7
广告推介	图书排行榜	7.9	5.0
	媒介的书讯和书评	8.3	5.6
	图书广告	4.2	3.8

可以看到农业人口受内容和价格的影响相对较大，城镇人口相对受品牌、人际传播和广告推介的影响较大。这一数据在一定程度上也说明，我国城镇的图书市场，信息获取渠道较多，读者受品牌、人际传播、广告推介等市场推介因素影响较大。而在我国的农村图书市场，信息获取渠道较少，读者主要还是通过图书的产品本身来决定购买。

历年影响读者购书因素的排名变化如表 2-2-8 所示：

表 2-2-8　我国国民图书购买影响因素历年变化趋势比较

影响因素	1999 年	2001 年	2003 年	2005 年	2007 年
图书内容	1	1	1	1	1
店员推销	7	11	7	7	6
熟人介绍	3	4	3	3	4
价格	2	2	2	2	3
封面设计	8	8	8	10	10
开本大小	13	13	13	13	13
图书厚薄	12	12	11	12	12
书名	5	5	4	4	2
出版社名气	9	9	10	11	9
作者	4	3	5	5	5
图书排行榜	11	10	9	8	8
书讯书评	6	6	6	6	7
图书广告	9	7	12	9	11

说明：2007 年问卷在该题选项的措辞上略有差异。

　　整体来看，2007 年图书购买影响因素与 2005 年没有发生太大变化。但价格的重要性下降，而书名、出版社名气的重要性提升。这在一定程度上说明，图书市场已经进入品牌化营销的时代。

2.2.3.3　图书购买驱力分析

　　"购买驱力"是直接影响读者最终购买图书的重要因素，对指导市场策略非常重要，我们单独分析了"购买驱力"对图书购买的影响。

　　通过对不同类型图书购买者与购买驱力之间的交叉分析，数据如表 2-2-9 所示：

表 2-2-9　分类图书购买者购买驱力分析（%）

图书购买驱力	文学类	经济类	少儿类	生活类	外语类	科技类
店员推荐	10.4	8.7	7.4	9.6	7.4	8.5
熟人推荐	23.3	25.2	20.2	22.9	28.7	20.8
图书排行榜	6.7	7.0	5.0	7.7	8.7	7.0
媒介的书讯和书评	7.0	9.7	7.8	8.0	8.7	7.2
图书广告	5.0	5.6	4.4	5.2	5.2	4.5

　　文学类图书的购买者受"店员推荐"而影响购买的倾向性明显；外语类图书的购买者受"熟人推荐"以及"图书排行榜"而影响购买的倾向性明显；经济类图书的购买者受"媒介的书讯和书评"以及"图书广告"而影响购买的倾向性明显。基于不同类型图书的购买者在购买驱力上的差异，对不同类型图书的营销推广方式也应有所侧重。

2.2.3.4　图书购买障碍点分析

　　从各个图书购买障碍点来看，"家离卖书的地方很远"是我国农业人口最重要的图书购买障碍点，选择比例高达 30.7%。"对书的信息知道的少"，是我国城镇人口最重要的图书购买障碍点。

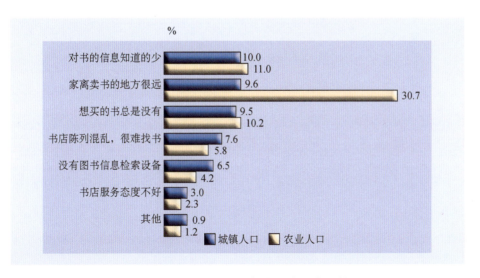

图 2-2-7　城乡人口图书购买障碍点比较

调查结果显示，我国国民总体最近的购书地点离家平均距离为2.8公里，其中城镇人口平均为1.7公里，农业人口平均为3.8公里。由此可见，农业人口相对来说家离卖书的地方更远。具体数据如表2-2-10所示：

表 2-2-10 城乡人口购书点离家距离比较（%）

距离	总体	城镇人口	农业人口
500 米以内	16.2	23.1	10.2
1公里以内	24.0	29.3	19.5
2公里以内	18.3	21.1	15.9
3公里以内	11.6	12.5	10.8
4公里以内	7.7	5.2	9.9
5公里以内	8.4	4.9	11.4
10公里以内	6.1	2.1	9.6
10公里以上	7.7	1.9	12.7
平均距离（公里）	2.8	1.7	3.8

由此可见，要提高我国国民尤其是农业人口的阅读率，增加购书渠道是一个关键点。

2.2.4 图书购买关键接触点

本次调查数据显示，消费者获取图书信息最主要的渠道是"朋友或他人推荐"，选择比例占35.4%；其次为"报纸、期刊"，占32.1%；排在第三位的是电视，占28.1%。

城镇人口通过"报纸期刊"、"互联网"等渠道获得图书信息的倾向性显著高于农业人口，农业人口在通过"电视"获得图书信息的倾向性上较高。少数民族地区人口在多项图书信息获取渠道上均高于非少数民族地区人口，非少数民族地区人口通过"互联网"获得图书信息的倾向性较高。具体数据如表2-2-11所示：

表 2-2-11　我国国民获取图书信息主要渠道

获取信息的主要渠道	选择比例（%）				
	总体	农业人口	城镇人口	少数民族地区	非少数民族地区
报纸、期刊	32.1	30.0	34.7	34.2	31.7
电视	28.1	29.6	26.3	34.5	27.0
广播	4.6	4.2	5.0	5.1	4.4
互联网	19.0	14.2	24.7	16.8	19.3
书店内广告宣传品	9.2	7.4	11.4	14.9	8.2
售书人员推荐	13.4	13.4	13.4	11.3	13.8
朋友或他人推荐	35.4	34.1	36.9	42.1	34.2
图书征订目录	6.2	5.6	6.8	4.7	6.4
无获取渠道	20.6	22.1	18.7	11.5	22.2
其他	1.9	1.7	2.2	2.9	1.7

　　值得注意的是，仍有 20.6% 的读者表示他们没有获取图书信息的渠道。缺乏图书信息的状况在农业人口、低学历和高年龄的人群中表现明显。值得注意的是，少数民族地区人口在图书信息"无获取渠道"上的比例要显著低于非少数民族地区人口。具体数据如表 2-2-12 所示：

表 2-2-12　不同人口特征人群无图书信息获取渠道的比例（%）

人口特征	类别	无渠道比例
户口类型	城镇人口	18.7
	农业人口	22.1
年龄	18—29 周岁	16.0
	30—39 周岁	22.9
	40—49 周岁	22.2
	50—59 周岁	25.6
	60—70 周岁	28.2
民族区域	少数民族地区	11.5
	非少数民族地区	22.2

续前表

人口特征	类别	无渠道比例
学历	小学及以下	24.4
	初中	26.6
	高中/中专	20.6
	大专	14.4
	大学本科	11.0
	硕士及以上	3.5

如表 2-2-13 所示，在不同职业人群中，"离退休人员"表示他们没有获取图书信息渠道的比例最高，为 30.5%，其次是"农民或农民工"，为 29.0%。

表 2-2-13　不同职业人群无图书信息获取渠道的比例（%）

职业	无渠道比例	职业	无渠道比例	职业	无渠道比例
工人/商业服务人员	20.6	专业技术人员/教师/医生	19.5	一般职员/文员/秘书	14.0
企业领导/管理人员	12.0	私营/个体劳动者	24.2	公检法/军人/武警	6.6
农民/农民工	29.0	学生	9.8	无业及失业人员	18.3
机关/事业单位干部	13.0	离退休人员	30.5	其他	8.9

如表 2-2-14 所示，从区域上看，中部地区和小型城市人群相对更缺乏获取图书信息的渠道。因此要促进图书销售，如何在这些区域和人群中进行图书信息的传播是一个重点。

表 2-2-14　不同区域人群无图书信息获取渠道的比例（%）

区域	无渠道比例	城市类型	无渠道比例
东部	18.8	大型城市	20.2
中部	29.3	中型城市	17.9
西部	12.8	小型城市	23.7

对于以上获取图书信息的渠道，我们按照不同的媒介类型做如表 2-2-15 分类：

表 2-2-15　图书信息渠道分类

媒介类型	媒介形式	获取信息的主要渠道
传统媒介	平面媒介	报纸、期刊
	电波媒介	电视
		广播
互联网	网络媒介	互联网（因特网）
人际传播	口碑传播	朋友或他人推荐
	人员传播	售书人员推荐
定向传播	POP	书店内广告宣传品
	DM	图书征订目录

本次调查的数据显示，图书信息获取渠道的多少与图书购买数量的多少呈正相关。也就是说图书信息获取渠道越多的消费者过去一年购买图书的本数越多。具体数据如表 2-2-16 所示：

表 2-2-16　图书信息获取渠道与购买量的关系

渠道数量	购书数量（本）
无获取渠道	0.53
一种获取渠道	5.30
两种获取渠道	5.69
三种获取渠道	6.88
四种获取渠道	8.84
五种及以上获取渠道	9.06

一方面，图书的重度购买者会更加积极地通过各种渠道获取图书信息；另一方面也说明了，如果图书的出版者重视图书信息的"整合传播"，在各种渠道上全方位地开展图书信息的传播，也可能促进读者的购买行为。

2.2.5 图书购买价格承受力

为了测试消费者对图书的价格承受力，我们沿用了历年调查采用的方法，让被访者假设自己要买一本200页左右的文学类简装书，询问其能接受的价格。数据结果显示，我国图书读者平均能接受的价格为14.3元。

我国读者能够承受图书价格的分段区间分布比例如图 2-2-8 所示：

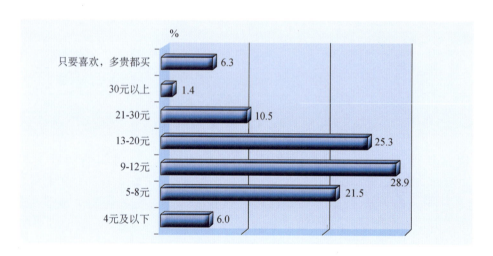

图 2-2-8　我国读者图书购买价格承受力分布

在不同人口中价格承受力有所差异。数据结果显示，女性平均能承受的价格比男性高出0.5元。这可能与我们调查提及的图书类型有关，女性对文学类图书的偏好更强，因而价格承受力更高。城镇人口的价格承受力高于农业人口，高学历、低年龄的群体价格承受力更高。具体数据如表 2-2-17 所示：

表 2-2-17　不同人口特征人群图书价格承受力比较

人口特征	类别	承受价格（元）
性别	男性	14.1
	女性	14.6

续前表

人口特征	类别	承受价格（元）
年龄	18—29 周岁	15.4
	30—39 周岁	14.0
	40—49 周岁	12.9
	50—59 周岁	13.6
	60—70 周岁	13.4
户口类型	城镇人口	14.6
	农业人口	14.0
学历	小学及以下	12.8
	初中	13.0
	高中/中专	14.2
	大专	16.1
	大学本科	16.1
	硕士及以上	18.5
总体		14.3

如表 2-2-18 所示，在不同职业人群中，"公检法/军人/武警"对图书的价格承受力最强，能够接受的价格是 19.7 元；其次是"机关/事业单位干部"，为 16.5 元。"农民或农民工"对图书的价格承受能力最低，为 12.4 元。

表 2-2-18　不同职业人群图书价格承受力比较

职业	承受价格（元）	职业	承受价格（元）	职业	承受价格（元）
工人/商业服务业人员	13.7	一般职员/文员/秘书	16.1	学生	15.4
企业领导/管理人员	16.2	公检法/军人/武警	19.7	离退休人员	14.3
农民/农民工	12.4	专业技术人员/教师/医生	14.8	无业/失业人员	14.9
机关/事业单位干部	16.5	私营/个体劳动者	14.0	其他	14.4

对于不同区域的人群来说，东部地区人口的价格承受力相对较高，而大型城市人口的价格承受力反而更低。少数民族地区人口对图书价格的承受力要低于非少数民族地区人口。从不同的阅读目的上看，以工具性功能为主要阅读目的的人群对价格的承受力更高，这与我们上文分析的结论一致。具体情况如表 2-2-19 所示：

表 2-2-19　不同区域/阅读目的人群图书价格承受力比较

区域	承受价格（元）	城市类型	承受价格（元）	民族区域	承受价格（元）	阅读目的	承受价格（元）
东部	15.6	大型城市	13.8	少数民族地区	13.7	认知性功能	14.5
中部	13.1	中型城市	14.9	非少数民族地区	14.4	工具性功能	15.0
西部	13.1	小型城市	14.1			情感性功能	14.1
						社会心理功能	15.1

1999—2007 年我国读者整体图书价格承受力变化如图 2-2-9 所示。数据显示，历年来我国读者能够承受的图书价格不断上涨。

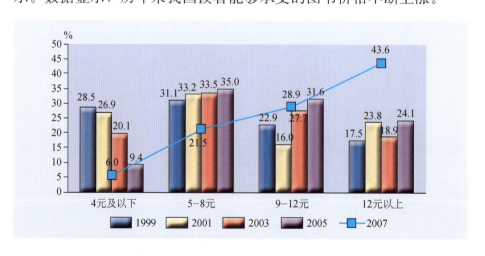

图 2-2-9　我国国民图书购买价格承受力历年变化趋势

说明：为了使历届调查选项匹配，将本次调查中"12 元以上"区间与"只要喜欢多贵都买"合并成"12 元以上"，将往届调查中"只要喜欢多贵都买"选项改为"12元以上"。

1999—2007 年城镇人口所能接受的书价比较如图 2-2-10 所示：

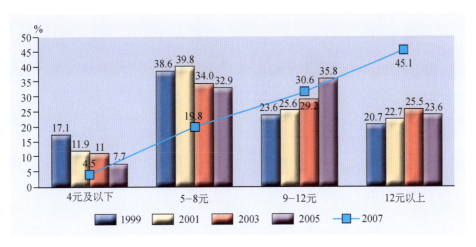

图 2-2-10　城镇人口图书购买价格承受力历年变化趋势

1999—2007 年农业人口所能接受的书价比较如图 2-2-11 所示：

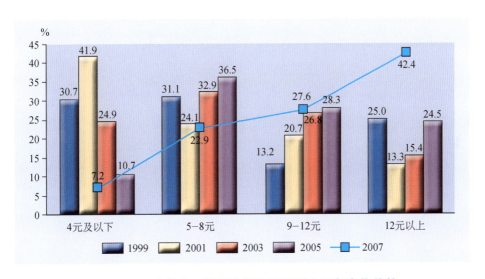

图 2-2-11　农业人口图书购买价格承受力历年变化趋势

对于目前图书的价格，有 51.0％ 的读者认为"比较贵"，仅有 31.8％ 的读者认为目前图书价格合适。可见整体来说我国图书读者认为书价偏贵。具体情况如图 2-2-12 所示：

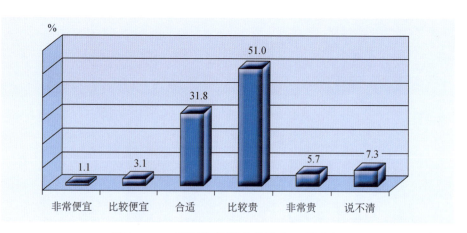

图 2-2-12　我国国民图书价格合理性感知

2.2.6　网上购书行为

随着互联网的发展，网上购书成为主要的图书购买方式之一。本次调查数据显示，在网上购买过图书的人口规模在 922 万人左右，占全部图书消费者的 6.7%，占全部网上购物者的 85.8%，占全体网民的 4.7%，占人口总体的 1.2%。具体情况如表 2-2-20 所示：

表 2-2-20　我国国民网上购书比例

网上购书人口：922 万	
人口基数	购买率（%）
全部购书者	6.7
网络购物者	85.8
全体网民	4.7
人口总体	1.2

对于不在网上购书的人来说[①]，他们主要的购买障碍点在于"不习惯网上购物"，选择比例达 57.4%；其次为"网上购物不安全"，选择比例为 48.1%。具体数据如图 2-2-13 所示：

---

① 这里的人口基数为：图书的购买者，但没有在网上购买过任何出版物。

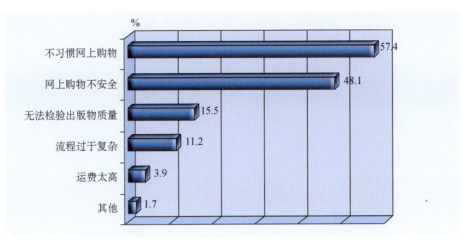

图 2-2-13 我国读者不在网上购书的原因

2.3 中国分类图书市场状况

2.3.1 中国分类图书市场现状

2.3.1.1 各分类图书市场占有状况

本次调查数据显示，各类图书中市场占有率最高的是文学类图书，2007 年共有约 0.7 亿人购买过文学类图书，占总图书购买人数的 33.4％；其次为综合类图书，市场占有率达 20.5％；排名第三的是文化、科学、教育、体育类图书，市场占有率为 19.9％。具体数据如表 2-3-1 所示：

表 2-3-1 各分类图书市场占有状况

图书类别	购买人数（万人）	市场占有率① （%）
文学	7072	33.4
综合性图书	4328	20.5
文化、科学、教育、体育	4200	19.9
医药、卫生	2818	13.3
语言、文字	2172	10.3

① 分类图书市场占有率＝过去一年购买过该类图书的人数/过去一年购买过图书的总人数

续前表

图书类别	购买人数（万人）	市场占有率（%）
经济	1805	8.5
艺术	1756	8.3
军事	1615	7.6
政治、法律	1556	7.4
历史、地理	1395	6.6
农业科学	1295	6.1
哲学、宗教	715	3.4
社会科学总论	521	2.5
马列主义、毛泽东思想	463	2.2
自然科学总论	441	2.1
工业技术	414	2.0
生物科学	354	1.7
环境科学、安全科学	348	1.6
天文学、地球科学	332	1.6
数理科学和化学	315	1.5
交通运输	303	1.4
航空、航天	153	0.7

如表 2-3-2 所示，城乡人口在不同类别图书的购买倾向上有所差异。在大部分类别图书的购买率上，城镇人口均高于农业人口，但在"农业科学"类图书上，农业人口的购买率是城镇人口的 11 倍多。

表 2-3-2　不同区域/城乡分类图书市场规模

图书类别	市场占有率（%）			市场占有率（%）	
	东部	中部	西部	城镇人口	农业人口
马列主义、毛泽东思想	2.3	1.9	2.4	2.5	1.9
哲学、宗教	3.2	4.3	2.5	3.7	3.1
社会科学总论	3.0	2.1	1.9	2.4	2.6
政治、法律	7.1	5.1	10.9	7.3	7.4

续前表

图书类别	市场占有率（%）			市场占有率（%）	
	东部	中部	西部	城镇人口	农业人口
军事	7.7	7.3	8.0	8.9	6.6
经济	8.0	6.4	12.4	11.3	6.2
文化、科学、教育、体育	21.5	16.9	20.4	22.8	17.4
语言、文字	11.1	9.0	10.3	11.6	9.2
文学	31.5	29.1	43.1	36.7	30.7
艺术	9.7	5.5	9.2	9.1	7.6
历史、地理	7.2	5.0	7.4	8.7	4.8
自然科学总论	2.3	1.8	2.1	2.7	1.6
数理科学和化学	1.3	1.9	1.3	2.0	1.1
天文学、地球科学	1.8	0.6	2.4	2.1	1.1
生物科学	1.6	2.0	1.6	1.3	2.0
医药、卫生	12.1	12.9	16.4	13.6	13.1
农业科学	3.2	6.4	11.7	0.9	10.5
工业技术	2.0	1.9	1.9	2.2	1.8
交通运输	1.2	1.5	1.8	1.4	1.4
航空、航天	0.6	0.9	0.6	1.3	0.3
环境科学、安全科学	1.5	1.3	2.4	2.2	1.2
综合性图书	20.7	17.3	24.1	25.8	16.0

历年各分类图书市场占有率变化如表 2-3-3 所示。1999—2007年，"文化、科学、教育、体育"类图书购买率稳步上升。2007 年读者在"经济"、"语言、文字"、"文学"、"艺术"、"历史、地理"等人文社会科学方面的购买率比 2005 年有较大提升。但是自然科技类图书的购买率的上升趋势并不明显。

表 2-3-3　各分类图书市场占有率历年变化趋势

图书总类别	1999 年		2001 年		2003 年		2005 年		2007 年	
	比例(%)	排序	比例(%)	排序	比例(%)	排序	比例(%)	排序	比例(%)	排序
马列主义、毛泽东思想	3.5	12	2.1	17	2.2	15	3.2	11	2.2	14
哲学、宗教	3.4	13	2.3	16	2.8	13	4.1	10	3.4	12
社会科学总论	2.5	14	2.6	14	2.0	16	2.7	12	2.5	13
政治、法律	5.6	6	4.4	9	4.9	8	4.9	7	7.4	9
军事	7.9	3	5.1	6	3.8	10	5.8	5	7.6	8
经济	5.2	8	5.7	5	5.8	6	5.4	6	8.5	6
文化、科学、教育、体育	4.6	10	6.2	4	15.7	1	18.6	2	19.9	3
语言、文字	5.0	9	5.1	6	7.0	5	4.5	9	10.3	5
文学	16.5	1	15.9	1	12.2	2	19.8	1	33.4	1
艺术	5.3	7	5.0	8	5.1	7	4.6	8	8.3	7
历史、地理	3.6	11	3.7	10	3.5	11	2.6	13	6.6	10
自然科学总论	1.0	21	2.7	13	1.5	21	0.4	19	2.1	15
数理科学和化学	1.4	18	2.5	15	3.0	12	1.2	16	1.5	20
天文学、地球科学	0.7	22	0.7	20	1.8	17	1.2	16	1.6	19
生物科学	1.4	18	0.7	20	2.4	14	0.2	21	1.7	17
医药、卫生	6.9	4	9.0	3	7.2	4	6.1	4	13.3	4
农业科学	6.7	5	3.1	11	3.8	9	2.6	14	6.1	11
工业技术	2.2	15	2.8	12	1.7	18	2.3	15	2.0	16
交通运输	1.3	20	1.8	19	1.7	18	1.1	18	1.4	21
航空、航天	2.1	16	2.1	17	1.7	18	0.2	21	0.7	22
环境科学、安全科学	1.7	17	0.5	22	0.9	22	0.3	20	1.6	18
综合性图书	11.7	2	15.9	1	9.0	3	8.1	3	20.5	2

2.3.1.2　各分类图书市场规模

通过统计加权可以推及各分类图书市场的市场规模。数据显示，2007 年文学类图书的总销售量大约在 2.7 亿本；文化、科学、教育、体育类的销量在 1.8 亿本左右；综合性图书的销量在 1.7 亿本左右。具体数据如表 2-3-4 所示：

表 2-3-4　各分类图书市场规模

图书分类	市场规模（万本）
文学	26516
文化、科学、教育、体育	18045
综合性图书	17414
医药、卫生	11186
语言、文字	8006
军事	6397
经济	6117
艺术	6079
历史、地理	6037
政治、法律	5585
农业科学	4809
哲学、宗教	2842
工业技术	1876
数理科学和化学	1643
社会科学总论	1614
自然科学总论	1334
马列主义、毛泽东思想	1308
生物科学	1287
环境科学、安全科学	1011
交通运输	964
天文学、地球科学	885
航空、航天	589

2.3.1.3　各分类图书市场偏好度

历年来按图书种类划分的读者喜爱度及排名如表 2-3-5 所示。

读者在"经济"、"语言、文字"、"艺术"等人文社会科学类图书上的喜爱度比 2005 年有较大提升。在"自然科学总论"、"医药、卫生"、"农业科学"等自然科技类图书上的喜爱度也呈现一定上升趋势。

表 2-3-5　各分类图书市场偏好度历年变化趋势

图书总类别	1999 年		2001 年		2003 年		2005 年		2007 年	
	比例(%)	排序	比例(%)	排序	比例(%)	排序	比例(%)	排序	比例(%)	排序
马列主义、毛泽东思想	3.6	12	2.6	12	3.5	10	4.6	6	3.8	14
哲学、宗教	3.0	13	1.8	17	2.8	13	4.3	7	4.6	12
社会科学总论	1.9	17	2.3	13	2.9	12	3.2	13	3.7	15
政治、法律	6.1	6	5.5	6	6.8	5	5.8	5	14.1	6
军事	7.2	5	5.6	5	4.4	9	8.4	3	12.7	7
经济	4.8	8	8.4	3	6.9	4	3.6	12	11.5	9
文化、科学、教育、体育	4.4	9	5.3	8	14.3	1	17.0	2	24.7	3
语言、文字	4.4	9	5.4	7	5.6	7	3.8	10	14.3	5
文学	14.2	1	19.7	1	13.2	2	18.0	1	42.4	1
艺术	5.5	7	4.4	9	5.3	8	4.0	9	11.8	8
历史、地理	3.7	11	3.3	11	3.5	10	4.2	8	11.1	10
自然科学总论	2.2	16	2.3	13	1.7	17	0.4	20	4.0	11
数理科学和化学	1.2	21	1.6	18	1.7	17	0.2	22	1.2	22
天文学、地球科学	1.2	21	1.4	20	2.0	15	0.7	16	2.8	16
生物科学	1.5	20	1.9	16	1.2	20	0.7	16	2.1	19
医药、卫生	9.0	3	5.8	4	5.9	6	3.7	11	16.7	4
农业科学	7.3	4	4.2	10	2.4	14	3.2	13	9.1	11
工业技术	1.9	17	1.6	18	1.1	22	1.4	15	2.4	18
交通运输	2.6	14	1.3	21	1.5	19	0.5	18	1.7	21
航空、航天	2.4	15	2.0	15	2.0	15	0.3	21	1.8	20

续前表

图书总类别	1999 年		2001 年		2003 年		2005 年		2007 年	
	比例(%)	排序	比例(%)	排序	比例(%)	排序	比例(%)	排序	比例(%)	排序
环境科学、安全科学	1.7	19	0.9	22	1.2	20	0.5	18	2.5	17
综合性图书	10.3	2	12.6	2	10.0	3	6.3	4	28.4	2

2.3.1.4 各分类图书市场空白度

历年来读者认为图书市场的稀缺品种，按图书种类划分的排名如表 2-3-6 所示。读者对"综合性图书"空白度的认知依旧很高，从 2005 年的第二位上升到第一位。读者对"文学类图书"空白度的认识大幅上升，从 2005 年的第 15 位上升至第 2 位。另外，读者对"社会科学总论"、"经济"、"医药、卫生"空白度的认知也大幅上升。

表 2-3-6　各分类图书市场空白度历年变化趋势

图书类别	2003 年		2005 年		2007 年	
	比例(%)	排序	比例(%)	排序	比例(%)	排序
马列主义、毛泽东思想	3.5	16	3.0	16	3.4	20
哲学、宗教	4.9	8	7.2	4	8.2	6
社会科学总论	4.1	13	2.6	18	10.8	4
政治、法律	6.9	3	4.0	11	7.8	8
军事	3.4	17	3.4	13	7.8	8
经济	3.4	17	3.3	14	9.1	5
文化、科学、教育、体育	6.3	4	6.1	6	7.7	10
语言、文字	4.0	14	3.0	16	6.0	15
文学	3.6	15	3.1	15	12.6	2
艺术	4.8	9	3.9	12	7.2	11
历史、地理	2.3	20	1.7	20	6.5	13
自然科学总论	3.1	21	2.6	18	7.2	11
数理科学和化学	1.3	22	0.5	22	3.0	22
天文学、地球科学	4.7	11	6.5	5	6.3	14

续前表

图书类别	2003 年		2005 年		2007 年	
	比例 (%)	排序	比例 (%)	排序	比例 (%)	排序
生物科学	3.4	17	0.9	21	5.4	18
医药、卫生	4.8	9	4.9	10	11.8	3
农业科学	7.2	1	8.8	3	8.1	7
工业技术	5.4	6	5.1	9	4.5	19
交通运输	4.4	12	5.2	8	3.3	21
航空、航天	6.1	5	5.9	7	5.8	16
环境科学、安全科学	5.4	6	9.3	1	5.7	17
综合性图书	7.0	2	9.0	2	13.2	1

2.3.2　中国分类图书市场预期

2.3.2.1　文学类图书市场分析

本次调查中，我们请被访者选出在文学类图书子分类下最喜欢的类别、2007 年购买过的类别、自己认为市场上最缺的类别，以及未来一年打算购买的类别。以下其他分类图书亦是如此。

我们用偏好度、市场占有率、市场空白度、预购率等四个指标来对分类图书市场进行描绘。具体数据如表 2-3-7 所示：

表 2-3-7　文学类图书市场指标分析（%）

	偏好度	市场占有率	市场空白度	预购率
言情小说	24.9	17.2	7.2	14.1
武侠小说	28.4	18.9	8.8	15.6
文学名著	37.4	32.6	9.1	27.5
当代小说	26.3	21.3	7.6	19.7
科幻小说	13.2	9.5	11.2	9.8
侦探小说	17.7	9.8	7.9	10.7
散文随笔	13.0	13.3	7.1	11.6

续前表

	偏好度	市场占有率	市场空白度	预购率
纪实报告	18.7	10.6	18.8	17.1
人物传记	18.6	12.5	14.1	15.7
民间文学	11.3	8.0	17.2	12.6
儿童文学	3.2	6.7	8.0	6.3
诗歌	2.2	3.3	6.1	3.3
戏剧	1.1	0.7	12.5	1.5
网络文学	5.2	4.0	6.9	5.7

为了更直观地比较文学类图书市场各子类别在以上四个指标上的差异，将以上数据作图如图 2-3-1 所示：

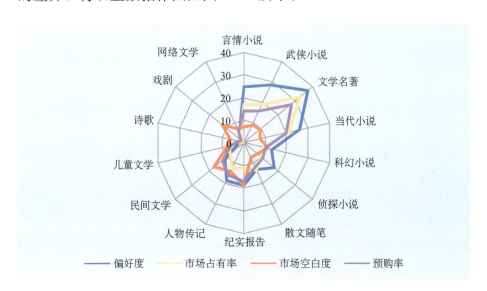

图 2-3-1 文学类图书市场指标分析

在文学类图书中，最受喜爱的是文学名著，偏好度为 37.4％；其次是武侠小说，偏好度为 28.4％；排名第三的是当代小说，偏好度为 26.3％。从市场占有率上看，最高的是文学名著，市场占有率为 32.6％；其次为当代小说，市场占有率为 21.3％；第三是武侠小说，市场占有率为 18.9％。

而市场空白度最高的是纪实报告，18.8％的人认为纪实报告是目前市场上最空缺的文学类图书；其次是民间文学，占 17.2％；第三位的是人物传记，占 14.1％。

为了更清楚地描述文学类图书市场的竞争状况，我们对文学类图书各自分类市场占有率和市场空白度进行二维交互。如图 2-3-2 所示：

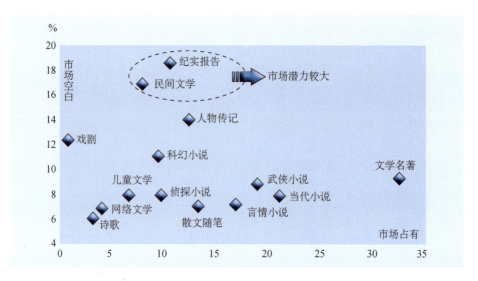

图 2-3-2　文学类图书市场竞争状况分析

在上图中，市场占有率高但市场空白度低的类别，例如文学名著，已经占有了很大的市场规模，市场的饱和度已经很高。对于新进入市场的商家，这一市场将会竞争激烈，进入难度很大。对于市场占有率低且市场空白度也低的类别，如诗歌，是一个相对小众且饱和的市场，市场容量有限。而纪实报告、民间文学、人物传记则是市场基数较大，且市场空白度很高的类别，具有巨大的市场潜力，是很好的进入点。

表 2-3-8 为历年文学类图书偏好度变化情况。通过对历年文学类图书市场偏好度排序变化的比较，我们发现历年来最受喜爱的文学书基本都集中在"文学名著"、"武侠小说"、"当代小说"、"言情小说"上。

表 2-3-8　文学类图书偏好度历年变化趋势

文学书分类	1999 年		2001 年		2003 年		2005 年		2007 年	
	百分比	排序	百分比	排序	百分比	排序	百分比	排序	百分比	排序
言情小说	9.6	5	8.9	6	8.6	6	20.3	2	24.9	4
武侠小说	14.7	2	11.8	2	11.6	2	21.2	1	28.4	2
文学名著	—	—	12.3	1	13.8	1	19.8	3	37.4	1
当代小说	—	—	8.4	7	11.1	3	8.1	4	26.3	3
科幻小说	7.1	6	7.8	8	8.9	5	3.2	10	13.2	8
侦探小说	11.4	3	10.3	4	10.0	4	5.2	6	17.7	7
散文随笔	7.0	7	6.0	10	5.7	10	3.2	9	13.0	9
纪实报告	21.7	1	10.8	3	8.3	8	6.3	5	18.7	5
人物传记	—	—	10.1	5	8.6	6	4.9	7	18.6	6
民间文学	10.1	4	7.2	9	7.3	9	3.7	8	11.3	10
儿童文学	2.6	10	1.1	13	1.9	11	1.1	12	3.2	12
诗歌	4.4	9	3.3	11	1.3	13	0.3	15	2.2	13
戏剧	2.3	11	0.6	14	1.2	14	0.4	14	1.1	14
外国文学	0.2	13	—	—	—	—	—	—	—	—
网络小说	—	—	—	—	—	—	1.3	11	5.2	11
其他小说	4.7	8	—	—	—	—	—	—	—	—
其他	0.4	12	1.5	12	1.7	12	0.9	13	—	—

　　表 2-3-9 为历年各类文学书市场占有率的变化情况。通过对历年文学类图书市场占有率排序变化的比较，发现历年来市场占有率较高的文学书基本都是"文学名著"、"当代小说"、"武侠小说"和"言情小说"。

表 2-3-9　文学类图书市场占有率历年变化趋势

文学书分类	1999 年		2001 年		2003 年		2005 年		2007 年	
	百分比	排序	百分比	排序	百分比	排序	百分比	排序	百分比	排序
言情小说	10.1	4	6.0	10	9.1	3	15.5	2	17.2	4
武侠小说	12.6	2	9.8	3	8.7	5	14.5	3	18.9	3
文学名著	—	—	15.1	1	16.3	1	20.8	1	32.6	1

续前表

文学书分类	1999年		2001年		2003年		2005年		2007年	
	百分比	排序	百分比	排序	百分比	排序	百分比	排序	百分比	排序
当代小说	—	—	8.6	5	10.1	2	8.8	4	21.3	2
科幻小说	6.3	7	8.1	6	7.4	7	3.5	11	9.5	9
侦探小说	10.2	3	7.7	8	7.4	7	5.2	7	9.8	8
散文随笔	9.1	5	7.9	7	7.2	9	4.5	9	13.3	5
纪实报告	19.5	1	10.2	2	8.3	6	6.3	5	10.6	7
人物传记	—	—	9.6	4	8.9	4	5.8	6	12.5	6
民间文学	8.8	6	6.3	9	5.6	10	3.7	10	8.0	10
儿童文学	4.8	9	3.4	11	4.2	11	5.1	8	6.7	11
诗　歌	5.1	8	3.4	11	1.9	13	1.5	14	3.3	13
戏　剧	2.9	12	0.5	14	0.8	14	1.0	15	0.7	14
外国文学	4.7	10	—	—	—	—	—	—	—	—
其他小说	4.5	11								
网络文学	—	—	—	—	—	—	1.7	13	4	12
其　他	1.3	13	3.4	11	4.2	11	2.3	12	—	—

表 2-3-10 为历年文学类图书市场空白度比较。通过对历年文学类图书市场空白度排序变化的比较，我们可以看出在 2007 年"人物传记"的市场空白得到了一定的填补；而"武侠小说"的市场空白有了一定的扩大。

表 2-3-10　文学类图书市场空白度历年变化趋势

文学书分类	1999年		2001年		2003年		2005年		2007年	
	百分比	排序	百分比	排序	百分比	排序	百分比	排序	百分比	排序
言情小说	2.5	11	1.9	13	2.3	14	2.5	15	7.2	11
武侠小说	2.2	12	1.8	14	2.4	13	2.7	14	8.8	7
文学名著	—	—	5.2	8	6.6	7	5.9	8	9.1	6
当代小说	—	—	5.6	7	5.8	11	4.4	12	7.6	10
科幻小说	9.2	5	10.4	4	8.5	5	6.2	7	11.2	5
侦探小说	7.2	7	4.5	11	8.0	6	6.9	6	7.9	9
散文随笔	9.5	4	4.4	12	6.1	9	4.0	11	7.1	12

全国国民阅读调查报告（2008）

续前表

文学书分类	1999 年		2001 年		2003 年		2005 年		2007 年	
	百分比	排序	百分比	排序	百分比	排序	百分比	排序	百分比	排序
纪实报告	19.8	1	15.5	1	10.0	3	13.2	2	18.8	1
人物传记	—	—	12.0	2	9.6	4	5.1	10	14.1	3
民间文学	11.7	2	9.8	5	14.0	1	8.5	3	17.2	2
儿童文学	8.2	6	6.9	6	5.9	10	7.8	5	8.0	8
诗　歌	7.1	8	5.1	10	6.3	8	3.9	13	6.1	14
戏　剧	11.1	3	11.9	3	10.7	2	15.1	1	12.5	4
外国文学	6.5	9	—	—	—	—	—	—	—	—
其他小说	2.9	10	—	—	—	—	—	—	—	—
网络文学	—	—	—	—	—	—	8.1	4	6.9	13
其　他	1.8	13	5.2	8	3.6	12	5.7	9	—	—

　　表 2-3-11 为历年文学类图书预购率比较，我们发现，2007 年"纪实报告"和"人物传记"是预购率提升的两大亮点。

表 2-3-11　文学类图书市场预购率历年变化趋势

文学书分类	2005 年		2007 年	
	百分比	排序	百分比	排序
言情小说	11.3	2	14.1	6
武侠小说	9.1	3	15.6	5
文学名著	16.9	1	27.5	1
当代小说	8.3	4	19.7	2
科幻小说	5.1	10	9.8	10
侦探小说	6.8	7	10.7	9
散文随笔	4.9	11	11.6	8
纪实报告	7.6	5	17.1	3
人物传记	7.2	6	15.7	4
民间文学	6.0	8	12.6	7
儿童文学	5.5	9	6.3	11
诗　歌	1.7	15	3.3	14

续前表

文学书分类	2005 年		2007 年	
	百分比	排序	百分比	排序
戏　　剧	2.1	14	1.5	15
网络文学	4.3	12	5.7	12
其　　他	3.3	13	—	—

2.3.2.2　经济类图书市场分析

在经济类图书中，偏好度排名前三的图书分别是：市场营销、经营管理和经济理论；市场占有率和预购率排名前三的仍旧是这三类。市场空白度排名前三的分别是证券期货、经济理论、房产物业。具体情况如表 2-3-12 所示：

表 2-3-12　经济类图书市场指标分析（%）

	偏好度	市场占有率	市场空白度	预购率
经济理论	31.7	22.2	17.8	20.5
市场营销	35.8	27.2	15.1	29.0
财务会计	10.5	11.8	7.5	9.2
经营管理	33.1	26.3	17.0	26.0
财政税收	7.5	5.8	14.3	6.0
房产物业	13.2	9.6	17.1	15.3
金融保险	15.0	9.9	11.5	14.6
广告宣传	11.4	8.8	12.1	7.8
证券期货	14.0	14.8	23.2	16.2

为了更直观地比较经济类图书市场各子类别在以上四个指标上的差异，将以上数据作图如图 2-3-3 和图 2-3-4 所示。

从经济类图书的市场占有率和市场空白度关系图中，可以看到，证券期货、经济理论、经营管理和市场营销相对来说是市场潜力较大的经济类图书。

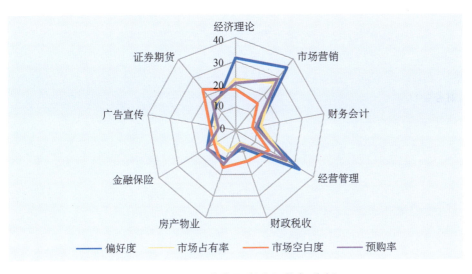

图 2-3-3　经济类图书市场指标分析

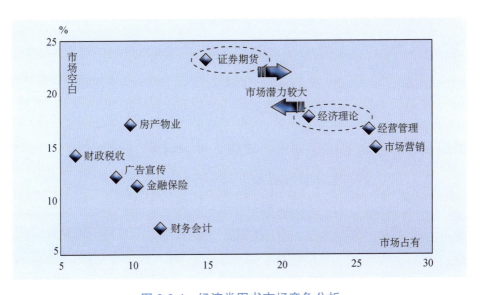

图 2-3-4　经济类图书市场竞争分析

　　表 2-3-13 为经济类图书历年偏好分析。通过对历年经济类图书市场偏好度排序变化的比较，我们可以看出，"金融保险"和"证券期货"图书受欢迎的程度大大增加。

表 2-3-13　经济类图书市场偏好度历年变化趋势

经济书分类	1999 年		2001 年		2003 年		2005 年		2007 年	
	百分比	排序	百分比	排序	百分比	排序	百分比	排序	百分比	排序
经济理论	10.8	5	15.3	2	12.2	3	19.7	2	31.7	3
市场营销	18.5	1	13.5	3	19.7	1	28.3	1	35.8	1

续前表

经济书分类	1999 年		2001 年		2003 年		2005 年		2007 年	
	百分比	排序	百分比	排序	百分比	排序	百分比	排序	百分比	排序
财务会计	—	—	9.3	5	8.6	5	11.1	4	10.5	8
经营管理	14.3	2	18.0	1	19.2	2	14.6	3	33.1	2
财政税收	7.7	8	5.5	10	5.2	9	2.6	9	7.5	9
房产物业	8.8	6	6.9	8	7.2	8	9.0	5	13.2	6
金融保险	—	—	8.6	6	8.6	5	3.6	7	15.0	4
广告宣传	—	—	9.4	4	9.0	4	5.4	6	11.4	7
证券期货	8.2	7	7.8	7	7.7	7	2.3	10	14.0	5
市场管理	12.4	3	—	—	—	—	—	—	—	—
贸易金融	6.7	9	—	—	—	—	—	—	—	—
旅游经济	12.1	4	—	—	—	—	—	—	—	—
其　他	0.6	10	6.0	9	3.4	10	3.4	8	—	—

　　表 2-3-14 为经济类图书历年市场占有率比较。通过对历年经济类图书市场占有率排序变化的比较，可以看到，2007 年"金融保险"、"证券期货"类图书的市场占有率有所回升。

表 2-3-14　经济类图书市场占有率历年变化趋势

经济书分类	1999 年		2001 年		2003 年		2005 年		2007 年	
	百分比	排序	百分比	排序	百分比	排序	百分比	排序	百分比	排序
经济理论	10.7	5	11.6	4	10.7	3	18.7	2	22.2	3
市场营销	16.4	1	11.9	3	16.7	2	24.5	1	27.2	1
财务会计	—	—	12.1	2	9.7	4	12.5	4	11.8	5
经营管理	14.9	2	18.4	1	18.0	1	12.8	3	26.3	2
财政税收	9.1	6	3.3	10	5.2	10	3.4	9	5.8	9
房产物业	6.1	9	7.9	7	8.4	6	7.0	5	9.6	7
金融保险	—	—	6.6	9	7.6	8	4.0	8	9.9	6
广告宣传	—	—	8.9	6	7.7	7	6.4	7	8.8	8
证券期货	13.9	3	11.6	4	8.5	5	2.8	10	14.8	4

经济书分类	1999 年		2001 年		2003 年		2005 年		2007 年	
	百分比	排序	百分比	排序	百分比	排序	百分比	排序	百分比	排序
市场管理	8.9	7	—	—	—	—	—	—	—	—
贸易金融	7.6	8	—	—	—	—	—	—	—	—
旅游经济	11.1	4	—	—	—	—	—	—	—	—
其　　他	1.3	10	8.2	7	7.6	8	7.9	5	—	—

表 2-3-15 为历年经济类图书市场空白度比较。通过对历年经济类图书市场空白度排序变化的比较，我们可以看到，"经济理论"和"市场营销"类图书的市场空白有所扩大。

表 2-3-15　经济类图书市场空白度历年变化趋势

经济书分类	1999 年		2001 年		2003 年		2005 年		2007 年	
	百分比	排序	百分比	排序	百分比	排序	百分比	排序	百分比	排序
经济理论	9.6	6	10.7	5	10.3	5	10.1	5	17.8	2
市场营销	9.6	6	9.0	7	10.9	4	8.0	7	15.1	5
财务会计	—	—	4.7	10	8.4	8	3.6	10	7.5	9
经营管理	13.7	2	10.4	6	12.3	1	7.0	8	17.0	4
财政税收	10.0	5	12.5	2	12.0	2	13.7	2	14.3	6
房产物业	13.5	3	11.2	4	11.7	3	17.9	1	17.1	3
金融保险	—	—	7.1	8	9.6	7	6.8	9	11.5	8
广告宣传	—	—	6.0	9	7.7	9	9.4	6	12.1	7
证券期货	14.9	1	15.9	1	10.3	5	11.9	3	23.2	1
市场管理	7.1	9	—	—	—	—	—	—	—	—
贸易金融	11.0	4	—	—	—	—	—	—	—	—
旅游经济	8.8	8	—	—	—	—	—	—	—	—
其　　他	0.9	10	12.5	2	6.8	10	11.4	4	—	—

表 2-3-16 为经济类图书历年预购率比较，通过对历年经济类图书市场预购率排序变化的比较，可以看到，"证券期货"类图书的

预购率有了较大提高。

表 2-3-16 经济类图书市场预购率历年变化趋势

经济书分类	2005 年		2007 年	
	百分比	排序	百分比	排序
经济理论	16.3	2	20.5	3
市场营销	18.8	1	29.0	1
财务会计	10.4	5	9.2	7
经营管理	12.9	3	26.0	2
财政税收	2.8	10	6.0	9
经济理论	16.3	2	20.5	3
房产物业	11.8	4	15.3	5
金融保险	7.0	7	14.6	6
广告宣传	5.1	9	7.8	8
证券期货	5.3	8	16.2	4
其 他	9.6	6	—	—

2.3.2.3 儿童类图书市场分析

儿童类图书偏好度、市场占有率和预购率最高的都是童话故事，市场空白度最高的是学前教育。具体数据如表 2-3-17 所示：

表 2-3-17 儿童类图书市场指标分析（%）

	偏好度	市场占有率	市场空白度	预购率
童话故事	73.7	64.1	14.9	51.4
拼音读物	13.2	25.0	14.6	22.0
儿童外语	14.9	17.5	29.3	25.2
学前教育	32.2	28.9	31.9	33.6
低幼读物	11.3	14.9	27.6	17.2

为了更直观地比较儿童类图书市场各子类别在以上四个指标上的差异，将以上数据作图（见图 2-3-5）：

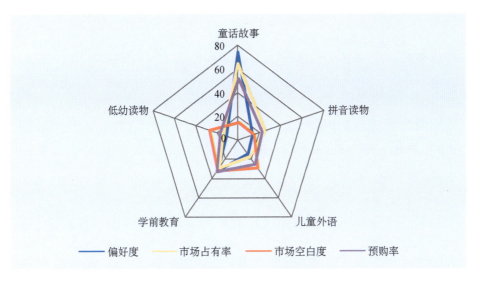

图 2-3-5　儿童类图书市场指标分析

儿童类图书市场占有率和空白度关系如图 2-3-6 所示。可以看到，学前教育类图书是儿童类图书市场潜力较大的类别。

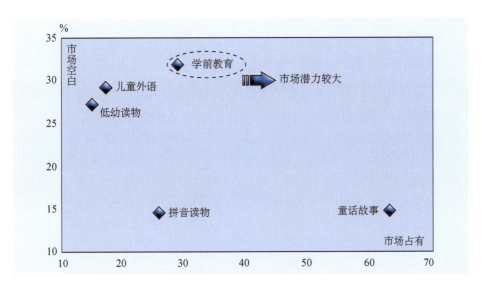

图 2-3-6　儿童类图书市场竞争分析

表 2-3-18 为儿童类图书历年偏好度比较。通过对历年儿童类图书市场偏好度排序变化的比较，可以看到，各类图书的受欢迎程度在各年之间变化不大。

表 2-3-18　儿童类图书市场偏好度历年变化趋势

儿童书分类	1999 年		2001 年		2003 年		2005 年		2007 年	
	百分比	排序	百分比	排序	百分比	排序	百分比	排序	百分比	排序
童话故事	41.9	1	44.3	1	32.1	1	66.3	1	73.7	1
拼音读物	15.6	3	8.7	4	12.1	4	4.1	5	13.2	4
儿童外语	11.7	5	13.0	3	14.6	3	7.7	3	14.9	3
学前教育	16.6	2	20.2	2	23.1	2	12.5	2	32.2	2
低幼读物	12.4	4	7.2	5	11.3	5	2.5	6	11.3	5
其　他	1.8	6	6.7	6	6.7	6	6.9	4	—	—

表 2-3-19 为儿童类图书历年市场占有率比较。从排名的变化上看，2007 年各分类图书市场占有率排名仅有微小变化，整体变化不大。

表 2-3-19　儿童类图书市场占有率历年变化趋势

儿童书分类	1999 年		2001 年		2003 年		2005 年		2007 年	
	百分比	排序	百分比	排序	百分比	排序	百分比	排序	百分比	排序
童话故事	37.5	1	37.0	1	28.2	1	54.6	1	64.1	1
拼音读物	20.6	2	15.3	3	14.9	4	11.0	2	25.0	3
儿童外语	8.9	5	8.6	6	16.3	3	8.0	5	17.5	4
学前教育	16.6	3	15.7	2	19.6	2	9.5	3	28.9	2
低幼读物	12.4	4	12.2	4	10.3	6	7.3	6	14.9	5
其　他	4.0	6	11.4	5	10.7	5	9.5	3	—	—

表 2-3-20 为儿童类图书历年市场空白度比较。可以看到，整体来说儿童图书各分类市场空白度排名变化不大。

表 2-3-20　儿童类图书市场空白度历年变化趋势

儿童书分类	1999 年		2001 年		2003 年		2005 年		2007 年	
	百分比	排序	百分比	排序	百分比	排序	百分比	排序	百分比	排序
童话故事	11.9	5	8.9	5	16.9	4	15.4	3	14.9	4

续前表

儿童书分类	1999 年		2001 年		2003 年		2005 年		2007 年	
	百分比	排序	百分比	排序	百分比	排序	百分比	排序	百分比	排序
拼音读物	14.6	4	6.3	6	13.6	5	5.8	6	14.6	5
儿童外语	29.7	1	28.1	1	19.2	2	25.9	1	29.3	2
学前教育	19.1	2	19.2	3	20.6	1	25.9	1	31.9	1
低幼读物	15.9	3	21.1	2	18.8	3	14.3	4	27.6	3
其　　他	8.7	6	16.4	4	10.8	6	12.7	5	—	—

表 2-3-21 为儿童类图书历年来预购率变化。可以看到，整体来说儿童图书各分类市场预购率排名变化不大。

表 2-3-21　儿童类图书市场预购率历年变化趋势

儿童书分类	2005 年		2007 年	
	百分比	排序	百分比	排序
童话故事	41.5	1	51.4	1
拼音读物	13.0	4	22.0	4
儿童外语	16.8	2	25.2	3
学前教育	13.6	3	33.6	2
低幼读物	4.3	6	17.2	5
其　　他	10.7	5	—	—

2.3.2.4　生活类图书市场分析

在生活类图书市场中，偏好度、市场占有率和预购率排名前三的分别是生活知识、家庭保健和烹饪美食。市场空白度排名前三的是家庭手工制作、家庭保健和生活知识。具体情况如表 2-3-22 所示：

表 2-3-22　生活类图书市场指标分析（%）

	偏好度	市场占有率	市场空白度	预购率
家庭保健	51.1	37.9	22.7	38.8
生活知识	53.8	37.7	21.6	36.9

续前表

	偏好度	市场占有率	市场空白度	预购率
休闲旅游	26.7	17.2	12.0	19.0
美发美容	9.1	6.8	9.2	8.1
服装服饰	17.2	14.5	9.5	12.9
烹饪美食	22.5	22.4	14.2	23.4
家庭手工制作	3.6	2.8	23.8	6.8
女性生活	15.5	13.5	12.2	14.9
育儿	5.4	7.2	9.7	8.2

为了更直观地比较生活类图书市场各子类别在以上四个指标上的差异，将以上数据作图（见图2-3-7）：

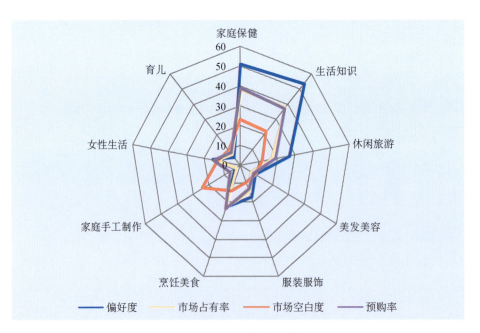

图2-3-7　生活类图书市场指标分析

生活类图书市场占有率和市场空白度的关系如图2-3-8所示。可以看到，在生活类图书中，相对来说家庭保健和生活知识这两类图书市场潜力较大。

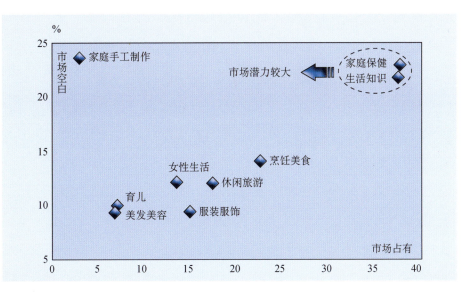

图 2-3-8　生活类图书市场竞争分析

表 2-3-23 为生活类图书历年偏好度比较。从中可以看出历年来，"家庭保健"、"生活知识"、"休闲旅游"类都是受欢迎程度最高的生活类图书。

表 2-3-23　生活类图书市场偏好度历年变化趋势

生活图书分类	1999 年		2001 年		2003 年		2005 年		2007 年	
	百分比	排序	百分比	排序	百分比	排序	百分比	排序	百分比	排序
家庭保健	22.2	2	21.0	2	15.8	2	39.6	1	51.1	2
生活知识	24.6	1	22.5	1	21.4	1	26.1	2	53.8	1
休闲旅游	9.8	4	10.8	4	12.9	3	11.0	3	26.7	3
美发美容	6.1	8	5.3	7	7.3	7	4.3	6	9.1	7
服装服饰	9.2	6	10.0	5	10.2	5	4.5	5	17.2	5
烹饪美食	11.4	3	14.0	3	12.8	4	6.7	4	22.5	4
家庭手工	6.4	7	3.2	9	4.8	8	1.4	9	3.6	9
女性生活	9.3	5	6.8	6	8.8	6	3.5	7	15.5	6
育　　　儿	—	—	4.3	8	3.7	9	1.2	10	5.4	8
其　　　他	0.9	9	1.9	10	2.1	10	1.7	8	—	—

表 2-3-24 为生活类图书历年市场占有率比较。从中可以看出，

在生活类图书中，市场占有率占前四类的图书较为稳定，为"家庭保健"、"生活知识"、"烹饪美食"和"休闲旅游"。

表 2-3-24　生活类图书市场占有率历年变化趋势

生活图书分类	1999 年		2001 年		2003 年		2005 年		2007 年	
	百分比	排序	百分比	排序	百分比	排序	百分比	排序	百分比	排序
家庭保健	22.8	1	17.2	2	15.7	2	28.0	1	37.9	1
生活知识	22.3	2	20.0	1	19.0	1	24.5	2	37.7	2
休闲旅游	9.4	5	10.9	4	11.3	4	10.3	4	17.2	4
美发美容	5.8	8	6.4	8	6.4	7	3.7	7	6.8	8
服装服饰	10.0	4	7.7	6	9.5	6	6.7	5	14.5	5
烹饪美食	14.0	3	10.9	4	14.2	3	12.8	3	22.4	3
家庭手工	6.7	7	5.1	9	5.4	9	2.0	10	2.8	9
女性生活	8.5	6	11.3	3	9.9	5	5.1	6	13.5	6
育儿	—	—	7.1	7	5.6	8	3.1	9	7.2	7
其他	0.4	9	3.5	10	3.5	10	3.7	7	—	—

表 2-3-25 为生活类图书历年市场空白度比较，从中可以看到，"家庭保健"和"烹饪美食"类图书的市场空白有所扩大。

表 2-3-25　生活类图书市场空白度历年变化趋势

生活图书分类	1999 年		2001 年		2003 年		2005 年		2007 年	
	百分比	排序	百分比	排序	百分比	排序	百分比	排序	百分比	排序
家庭保健	14.0	3	12.3	3	13.0	2	12.5	4	22.7	2
生活知识	16.7	2	17.5	1	10.8	5	12.8	3	21.6	3
休闲旅游	11.7	4	11.5	4	11.1	4	16.3	2	12.0	6
美发美容	7.7	8	7.2	8	8.3	8	5.4	8	9.2	9
服装服饰	8.5	7	4.2	10	8.6	7	5.1	9	9.5	8
烹饪美食	9.9	5	4.5	9	10.6	6	4.5	10	14.2	4
家庭手工	20.9	1	11.4	5	13.5	1	20.1	1	23.8	1
女性生活	9.4	6	9.6	6	7.7	9	6.0	7	12.2	5

续前表

生活图书 分类	1999 年		2001 年		2003 年		2005 年		2007 年	
	百分比	排序	百分比	排序	百分比	排序	百分比	排序	百分比	排序
育儿	—	—	8.1	7	11.3	3	8.8	5	9.7	7
其他	1.2	9	13.8	2	5.3	10	8.6	6	—	—

表 2-3-26 为生活类图书历年的预购率比较。可以看到，"女性生活"类图书预购率在 2007 年有较大提升，而"育儿"类图书预购率有所下降。

表 2-3-26　生活类图书市场预购率历年变化趋势

生活图书分类	2005 年		2007 年	
	百分比	排序	百分比	排序
家庭保健	29.6	1	38.8	1
生活知识	16.2	2	36.9	2
休闲旅游	11.7	3	19.0	4
美发美容	5.4	7	8.1	8
服装服饰	5.5	5	12.9	6
烹饪美食	11.6	4	23.4	3
家庭手工	5.2	9	6.8	9
女性生活	5.3	8	14.9	5
育　　儿	5.5	5	8.2	7
其　　他	3.8	10	—	

2.3.2.5　外语类图书市场分析

在外语类图书市场中，市场占有率前三的子类别分别为外语工具书、外语学习、文艺读物。市场空白度最高的三类分别为文艺读物、商贸外语、旅游外语。具体情况如表 2-3-27 所示：

表 2-3-27　外语类图书市场指标分析（％）

	偏好度	市场占有率	市场空白度	预购率
外语工具书	25.4	35.7	15.3	24.2
外语学习	27.7	29.1	14.2	27.8
口语听力	17.9	16.7	17.5	18.7
旅游外语	15.8	9.1	18.0	13.2
商贸外语	13.4	8.9	18.8	14.9
文艺读物	37.9	24.7	30.6	25.6
外语考试	11.5	16.2	12.9	12.7

　　为了更直观地比较外语类图书市场各子类别在以上四个指标上的差异，将以上数据作图（见图 2-3-9）：

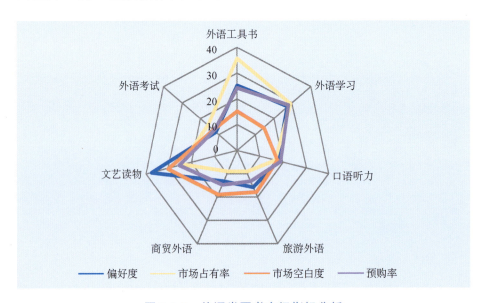

图 2-3-9　外语类图书市场指标分析

　　外语类图书市场占有率和市场空白度的关系如图 2-3-10 所示。可以看到，相对来说外语类图书中"文艺读物"的市场潜力较大。

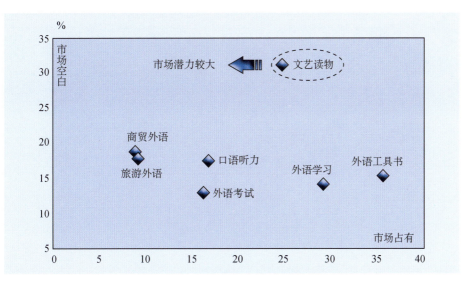

图 2-3-10　外语类图书市场竞争分析

表 2-3-28 为外语书历年偏好度比较。从中可以看到，"工具书"、"外语学习"、"外语读物"、"口语听力"这几类图书的受欢迎程度历年来都很高。

表 2-3-28　外语类图书市场偏好度历年变化趋势

外语书分类	1999 年		2001 年		2003 年		2005 年		2007 年	
	百分比	排序	百分比	排序	百分比	排序	百分比	排序	百分比	排序
工具书	25.6	1	20.4	1	15.8	2	26.6	1	35.7	1
外语学习	17.7	2	18.0	2	17.0	1	21.8	2	29.1	2
口语听力	10.9	5	12.7	5	13.9	4	10.5	4	16.7	4
旅游外语	13.3	4	14.4	3	13.1	5	10.4	5	9.1	6
商贸外语	9.7	6	8.8	7	12.2	6		7	8.9	7
外语读物	15.0	3	14.2	4	14.0	3	17.7	3	24.7	3
外语考试	6.6	7	9.8	6	10.4	7	3.3	8	16.2	5
其他	1.2	8	1.9	8	3.6	8	5.8	6	—	—

表 2-3-29 为外语书历年市场占有率比较，可以看到，2007 年"旅游外语"类图书的市场占有率有一定提升。

表 2-3-29 外语类图书市场占有率历年变化趋势

外语书分类	1999 年		2001 年		2003 年		2005 年		2007 年	
	百分比	排序	百分比	排序	百分比	排序	百分比	排序	百分比	排序
工具书	26.0	1	19.8	2	20.0	1	33.0	1	35.7	1
外语学习	19.0	2	22.4	1	18.3	2	22.8	2	29.1	2
口语听力	16.3	3	12.3	5	18.0	3	8.7	4	16.7	4
旅游外语	5.5	7	8.2	6	7.5	7	4.8	8	9.1	6
商贸外语	7.6	6	3.4	8	9.2	6	6.7	7	8.9	7
外语读物	14.0	4	15.1	3	12.7	4	10.1	3	24.7	3
外语考试	9.7	5	14.2	4	10.9	5	7.0	5	16.2	5
其　　他	1.9	8	4.6	7	3.5	8	6.8	6	—	—

表 2-3-30 为外语书历年市场空白度比较，可以看到，"文艺读物"的市场空白有一定扩大。

表 2-3-30 外语类图书市场空白度历年变化趋势

外语书分类	1999 年		2001 年		2003 年		2005 年		2007 年	
	百分比	排序	百分比	排序	百分比	排序	百分比	排序	百分比	排序
工具书	14.9	5	8.2	7	11.7	6	10.6	6	15.3	5
外语学习	9.9	6	5.8	8	11.6	7	8.1	7	14.2	6
口语听力	17.5	1	19.7	1	12.6	4	10.9	5	17.5	4
旅游外语	15.1	4	15.7	2	13.4	3	13.5	4	18.0	3
商贸外语	15.6	3	10.1	6	14.3	2	17.2	1	18.8	2
文艺读物	15.8	2	13.7	4	16.4	1	15.8	2	30.6	1
外语考试	6.6	7	12.7	5	12.6	4	8.0	8	12.9	7
其　　他	4.5	8	14.1	3	7.4	8	15.8	2	—	—

表 2-3-31 为外语书历年预购率比较。可以看到，整体来说外语类图书预购率排名没有太大变化。

表 2-3-31　外语类图书市场预购率历年变化趋势

外语书分类	2005 年		2007 年	
	百分比	排序	百分比	排序
工具书	6.7	3	24.2	3
外语学习	7.3	1	27.8	1
口语听力	6.5	4	18.7	4
旅游外语	5.5	5	13.2	6
商贸外语	4.3	6	14.9	5
文艺读物	6.8	2	25.6	2
外语考试	4.2	7	12.7	7
其他	4.0	8	—	

2.3.2.6　科技类图书市场分析

在科技类图书市场中，市场占有率前三类的子类别分别为"医药卫生"、"计算机"和"农业科技"。市场空白度最高的三类分别为"科普"、"医药卫生"和"农业科技"。

表 2-3-32　科技类图书市场指标分析（％）

	偏好度	市场占有率	市场空白度	预购率
医药卫生	39.2	36.8	23.6	33.2
农业科技	25.8	19.1	19.8	24.0
交通运输	8.3	7.0	11.1	5.5
计算机	22.6	20.6	10.4	19.5
网　络	20.3	15.9	11.5	19.0
机械建筑	4.3	3.9	11.4	4.5
工程技术	7.9	6.5	13.4	6.6
科　普	26.6	17.3	25.1	21.9

为了更直观地比较科技类图书市场各子类别在以上四个指标上的差异，将以上数据作图（见图 2-3-11）：

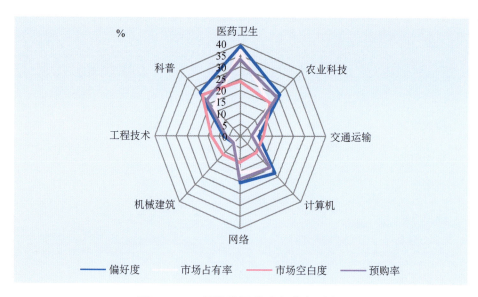

图 2-3-11 科技类图书市场指标分析

科技类图书市场占有率和市场空白度的关系如图 2-3-12 所示。可以看到，相对来说科技类图书中"医药卫生"、"农业科技"、"科普"类图书的市场潜力较大。

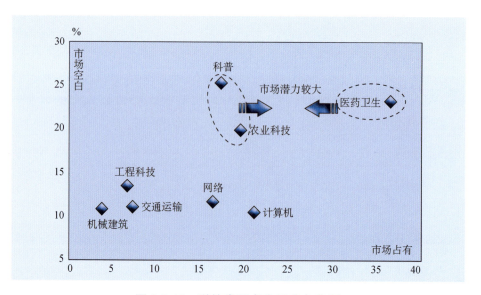

图 2-3-12 科技类图书市场竞争分析

表 2-3-33 为科技书历年偏好度比较，从中可以看到，"计算机/网络"图书的偏好度持续提升，"科普"图书的偏好度也有一定提升。

表 2-3-33　科技类图书市场偏好度历年变化趋势

科技书分类	2001 年		2003 年		2005 年		2007 年	
	百分比	排序	百分比	排序	百分比	排序	百分比	排序
医药、卫生	26.9	1	24.9	1	37.3	1	39.2	2
农业科技	15.2	4	12.7	4	12.8	3	25.8	4
交通运输	4.3	7	10.2	5	5.4	5	8.3	5
计算机/网络	16.5	3	19.0	2	25.3	2	42.9	1
科普	20.7	2	17.0	3	9.4	4	26.6	3
机械建筑	3.8	8	4.7	7	2.8	7	4.3	7
工程技术	7.4	5	7.4	6	4.5	6	7.9	6
其他	5.4	6	4.3	8	2.4	8	—	—

表 2-3-34 为历年来科技类图书市场占有率比较。从中可以看出，"医药、卫生"、"交通运输"类图书的市场占有率有一定提高。

表 2-3-34　科技类图书市场占有率历年变化趋势

科技书分类	2001 年		2003 年		2005 年		2007 年	
	百分比	排序	百分比	排序	百分比	排序	百分比	排序
医药、卫生	26.5	2	19.6	2	25.8	2	36.8	1
农业科技	8.4	4	12.5	4	10.8	4	19.1	4
交通运输	6.5	6	11.6	5	4.5	7	7.0	5
计算机/网络	27.0	1	23.4	1	32.4	1	36.5	2
科普	16.2	3	15.7	3	11.3	3	17.3	3
机械建筑	2.5	8	6.8	6	3.7	8	3.9	7
工程技术	6.0	7	6.1	7	5.4	6	6.5	6
其他	7.0	5	4.1	8	6.3	5	—	—

表 2-3-35 为科技类图书市场空白度比较。从中可以看出，"计算机/网络"的市场空白度有一定提升，"农业科技"类图书的市场空白度有一定下降。

表 2-3-35　科技类图书市场空白度历年变化趋势

科技书分类	2001 年		2003 年		2005 年		2007 年	
	百分比	排序	百分比	排序	百分比	排序	百分比	排序
医药、卫生	14.9	2	14.9	2	14.5	3	23.6	2
农业科技	13.1	5	11.6	7	16.7	1	19.8	4
交通运输	12.6	6	11.9	6	9.6	7	11.1	7
计算机/网络	7.9	7	14.3	3	11.3	5	21.9	3
科普	18.2	1	16.4	1	16.2	2	25.1	1
机械建筑	6.2	8	12.1	5	10.2	6	11.4	6
工程技术	13.5	4	12.4	4	7.7	8	13.4	5
其他	13.7	3	6.4	8	13.8	4	—	—

表 2-3-36 为科技类图书历年预购率比较。从中可以看出，"计算机"和"交通运输"类图书的预购率有所降低。

表 2-3-36　科技类图书市场预购率历年变化趋势

科技书分类	2005 年		2007 年	
	百分比	排序	百分比	排序
医药、卫生	32.2	1	33.2	1
农业科技	9.7	4	24.0	2
交通运输	5.9	5	5.5	7
计算机	20.5	2	19.5	4
网络	5.6	6	19.0	5
机械建筑	4.0	8	4.5	8
工程技术	5.1	7	6.6	6
科普	13.1	3	21.9	3
其他	3.9	9	—	—

第三章
我国国民报刊阅读与购买倾向

■ 3.1 我国国民报纸阅读与购买倾向

报纸作为大众传播媒介的主要形态之一，在国民阅读中扮演着重要角色。一方面，中国报业的发展极大程度上满足了国民的阅读需求，同时也培养和提升了国民的阅读行为和习惯；另一方面，国民阅读行为的变迁，也促使中国报业进入新的发展阶段。

1978 年，我国报纸种数仅为 186 种。到 1995 年，我国报纸种数增长至 2089 种。其后报纸种数稳定在 2000 种左右，2004 年报纸种数小幅下降至 1926 种。2007 年，据新闻出版总署统计，全国共出版报纸 1938 种。

3.1.1 报纸阅读状况

国民报纸阅读状况，可以通过报纸阅读率体现。广义报纸阅读率指过去一年阅读过报纸的读者占调查样本总体的比重；狭义报纸阅读率指过去一年阅读过报纸的读者占识字者总体的比重。本次调查结果表明，2007 年我国国民报纸阅读率为 73.4％，而识字者报纸阅读率为 73.8％。为了进一步分析的需要，以下我们使用了狭义的报纸阅读率。

3.1.1.1 我国国民报纸阅读状况

在我国识字人口总体中，每人每月平均阅读报纸约 7.4 期。识字人群报纸阅读情况整体上呈现出"两极化"的倾向。表现为：在我国识字的报纸阅读总体中，每月读 20 期以上报纸的读者比例最高，占 40.8％；其次为每月读 1—2 期报纸的读者比例，占 13.8％。每月读报 20 期及以上的人数占到报纸总读者的 4 成多，这一数据反映了我国较多的报纸读者已经形成了一定固定读报的习惯。

我国国民报纸阅读数量比例分布如图 3-1-1 所示：

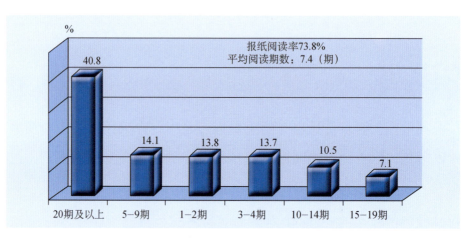

图 3-1-1　我国国民报纸阅读期数分布

说明：该图中阅读期数的比例基数为过去一个月阅读过报纸的人群；平均阅读期数为人口总体的均值。

3.1.1.2 我国城乡人口报纸阅读状况

以城乡户籍划分，城镇人口的报纸阅读率和阅读量显著高于农业人口。城镇人口阅读率为 80.7％，平均每月阅读报纸约 12.4 期；农业人口阅读率为 70.1％，平均每月阅读报纸约 4.7 期。

在城镇报纸读者中，每月阅读 20 期及以上报纸的比例最高，占城镇识字人群的 57.5％，其次为每月读 10—14 期的读者比例，占 10.9％。在农村报纸读者中，同样是每月阅读 20 期及以上报纸的比例最高，占农村识字人群的 25.6％，其次为每月阅读 1—2 期的读者比例，占 20.3％。详见表 3-1-1：

表 3-1-1　城乡人口报纸阅读状况比较

阅读报纸数量	城镇人口	农业人口
20 期及以上	57.5%	25.6%
15—19 期	7.4%	6.3%
10—14 期	10.9%	12.1%
5—9 期	9.9%	16.4%
3—4 期	8.5%	19.4%
1—2 期	5.8%	20.3%
报纸阅读率	80.7%	70.1%
平均阅读期数	12.4 期	4.7 期

3.1.1.3　我国东/中/西部人口报纸阅读状况

如表 3-1-2 所示,东部人口的报纸阅读量最多,平均每月阅读约 8.6 期;其次为中部,平均每月阅读报纸 6.7 期;最后是西部,平均每月阅读报纸 6.2 期。其中,每月阅读报纸 20 期及以上的人群,在东部地区报纸读者中占 41.9%,在中部地区报纸读者中占 45.2%,在西部地区报纸读者中占 31.3%.

东部地区人口的报纸阅读率也高于中西部人口,分别为77.5%、69.9%和 74.1%。

表 3-1-2　东中西部地区人口报纸阅读状况

	东部	中部	西部
20 期及以上	41.9%	45.2%	31.3%
15—19 期	8.3%	4.6%	7.0%
10—14 期	12.6%	9.2%	12.6%
5—9 期	15.2%	10.6%	13.4%
3—4 期	13.1%	14.8%	16.0%
1—2 期	8.9%	15.7%	19.6%
报纸阅读率	77.5%	69.9%	74.1%
平均阅读期数	8.6 期	6.7 期	6.2 期

3.1.1.4 我国大/中/小城市人口报纸阅读状况

按城市规模来看，大型城市人口的报纸阅读量最高。大型城市人口平均每月报纸阅读量约为 12.6 期，中型城市和小型城市分别约为 5.8 期和 5.2 期。

大型城市报纸阅读率也显著高于中型和小型城市，分别为79.4％、73.7％和70.1％。

表 3-1-3　大中小型城市人口报纸阅读状况

	大型城市	中型城市	小型城市
20 期及以上	59.2％	30.3％	28.7％
15—19 期	6.4％	7.6％	6.5％
10—14 期	9.8％	13.5％	11.7％
5—9 期	8.1％	18.9％	14.0％
3—4 期	8.3％	16.8％	19.0％
1—2 期	8.2％	13.0％	20.2％
报纸阅读率	79.4％	73.7％	70.1％
平均阅读期数	12.6 期	5.8 期	5.2 期

3.1.1.5 我国不同人口统计特征的读者报纸阅读状况

不同性别、年龄、学历、职业、收入的读者报纸阅读状况如表3-1-4所示：

表 3-1-4　不同人口特征人群报纸阅读状况

人口统计特征		阅读率（％）	平均阅读期数
性别	女	74.1	6.6
	男	73.6	8.1
年龄	18—19 周岁	73.6	6.0
	20—29 周岁	69.0	7.5
	30—39 周岁	74.3	8.0
	40—49 周岁	75.3	7.5
	50—59 周岁	68.1	7.2
	60—70 周岁	72.9	6.4

续前表

人口统计特征		阅读率（%）	平均阅读期数
学历	小学及以下	64.4	2.2
	初中	70.5	6.3
	高中/中专	79.4	10.6
	大专	82.9	11.6
	大学本科	86.0	12.4
	硕士及以上	93.4	11.4
职业身份	工人/商业服务业人员	79.9	10.3
	企业领导/管理人员	84.5	13.9
	农民/农民工	65.4	3.7
	机关/事业单位干部	83.0	12.3
	一般职员/文员/秘书	83.7	12.2
	公检法/军人/武警	83.1	12.4
	专业技术人员/教师/医生	85.4	11.1
	私营/个体劳动者	73.1	8.9
	学生	78.9	7.1
	离退休人员	78.8	12.4
	无业/失业人员	79.6	7.7
	其他	82.7	8.8
个人月收入	无收入	75.3	5.4
	500元以下	69.4	3.7
	501—1000元	70.3	7.4
	1001—1500元	79.9	10.6
	1501—2000元	77.6	12.6
	2001—3000元	85.1	13.4
	3001—4000元	77.6	11.7
	4001—5000元	80.3	10.4
	5000元以上	72.9	8.8

从上表中可以看到，在2007年的识字者总体中，男性的报纸阅

读量高于女性，男性平均每月读报纸 8.1 期，而女性平均读 6.6 期。从年龄分布来看，40—49 周岁的人群报纸阅读率最高，而 30—39 周岁人群的平均阅读期数最高。在阅读量上，18—19 周岁的青年人平均报纸阅读量为每月 6.0 期，低于其他年龄人群。

从文化程度看，报纸阅读率与个人学历呈正相关关系。学历越高的人，报纸阅读率也越高。硕士以上学历人群报纸阅读率达到 93.4%。从职业或身份来看，企业领导/管理人员的报纸阅读量最高，平均报纸阅读量为每月 13.9 期。专业技术人员/教师/医生的报纸阅读率最高，为 85.4%。机关/事业单位干部、企业领导/管理人员、一般职员/文员/秘书、公检法/军人/武警的报纸阅读率也在 80% 以上。农民/农民工的报纸阅读率为 65.4%，平均每月阅读量为 3.7 期，显著低于其他职业身份人群。

3.1.1.6 各城市读者报纸阅读状况

本次调查涉及的 56 个样本城市报纸阅读率和平均阅读期数及排名如表 3-1-5 所示：

表 3-1-5　各城市读者报纸阅读状况

城市	报纸阅读率（%）	排序	读报人群平均阅读期数	排序
北京	88.0	1	11.2	38
邯郸	88.0	1	19.9	4
德州	83.5	3	11.2	38
漳州	83.4	4	10.1	42
中山	83.3	5	10.8	40
重庆	83.1	6	10.3	41
济南	82.6	7	17.1	12
西安	81.3	8	16.5	13
郑州	80.6	9	17.7	11
杭州	80.0	10	19.4	6
徐州	79.4	11	12.4	29

城市	报纸阅读率（％）	排序	读报人群平均阅读期数	排序
泉州	79.3	12	15.2	17
乌鲁木齐	79.2	13	15.7	14
广州	78.6	14	19.6	5
资阳	78.1	15	9.7	46
天津	77.4	16	18.8	7
上海	77.4	16	20.7	2
武汉	77.1	18	22.4	1
西宁	76.4	19	18.0	10
遵义	75.5	20	12.9	27
临沂	75.5	20	12.0	34
益阳	75.3	22	10.0	43
沈阳	75.0	23	18.4	9
成都	75.0	23	12.2	31
天水	74.7	25	15.3	16
开封	74.5	26	8.7	49
南京	74.1	27	18.5	8
阜新	73.8	28	11.7	35
马鞍山	73.7	29	14.8	19
吉安	73.1	30	9.0	48
廊坊	72.6	31	14.4	22
湖州	71.9	32	7.4	55
金华	71.9	32	15.2	17
松原	71.3	34	14.8	19
揭阳	71.1	35	7.9	53
昆明	70.8	36	14.5	21
荆州	70.8	36	20.0	3
商洛	70.3	38	9.9	44
兰州	70.3	38	14.2	24

续前表

城市	报纸阅读率（%）	排序	读报人群平均阅读期数	排序
齐齐哈尔	69.4	40	13.6	26
南通	69.1	41	14.4	22
通辽	69.0	42	12.2	31
攀枝花	68.5	43	11.3	37
牡丹江	68.4	44	8.7	49
亳州	68.1	45	9.8	45
呼和浩特	67.5	46	8.6	52
银川	67.4	47	8.7	49
荆门	67.2	48	15.4	15
新乡	67.0	49	11.5	36
临汾	66.3	50	12.1	33
宜春	66.0	51	9.4	47
曲靖	64.7	52	7.7	54
抚顺	61.5	53	12.4	29
玉林	60.7	54	12.8	28
忻州	57.4	55	14.0	25
邵阳	52.3	56	6.0	56

3.1.2 报纸购买状况

3.1.2.1 我国国民报纸购买率

本次研究中，我们在两个层次上定义了"报纸购买率"这一指标。"识字人口购买率"是指识字人口中过去一年自费购买过报纸的人群所占的比例，而"报纸阅读人群购买率"指的是过去一年阅读过报纸媒介的人群中自费购买报纸人群的比例。如表 3-1-6 所示，识字人群中购买报纸的比例为 46.1％，而在报纸阅读人群中，通过自费购买方式获取报纸的达到 72.6％。

表 3-1-6　我国国民报纸购买率（%）

	识字人口	报纸阅读人群
报纸购买率	46.1	72.6

3.1.2.2　我国国民报纸获得渠道

在所有渠道中，报纸读者通过"报摊购买"的比例最高，为45.7%；其次为"家庭订阅"，比例为31.0%；第三是"借阅"，比例为27.8%；第四是"单位订阅"，比例为15.7%。通过"邮购"、"手机报"和"网上购买"方式获得报纸的比例较低，分别为"邮购"1.0%、"手机报"0.6%、"网上购买"0.3%。具体情况如表3-1-7所示：

表 3-1-7　我国国民报纸获得渠道

	百分比	排序
报摊购买	45.7	1
书店购买	7.2	5
便利店购买	3.0	7
邮局购买	2.1	8
邮购	1.0	10
网上购买	0.3	12
借阅	27.8	3
家庭订阅	31.0	2
单位订阅	15.7	4
赠阅	4.8	6
手机报	0.6	11
其他	1.3	9

不同年龄段报纸读者购买渠道的差异如表3-1-8所示。数据显示，低年龄段读者在报摊购买的比例较高，高年龄段读者家庭订阅的比例较高。

表 3-1-8 不同年龄人口报纸获得渠道（%）

	18—22周岁	23—29周岁	30—39周岁	40—49周岁	50—59周岁	60—70周岁
报摊购买	56.4	49.3	46.6	46.5	37.5	31.6
书店购买	8.7	7.0	7.7	8.6	5.9	2.6
便利店购买	3.0	3.4	3.3	3.8	2.0	0.3
邮局购买	1.3	2.3	2.6	1.8	2.0	2.0
邮购	1.3	1.0	1.0	0.6	1.0	1.3
网上购买	0.6	0.3	0.2	0.1	0.4	0.1
借阅	33.0	28.4	26.6	26.5	26.0	29.3
家庭订阅	24.2	25.2	32.0	31.4	37.1	39.5
单位订阅	11.1	21.0	16.3	16.5	14.9	7.5
赠阅	5.9	3.9	4.5	4.9	5.3	5.0
手机报/电子期刊	1.6	1.2	0.4	0.2	0.0	0.0
其他	0.0	0.3	0.9	1.0	1.8	3.7

3.1.2.3 我国城乡人口报纸获得渠道

我国城镇识字人口的报纸购买率为 70.3%，农业识字人口的报纸购买率为 33.0%。

我国城镇和农村报纸读者获得报纸的渠道存在一定差异，城镇报纸读者以"借阅"方式获得报纸的比例为 13.6%，而农村读者的"借阅"比例达到 40.1%；城镇读者"家庭订阅"的比例为 41.3%，农村读者的"家庭订阅"比例较低，为 22.3%。详见表 3-1-9：

表 3-1-9 城乡人口报纸获得渠道比较（%）

	城镇读者	农村读者
报摊购买	48.7	43.1
书店购买	6.3	8.1
便利店购买	3.0	3.0
邮局购买	2.2	1.9

续前表

	城镇读者	农村读者
邮购	1.2	0.7
网上购买	0.4	0.1
借阅	13.6	40.1
家庭订阅	41.3	22.3
单位订阅	19.4	12.5
赠阅	3.9	5.5
手机报	0.6	0.5
其他	0.8	1.7

3.1.2.4 我国少数民族地区人口报纸获得渠道

如表 3-1-10 所示，少数民族地区识字人口的报纸购买率达到 37.1%，而非少数民族地区识字人口的报纸购买率为 46.7%。

从获得渠道上看，"报摊购买"同为少数民族地区读者和非少数民族地区读者最主要的获得来源，少数民族地区读者的"报摊购买"率达到 52.3%，高于非少数民族地区读者的 44.9%。

此外，少数民族地区报纸读者在"借阅"上的倾向性较强；非少数民族地区读者在"家庭订阅"上的倾向性较强。

表 3-1-10 少数民族地区人口报纸获得渠道（%）

	少数民族地区	非少数民族地区
报摊购买	52.3	44.9
书店购买	8.3	7.1
便利店购买	3.6	2.9
邮局购买	2.8	2.0
邮购	1.2	0.9
网上购买	0.5	0.3
借阅	30.9	27.4
家庭订阅	26.8	31.6

续前表

	少数民族地区	非少数民族地区
单位订阅	16.6	15.6
赠阅	9.4	4.2
手机报	0.6	0.6
其他	2.2	1.2

3.1.2.5　我国东/中/西部人口报纸获得渠道

从不同地域来看，我国东/中/西部读者的报纸获得渠道存在一定差异。东部识字人口的报纸购买率最高，为56.6%；其次是中部地区，购买率为38.8%；西部识字人口的报纸购买率稍低于中部地区，为38.6%。

东部读者通过报摊购买和书店购买的比例均高于中、西部地区；借阅方面，西部读者的借阅比例最高，为41.5%，其次为中部读者30.6%，东部读者的借阅比例最低，为19.0%；家庭订阅方面，中部读者的比例最高，为37.1%，西部读者的比例最低，为23.6%。

表 3-1-11　东中西部地区人口报纸获得渠道（%）

	东部读者	中部读者	西部读者
报摊购买	53.6	35.3	44.6
书店购买	11.4	2.9	5.0
便利店购买	3.5	2.5	2.7
邮局购买	2.5	1.2	2.4
邮购	1.1	0.7	0.8
网上购买	0.3	0.2	0.4
借阅	19.0	30.6	41.5
家庭订阅	30.8	37.1	23.6
单位订阅	16.6	16.3	13.3
赠阅	5.3	2.6	6.9
手机报	0.9	0.2	0.3
其他	0.9	1.0	2.6

3.1.3 报纸广告态度

3.1.3.1 报纸读者总体广告态度

本次调查的结果显示，在我国报纸读者中，很少有人能接受广告版面占总版面比例的 50％以上，能接受的读者比例不足 1.2％；只有 5.7％的读者能接受广告版面占总版面比例的 30％以上；50.2％的读者能接受占版面不到 10％的广告；更有 7.4％的读者希望没有广告。报纸读者能够接受的广告版面平均比例为 11.5％。详见下表3-1-12：

表 3-1-12　报纸读者能够接受的报纸广告比例（％）

能接受的报纸广告比例	选择比例
50％以上	1.2
41％—50％	1.3
31％—40％	3.2
21％—30％	7.7
16％—20％	13.5
11％—15％	15.5
6％—10％	23.2
5％及以下	27.0
没有广告	7.4

将可以接受的报纸广告版面比例设为因变量，引入年龄、学历、户口类型、城市规模等自变量，构建回归模型，得到各个变量的非标准化回归系数如表 3-1-13 所示：

表 3-1-13　不同人口变量与报纸广告容忍度回归方程

	B	Sig.
家庭月收入	0.00001	0.000
户口类型	−0.01576	0.000
年龄	−0.00057	0.000
学历	−0.00971	0.000
大中小	0.00636	0.000

上述变量均与报纸广告接受比例有显著的关系，其中家庭月收入与广告版面接受比例正相关，家庭收入越高，可接受的广告版面比例也越高。

而年龄、学历、城市规模与广告版面接受比例呈负相关。年龄和学历越高，可接受的广告版面则越低，可见年龄较低人群以及低学历人群对广告版面的接受度更高。由于城市规模在本次研究中是以大型城市、中型城市、小型城市依次从1—3编码，此结果显示城市规模越小，可接受的广告版面比例就越高。

在户口类型上，我们将城市定为1，农村定为0，可以看出农村人口对报纸广告版面的接受比例高于城市人口。

3.1.3.2　不同学历人群对报纸广告态度的差异

不同学历人群对报纸广告的态度如表3-1-14所示。

可以看出小学及以下、硕士及以上学历的人群对于广告的接受度较高，能够达到13.2％和12.1％的比例。而初中到本科学历的人群对广告版面的接受度仅在10％—12％之间。

表3-1-14　不同学历人群能够接受的报纸广告比例（％）

	小学及以下	初中	高中/中专	大专	大学本科	硕士及以上
50％以上	0.7	1.0	1.4	1.5	1.8	1.4
41％—50％	1.2	1.3	1.5	1.0	1.4	1.4
31％—40％	2.6	4.4	2.3	2.5	2.5	4.3
21％—30％	11.6	7.8	7.1	6.5	6.7	9.4
16％—20％	20.9	14.1	12.8	10.0	11.6	7.9
11％—15％	20.6	13.9	15.7	16.5	16.4	13.7
6％—10％	18.7	22.0	24.8	24.5	24.9	40.3
5％及以下	15.2	27.7	28.2	30.3	25.7	19.4
没有广告	8.4	7.9	6.3	7.4	8.9	2.2
平均比例	13.2	11.6	11.3	10.7	11.3	12.1

3.1.3.3 不同家庭收入人群对报纸广告态度的差异

不同收入人群对报纸广告的态度大致上呈现出随着收入的增加，广告版面比例升高的趋势。不同家庭收入人群对报纸广告的态度如表 3-1-15 所示：

表 3-1-15 不同家庭收入人群能够接受的报纸广告比例（%）

	无收入	500 元以下	501—1000 元	1001—1500 元	1501—2000 元	2001—3000 元
50%以上	1.2	2.8	0.8	0.7	1.1	1.4
41%—50%	0.6	2.5	1.2	1.1	0.5	1.7
31%—40%	0.0	3.0	2.6	2.3	3.6	2.3
21%—30%	9.9	7.1	6.2	6.2	6.7	6.7
16%—20%	23.3	12.2	15.7	12.7	11.5	10.6
11%—15%	12.2	24.0	13.0	16.1	14.1	16.7
6%—10%	1.2	15.8	25.0	23.7	23.7	25.6
5%及以下	43.0	23.5	27.5	31.8	31.0	27.9
没有广告	8.7	9.0	7.9	5.3	7.8	7.1
平均比例	11.1	13.0	10.8	10.6	10.6	11.1
	3001—4000 元	4001—5000 元	5001—6000 元	6001—7000 元	7001—8000 元	8000 元以上
50%以上	1.9	0.8	0.6	1.5	0.0	2.1
41%—50%	0.6	1.4	0.8	1.7	0.4	3.6
31%—40%	3.0	3.4	1.7	5.5	3.0	10.4
21%—30%	6.4	6.6	7.3	13.1	10.0	25.9
16%—20%	10.6	14.4	14.9	9.4	21.2	33.4
11%—15%	17.0	21.6	13.6	15.1	13.4	7.3
6%—10%	27.9	24.0	28.7	22.9	25.1	6.9
5%及以下	25.5	22.6	24.6	25.1	20.3	7.7
没有广告	7.0	5.2	8.0	5.7	6.5	2.6
平均比例	11.2	12.0	10.5	13.1	11.9	20.8

3.1.3.4 不同年龄人群对报纸广告态度的差异

不同年龄段人群对报纸广告的态度，及其能接受的报纸广告的平均比例，分别如图 3-1-2 和 3-1-3 所示：

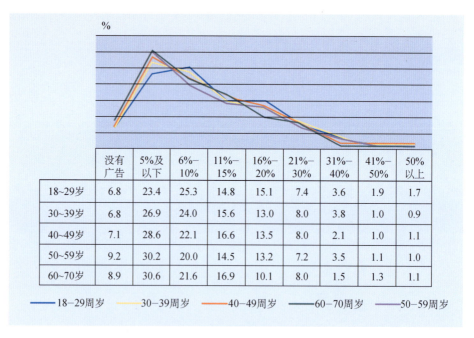

	没有广告	5%及以下	6%-10%	11%-15%	16%-20%	21%-30%	31%-40%	41%-50%	50%以上
18~29岁	6.8	23.4	25.3	14.8	15.1	7.4	3.6	1.9	1.7
30~39岁	6.8	26.9	24.0	15.6	13.0	8.0	3.8	1.0	0.9
40~49岁	7.1	28.6	22.1	16.6	13.5	8.0	2.1	1.0	1.1
50~59岁	9.2	30.2	20.0	14.5	13.2	7.2	3.5	1.1	1.0
60~70岁	8.9	30.6	21.6	16.9	10.1	8.0	1.5	1.3	1.1

——18-29周岁 ——30-39周岁 ——40-49周岁 ——60-70周岁 ——50-59周岁

图 3-1-2 不同年龄段人群能够接受的报纸广告比例分布

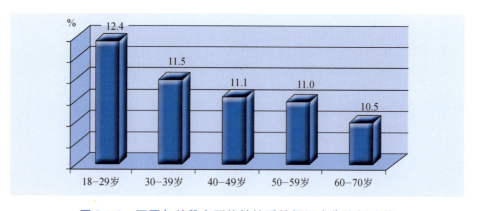

图 3-1-3 不同年龄段人群能够接受的报纸广告比例均值

可以看到，低年龄读者能够接受的报纸广告比例较高。随着年龄的增加，所能接受的报纸广告比例逐渐下降。

3.1.3.5 不同职业人群对报纸广告态度的差异

不同职业人群对报纸广告态度如表 3-1-16 所示。数据显示，"机关/事业单位干部"对报纸广告接受度最高，均值为 13.4%，"离退休人员"对报纸广告接受度最低，均值为 10.1%。

全国国民阅读调查报告（2008）

表 3-1-16　不同职业人群能够接受的报纸广告比例（%）

	50%以上	41%—50%	31%—40%	21%—30%	16%—20%	11%—15%	6%—10%	5%及以下	没有广告	比例均值
工人/商业服务业人员	1.2	1.2	3.0	7.0	10.6	13.1	23.1	33.1	7.7	10.9
企业领导/管理人员	1.5	1.6	2.0	8.2	12.4	19.7	23.6	26.1	4.9	12.1
农民/农民工	0.7	1.3	4.2	7.7	18.1	16.5	23.0	21.5	7.1	12.5
机关/事业单位干部	2.3	1.4	6.0	10.9	13.6	10.8	21.8	24.4	8.8	13.4
一般职员/文员/秘书	1.2	1.1	2.1	8.3	10.8	19.3	26.5	24.4	6.5	11.5
公检法/军人/武警	3.8	1.9	1.3	3.8	6.9	17.5	29.4	28.1	7.5	11.5
专业技术人员/教师/医生	2.5	1.3	2.4	9.1	12.4	16.3	21.3	28.3	6.4	12.4
私营/个体劳动者	1.0	1.4	2.7	7.5	13.1	15.2	24.0	26.9	8.2	11.4
学生	0.8	1.5	2.9	8.7	13.2	15.3	28.9	20.4	8.2	11.9
离退休人员	2.0	1.4	2.0	4.8	8.3	11.6	23.2	37.5	9.3	10.1
无业/失业人员	1.1	0.8	3.0	6.1	10.2	14.7	18.8	38.2	7.2	10.3

■ 3.2　我国国民期刊阅读与购买倾向

3.2.1　期刊阅读状况

国民期刊阅读状况，可以通过期刊阅读率体现。广义期刊阅读率指过去一年阅读过期刊的读者总体占调查样本总体的比重；狭义期刊阅读率指过去一年阅读过期刊的读者总体占识字者总体的比重。本次调查结果表明，2007 年我国国民期刊阅读率为 57.8%，而识字者期刊阅读率为 58.4%。为了进一步分析的需要，以下我们使用了狭义的期刊阅读率。

3.2.1.1　我国国民期刊阅读率

在我国识字人口总体中，期刊阅读率为 58.4%，平均每人每月阅读期刊约 1.7 期。每月平均读 1—2 期的读者比例最高，占 53.5%；其次为每月读 3—4 期的读者，占识字总体的 23.6%；每月读 5 本以上期刊的读者较少。

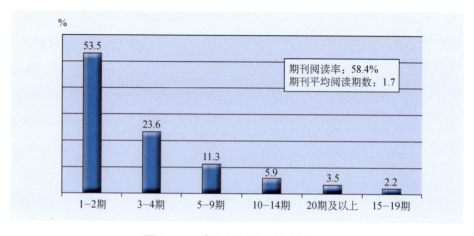

图 3-2-1　我国国民期刊阅读状况

3.2.1.2　我国城乡人口期刊阅读状况

我国城镇人口和农业人口在期刊阅读方面存在比较大的差异。城镇人口期刊阅读率为 65.2%，平均每月阅读期刊约 2.7 期；农业人口期刊阅读率为 54.7%，平均每月阅读期刊约 1.1 期。

表 3-2-1　城乡人口期刊阅读状况

	城镇人口	农业人口
20 期及以上	5.2%	2.0%
15—19 期	3.0%	1.5%
10—14 期	7.3%	4.7%
5—9 期	13.5%	9.3%
3—4 期	24.1%	23.2%
1—2 期	47.0%	59.3%
期刊阅读率	65.2%	54.7%
平均阅读量	2.7 期	1.1 期

3.2.1.3 我国东/中/西部人口期刊阅读状况

从地域来看，我国东/中/西部人口期刊阅读状况存在一定差异，东部人口的期刊阅读率为 60.6％，平均每月阅读期刊约 1.8 期，略高于中西部人口。西部人口的阅读率和平均阅读量比中部人口略高。具体情况如表 3-2-2 所示：

表 3-2-2　东中西部地区人口期刊阅读状况

	东部	中部	西部
20 期及以上	3.5％	3.5％	3.6％
15—19 期	2.3％	1.9％	2.6％
10—14 期	5.9％	6.0％	5.7％
5—9 期	13.0％	10.1％	9.7％
3—4 期	28.1％	19.4％	21.4％
1—2 期	47.2％	59.1％	57.0％
期刊阅读率	60.6％	56.5％	57.7％
平均阅读量	1.8 期	1.5 期	1.6 期

3.2.1.4 我国大/中/小城市人口期刊阅读状况

如表 3-2-3 所示，不同城市规模的人口期刊阅读状况存在一定差异。大型城市人口的期刊阅读率为 58.9％，中型城市人口的期刊阅读率为 61.1％，小型城市人口的期刊阅读率为 55.4％。大型城市人口平均每月阅读期刊约 1.9 期，中、小型城市人口平均每月阅读期刊约 1.6 期。

表 3-2-3　大中小型城市人口期刊阅读状况

	大型城市	中型城市	小型城市
20 期及以上	2.8％	3.6％	4.1％
15—19 期	1.9％	2.1％	2.7％
10—14 期	5.3％	5.1％	7.5％
5—9 期	10.9％	12.4％	10.4％
3—4 期	22.5％	25.4％	22.8％
1—2 期	56.6％	51.5％	52.5％
期刊阅读率	58.9％	61.1％	55.4％
平均阅读量	1.9 期	1.6 期	1.6 期

3.2.1.5 我国不同人口统计特征的人群期刊阅读状况

我国不同人口统计特征的识字者期刊阅读状况如表 3-2-4 所示：

表 3-2-4 不同人口特征人群期刊阅读状况

		期刊阅读率（%）	平均阅读量（期）
性别	女	58.8	1.7
	男	58.0	1.7
年龄	18—19 周岁	58.5	2.9
	20—29 周岁	65.0	2.5
	30—39 周岁	62.5	1.7
	40—49 周岁	57.8	1.3
	50—59 周岁	49.2	1.0
	60—70 周岁	46.6	0.8
学历	小学及以下	43.3	0.3
	初中	54.8	1.1
	高中/中专	65.1	2.4
	大专	73.1	3.5
	大学本科	75.9	4.0
	硕士及以上	62.3	5.0
职业身份	工人/商业服务业人员	62.5	2.1
	企业领导/管理人员	75.2	3.1
	农民/农民工	51.1	0.7
	机关/事业单位干部	66.7	3.6
	一般职员/文员/秘书	74.0	2.9
	公检法/军人/武警	75.9	2.8
	专业技术人员/教师/医生	70.5	3.1
	私营/个体劳动者	56.5	1.8
	学生	73.2	3.9
	离退休人员	58.4	1.6
	无业/失业人员	57.8	1.6
	其他	51.6	2.8

续前表

		期刊阅读率（%）	平均阅读量（期）
个人月收入	无收入	58.8	1.9
	500 元以下	52.5	0.6
	501—1000 元	54.1	1.3
	1001—1500 元	63.2	2.1
	1501—2000 元	68.5	2.8
	2001—3000 元	72.8	3.2
	3001—4000 元	62.9	3.1
	4001—5000 元	60.2	3.1
	5000 元以上	59.1	2.6

从性别来看，女性比男性的期刊阅读率高 0.8 个百分点，但平均每月阅读量相同，约 1.7 期。从年龄来看，年龄增长与期刊阅读率和阅读量呈负相关。期刊阅读率最高的是 20—29 周岁的人群，为 65.0%。18—19 周岁的年轻人阅读量为每月约 2.9 期，在各年龄组中最高。20 周岁之后各个年龄组的阅读率和阅读量依次下降；60—70 周岁老人的阅读率为 46.6%，阅读量为每月约 0.8 期。

从学历来看，受教育程度与期刊阅读率和阅读量呈正相关关系。学历越高，期刊阅读率和阅读量也越高。高中/中专以上学历的人阅读率都在 60% 以上，阅读量在平均每月 2.4 期以上。

从职业或身份看，学生的期刊阅读量最高，每月阅读期刊约 3.9 期；其次是机关/事业单位干部，阅读量达到每月约 3.6 期；企业领导/管理人员和专业技术人员/教师/医生的期刊阅读量并列第三位，平均每月阅读期刊约 3.1 期。农民/农民工的期刊阅读率和阅读量均居于末位，阅读率为 51.1%，平均阅读量每月约为 0.7 期。

3.2.1.6 我国国民期刊阅读状况变化趋势

1999—2007 年，我国国民期刊阅读状况变化趋势如图 3-2-2 所示。2007 年，从城乡户籍来看，城镇人口的期刊阅读率为 65.2%；

农村人口的期刊阅读率为 54.7％；与上四次调查结果相比，农村人口的期刊阅读率略有提升，但是城镇人口的阅读率略有下降，从总体上来讲，我国国民在 2007 年期刊阅读率呈增长趋势。

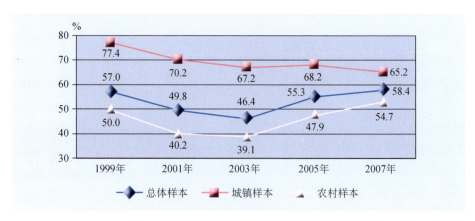

图 3-2-2　我国国民期刊阅读状况历年变化趋势

3.2.1.7　分城市读者期刊阅读状况

表 3-2-5 是对抽样城市的阅读率和平均阅读期数进行的排序：

表 3-2-5　各城市读者期刊阅读状况

城市	期刊阅读率（％）	排序	读刊人群平均阅读期数	排序
中山	80.7	1	9.6	29
漳州	76.5	2	12.5	14
北京	73.7	3	12.7	13
泉州	73.2	4	6.7	51
益阳	72.6	5	14.8	6
西宁	67.2	6	13.6	9
宜春	65.2	7	7.1	50
亳州	64.1	8	9.9	27
昆明	63.2	9	10.3	24
广州	63.0	10	26.6	1
杭州	62.3	11	11.8	15
天水	62.2	12	6.7	51

续前表

城市	期刊阅读率（%）	排序	读刊人群平均阅读期数	排序
郑州	61.8	13	8.7	42
资阳	61.3	14	8.2	46
上海	60.8	15	9.0	36
邯郸	60.7	16	9.3	34
开封	60.6	17	8.7	42
曲靖	60.1	18	16.0	4
玉林	60.0	19	6.2	54
呼和浩特	58.5	20	8.9	38
阜新	58.4	21	8.6	45
济南	58.4	21	9.4	33
荆门	57.5	23	9.0	36
天津	57.4	24	8.8	39
廊坊	57.1	25	8.1	47
德州	56.3	26	12.9	12
临沂	56.1	27	5.7	56
揭阳	55.8	28	8.8	39
成都	55.6	29	11.4	17
沈阳	55.3	30	10.9	21
西安	55.0	31	9.5	30
抚顺	54.9	32	13.6	9
徐州	54.8	33	9.2	35
荆州	54.7	34	11.6	16
乌鲁木齐	54.6	35	11.1	18
南京	54.5	36	9.5	30
兰州	54.4	37	11.1	18
金华	54.3	38	14.2	7
重庆	53.6	39	9.5	30
武汉	53.5	40	13.9	8
通辽	53.1	41	5.9	55

续前表

城市	期刊阅读率 (%)	排序	读刊人群平均 阅读期数	排序
松原	52.9	42	20.1	2
马鞍山	52.9	42	11.1	18
忻州	52.9	42	10.6	22
湖州	52.5	45	8.8	39
吉安	52.3	46	15.7	5
银川	52.0	47	10.0	26
牡丹江	50.7	48	8.0	48
商洛	50.6	49	13.3	11
临汾	50.2	50	7.8	49
攀枝花	49.7	51	6.6	53
新乡	49.7	51	17.7	3
南通	49.0	53	9.7	28
齐齐哈尔	48.7	54	10.6	22
遵义	48.7	54	10.3	24
邵阳	48.4	56	8.7	42

3.2.1.8 我国国民不读期刊的原因

历年我国国民不读期刊的原因，"没时间"阅读是最主要的原因。具体比例如表 3-2-6 所示：

表 3-2-6　我国国民不读期刊原因历年变化趋势（%）

	1999 年	2001 年	2003 年	2005 年	2007 年
没时间	31.0	23.3	32.3	33.9	48.0
看电视、听广播就够了， 没必要再读它	20.7	22.8	21.0	23.5	25.0
对现在期刊上的内容没兴趣	9.9	9.9	15.8	16.9	20.8
文化程度低，阅读有困难	18.7	21.1	13.5	11.4	15.8
期刊价格太贵	12.1	9.9	11.2	5.9	15.4
买期刊不方便	3.5	4.1	3.6	2.4	5.9

说明：2007 年问卷在该题选项的措辞上略有差异。

3.2.2　期刊阅读偏好

本次调查中，依旧按照不同期刊类型询问了读者的阅读情况，如表 3-2-7 所示。文化娱乐类期刊的阅读率最高，达到 45.9%；其次是家居生活类期刊，阅读率达到 39.7%；第三是文学艺术类期刊，阅读率为 35.0%。财经管理类、学习辅导类、学术科技类和卡通漫画类阅读率偏低一些。

表 3-2-7　读者偏好的期刊类型

期刊类型	百分比	排序
文化娱乐	45.9	1
文学艺术	35.0	3
时尚消费	26.9	4
家居生活	39.7	2
新闻时政	23.6	5
旅游休闲	15.5	6
科普军事	12.0	7
卡通漫画	5.0	11
学习辅导	5.6	9
财经管理	5.8	8
学术科技	5.6	9
其他	3.5	—

3.2.2.1　不同性别人群对期刊阅读偏好的差异

如表 3-2-8 所示，男女读者最偏好阅读的都是文化娱乐类期刊。女性读者第二偏好阅读的是家居生活类期刊；男性读者第二偏好阅读的则是文学艺术类。女性读者第三偏好阅读的是文学艺术类期刊；男性读者第三偏好阅读的则是新闻时政类。

表 3-2-8　男性/女性读者期刊阅读偏好差异（%）

	女	排序	男	排序
文化娱乐	49.6	1	42.7	1
文学艺术	37.2	3	33.1	2
时尚消费	34.9	4	19.7	6
家居生活	49.5	2	30.9	4
新闻时政	15.1	6	31.0	3
旅游休闲	17.6	5	13.7	7
科普军事	3.1	10	20.0	5
卡通漫画	4.7	8	5.3	10
学习辅导	6.6	7	4.7	11
财经管理	4.5	9	6.9	9
学术科技	3.1	10	7.7	8
其他	2.6	—	4.3	—

3.2.2.2　不同年龄人群对期刊阅读偏好的差异

如表 3-2-9 所示，18—19 周岁的年轻人对文化娱乐类、时尚消费类和文学艺术类期刊的阅读率比其他年龄组中都高；20—29 周岁的人也最偏好文化娱乐类期刊，其次偏好家居生活类和时尚消费类。

随着年龄的增大，较高年龄组的人对文化娱乐类的阅读率逐渐下降，而家居生活类期刊在 30 周岁以上较高年龄组的阅读率普遍较高；新闻时政类期刊在 30 周岁以上读者中的阅读率，比 30 周岁以下的读者高出许多，并且年龄越大的组阅读率越高。

表 3-2-9　不同年龄段读者期刊阅读偏好（%）

	18—19周岁	20—29周岁	30—39周岁	40—49周岁	50—59周岁	60—70周岁
文化娱乐	63.1	56.0	43.8	38.2	34.1	21.6
文学艺术	42.6	32.5	34.7	35.9	37.8	34.3
时尚消费	37.0	35.6	26.1	20.0	16.5	7.6
家居生活	17.6	36.4	44.8	44.2	42.0	39.7

续前表

	18—19 周岁	20—29 周岁	30—39 周岁	40—49 周岁	50—59 周岁	60—70 周岁
新闻时政	10.8	19.1	25.7	26.7	29.9	32.2
旅游休闲	17.7	20.1	13.5	13.7	11.5	9.4
科普军事	12.8	13.1	11.4	10.5	13.5	10.1
卡通漫画	15.2	6.7	4.4	3.0	1.0	0.4
学习辅导	12.7	6.0	5.5	3.6	4.9	2.6
财经管理	3.0	5.7	7.0	6.0	5.8	1.8
学术科技	6.5	6.0	4.7	5.2	6.8	5.3
其他	0.4	0.4	3.4	3.6	5.5	10.8

3.2.2.3 不同学历人群对期刊阅读偏好的差异

如表 3-2-10 所示，文化娱乐类、时尚消费类、旅游休闲类期刊在大专学历的人群中阅读率最高；文学艺术类、新闻时政类期刊在大学本科学历的人群中阅读率最高。家居生活类期刊的阅读率与学历呈现一定的反向关系，初中学历的人群最偏好阅读家居生活类，硕士以上学历的阅读率则最低。

学习辅导类和学术科技类期刊的阅读率与学历呈正相关，学历越高的人阅读率越高。在所有期刊类型中，硕士以上学历的人群最偏好阅读学术科技类期刊。而财经管理类期刊的阅读率也是在硕士以上学历的人群中最高。

表 3-2-10 不同学历人群期刊阅读偏好（%）

	小学及 以下	初中	高中/ 中专	大专	大学 本科	硕士及 以上
文化娱乐	32.0	43.0	47.5	51.1	49.4	33.3
文学艺术	35.2	35.2	34.0	35.3	38.7	28.2
时尚消费	17.6	22.0	25.9	39.0	34.6	12.1
家居生活	38.8	44.4	40.2	32.8	31.9	18.3
新闻时政	25.3	21.7	23.2	26.3	26.8	24.2

续前表

	小学及以下	初中	高中/中专	大专	大学本科	硕士及以上
旅游休闲	8.6	11.4	15.5	23.8	21.0	23.2
科普军事	7.7	10.2	12.7	13.6	16.3	16.0
卡通漫画	3.7	4.3	4.7	6.9	7.0	2.3
学习辅导	3.2	2.9	5.8	7.8	12.4	15.1
财经管理	7.5	3.5	4.7	9.4	11.1	24.8
学术科技	4.4	5.0	5.1	5.8	8.0	36.0
其他	6.9	3.4	3.7	1.9	3.7	20.6

3.2.2.4 不同职业身份人群对期刊阅读偏好的差异

不同职业身份的人群对期刊的阅读偏好如表 3-2-11 所示。大部分职业身份的人群最偏好阅读的期刊都是文化娱乐类；机关/事业单位干部最偏好阅读文学艺术类期刊；公检法/军人/武警最偏好阅读科普军事类期刊；专业技术人员/教师/医生、离退休人员、农民/农民工最偏好阅读的都是家居生活类期刊。

财经管理类期刊在企业领导/管理人员中的阅读率为 19.9%，远高于其他职业身份的人群。

表 3-2-11　不同职业人群期刊阅读偏好（%）

	文化娱乐	文学艺术	时尚消费	家居生活	新闻时政	旅游休闲
工人/商业服务业人员	51.8	37.0	29.1	40.9	19.5	15.9
企业领导/管理人员	43.7	32.8	32.6	39.4	33.4	19.3
农民/农民工	41.5	29.5	17.5	41.7	24.4	8.3
机关/事业单位干部	35.2	41.8	17.4	27.2	39.7	15.0
一般职员/文员/秘书	60.9	33.1	43.0	39.4	19.0	24.8
公检法/军人/武警	37.1	33.0	19.7	36.7	43.8	13.6
专业技术人员/教师/医生	37.6	36.0	28.1	41.5	24.8	17.7
私营/个体劳动者	45.0	35.0	26.3	42.0	24.7	18.0

续前表

	文化娱乐	文学艺术	时尚消费	家居生活	新闻时政	旅游休闲
学生	59.8	40.3	40.3	19.4	19.6	20.3
离退休人员	32.4	33.5	16.8	52.2	28.2	12.9
无业/失业人员	53.1	34.2	34.7	50.0	17.8	17.7

	科普军事	卡通漫画	学习辅导	财经管理	学术科技	其他
工人/商业服务业人员	9.4	5.1	4.1	4.9	2.9	3.6
企业领导/管理人员	12.2	2.5	3.3	19.9	6.1	3.4
农民/农民工	13.3	3.3	2.9	4.5	7.7	3.8
机关/事业单位干部	14.3	4.4	5.5	9.1	10.0	1.3
一般职员/文员/秘书	9.2	7.0	4.0	5.8	3.0	1.7
公检法/军人/武警	45.6	2.9	10.5	2.7	5.4	1.7
专业技术人员/教师/医生	12.0	3.9	17.1	7.5	10.9	3.9
私营/个体劳动者	12.3	5.1	4.6	6.8	4.7	1.9
学生	15.8	12.9	12.9	4.6	5.6	0.8
离退休人员	8.8	0.5	1.1	3.3	2.8	9.5
无业/失业人员	12.4	5.5	4.5	3.8	1.4	6.0

3.2.2.5 读者最喜欢的期刊排名

本次调查结果显示，最受我国读者喜欢的期刊是《读者》，其次是《知音》，第三是《家庭》，往后依次是《青年文摘》、《家庭医生》等。如表 3-2-12 所示：

表 3-2-12 读者最喜欢的期刊排名

排名	读者最喜欢的期刊	排名	读者最喜欢的期刊
1	读者	6	女友
2	知音	7	故事会
3	家庭	8	瑞丽
4	青年文摘	9	特别关注
5	家庭医生	10	意林

历年我国期刊读者最喜爱的前十位期刊排名变化如表 3-2-13 所示：

表 3-2-13　读者最喜欢的期刊排名历年变化趋势

排名	2001 年	2003 年	2005 年	2007 年
1	读者	读者	读者	读者
2	知音	知音	知音	知音
3	家庭医生	青年文摘	家庭	家庭
4	女友	故事会	青年文摘	青年文摘
5	家庭	女友	家庭医生	家庭医生
6	故事会	家庭	女友	女友
7	青年文摘	家庭医生	故事会	故事会
8	当代歌坛	婚姻与家庭	爱人	瑞丽
9	妇女之友	人之初	瑞丽	特别关注
10	演讲与口才、少男少女	爱人	时尚	意林

3.2.3　期刊购买状况

3.2.3.1　我国国民期刊购买状况

与报纸购买情况相同，我们也定义了"识字人口期刊购买率"和"期刊阅读人群购买率"两个指标来反映期刊购买率的不同维度。在所有识字人口中，购买期刊的比例达到 26.5%；而期刊阅读人群中，期刊购买率为 63.0%。

表 3-2-14　我国国民期刊购买率（%）

	识字人口	阅读人群
期刊购买率	26.5	63.0

3.2.3.2　我国国民期刊获得渠道

期刊的具体购买方式包括"报摊购买"、"书店购买"、"邮购"、"家庭或单位订阅"等。

我国期刊读者获得期刊的第一渠道是"报摊购买"，比例为

53.7％；其次是"借阅"，比例为40.3％；排在第三位的渠道是"书店购买"，比例为16.5％。具体情况如表3-2-15所示：

表3-2-15　我国国民期刊获得渠道

	百分比	排序
报摊购买	53.7	1
书店购买	16.5	3
便利店购买	4.1	7
邮局购买	2.2	8
邮购	1.2	9
网上购买	0.5	12
借阅	40.3	2
家庭订阅	7.6	5
单位订阅	9.5	4
赠阅	5.7	6
电子期刊	0.8	11
其他	0.9	10

通过比较不同年龄段读者的期刊获得渠道，我们发现，年轻读者更多选择"报摊购买"、"借阅"、"书店购买"来获得期刊；而老年读者中选择"借阅"、"订阅"的比例更高。年龄不同的读者会选择不同的渠道来获得期刊。具体情况如表3-2-16所示：

表3-2-16　不同年龄段人群期刊获得渠道（％）

	18—29周岁	30—39周岁	40—49周岁	50—59周岁	60—70周岁
报摊购买	59.5	54.7	50.7	44.2	34.1
书店购买	19.5	15.4	14.8	14.5	10.5
便利店购买	4.7	3.9	4.4	3.0	1.4
邮局购买	1.9	2.7	2.5	1.7	1.3
邮购	1.2	1.2	1.1	1.0	1.3
网上购买	1.1	0.1	0.0	0.4	0.2

续前表

	18—29周岁	30—39周岁	40—49周岁	50—59周岁	60—70周岁
借阅	41.0	40.8	39.1	38.9	39.4
家庭订阅	6.0	6.5	9.0	10.2	14.9
单位订阅	7.8	9.2	11.2	14.8	7.6
赠阅	5.2	5.3	6.3	7.1	6.6
手机报/电子期刊	1.1	1.2	0.2	0.1	0.0
其他	0.5	0.9	0.8	1.9	2.5

3.2.3.3　我国城乡人口期刊获得渠道

城镇人口通过"家庭和单位订阅"获得期刊的比例，略高于农业人口；农业人口通过"书店购买"渠道获得期刊的比例较高，为49.7％，城镇人口通过"书店购买"渠道获得期刊的比例为29.9％。具体情况如图 3-2-3 所示：

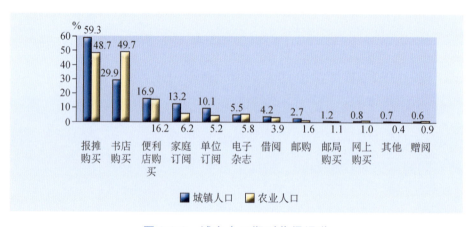

图 3-2-3　城乡人口期刊获得渠道

3.2.3.4　我国少数民族地区人口期刊获得渠道

从获得渠道上看，"报摊购买"和"借阅"均为少数民族地区人口和非少数民族地区人口获取期刊的两个主要渠道。其中，少数民族地区人口"报摊购买"的比例略高，为55.9％，而非少数民族地区人口为53.4％。"借阅"比例则是非少数民族地区人口略高于少数民族地区人口，分别为40.5％和39.3％（见图 3-2-4）。

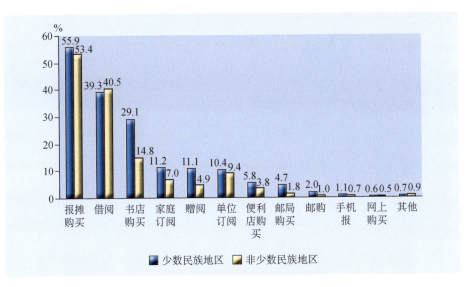

图 3-2-4　少数民族地区期刊获得渠道

3.2.3.5　我国东/中/西部人口期刊获得渠道

东部地区人口通过"报摊购买"渠道获取期刊的比例高于中、西部，东、中、西部分别为 57.5%、51.5%、49.8%。西部、中部读者通过"借阅"渠道获得期刊的比例，高于东部读者。西部的"借阅"比例为 49.4%，中部的"借阅"比例为 47.0%，东部的"借阅"比例为 30.4%。具体情况如图 3-2-5 所示：

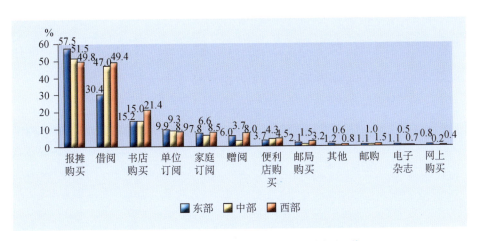

图 3-2-5　东中西部地区人口期刊获得渠道

3.2.3.6　我国大/中/小城市人口期刊获得渠道

大/中/小城市的期刊读者大多通过报摊购买的渠道获取期刊，

此外通过借阅方式获取期刊的读者比例也较高。

对比来看，大型城市的期刊读者更多地通过"报摊购买"获取期刊，而中、小型城市的期刊读者更多地通过"借阅"、"书店购买"、"便利店购买"等方式获取期刊。

具体情况如图 3-2-6 所示：

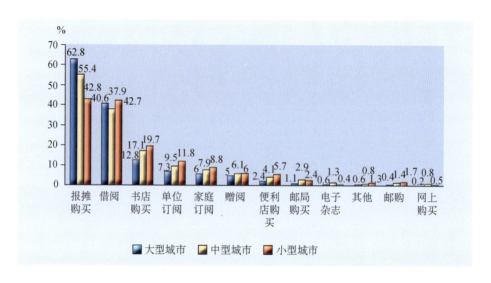

图 3-2-6　大中小型城市人口期刊获得渠道

3.2.3.7　我国国民期刊价格承受力

我国国民能够接受期刊的价格如表 3-2-17 所示。只有 1.1％的读者能接受期刊价格在 20 元以上；能接受 10—19 元价格区间的有 11.8％；68.1％的读者能接受的期刊价格在 6 元以下。

表 3-2-17　我国国民期刊价格承受力

	选择比例（％）
3 元及以下	22.5
4—6 元	45.6
7—9 元	19.1
10—19 元	11.8
20 元以上	1.1
总计	100.0

随着生活和收入水平的提高，期刊成本和定价的提高，读者对于期刊价格的承受力日益增强。读者对于定价"7—9元"和"10元以上"的期刊的接受比例日益提高（见图3-2-7）。

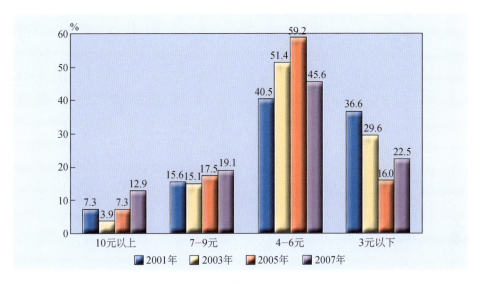

图 3-2-7　我国国民期刊价格承受力历年变化趋势

相对而言，女性读者对于低价位期刊的接受程度更高；而男性的价格敏感度相对低一些。但是男性和女性的期刊价格承受度之间的差异并不是很明显（见表3-2-18）。

表 3-2-18　男性/女性读者期刊价格承受力比较（%）

	能接受的期刊价格				
	3元及以下	4—6元	7—9元	10—19元	20元以上
女	23.4	46.0	18.2	11.6	0.8
男	21.6	45.4	19.9	11.9	1.3

通过比较不同年龄读者的期刊价格承受度，我们发现，18—29周岁的读者对于期刊价格的承受能力更强；而60—70周岁的读者对于期刊价格的承受能力最差。老年人收入有限，其价格敏感度自然较其他年龄段读者要高（见表3-2-19）。

表 3-2-19　不同年龄段人口期刊价格承受力（%）

	能接受的期刊价格				
	3元及以下	4—6元	7—9元	10—19元	20元以上
18—29周岁	18.5	47.1	21.1	12.3	1.1
30—39周岁	24.1	45.3	18.3	11.1	1.3
40—49周岁	24.2	45.5	18.0	11.6	0.6
50—59周岁	23.4	45.2	15.9	14.2	1.3
60—70周岁	35.6	37.9	18.3	7.6	0.6

　　从读者的户籍上来看，城镇读者的期刊价格承受度要高于农村读者。城乡读者的收入存在较大差距，这可能是造成这种现象的重要原因（见表 3-2-20）。

表 3-2-20　城乡人口期刊价格承受力（%）

	能接受的期刊价格				
	3元及以下	4—6元	7—9元	10—19元	20元以上
农业	27.0	44.5	15.8	11.8	0.9
城镇	17.4	46.9	22.8	11.7	1.2

　　从文化程度的角度来看，学历越高的读者，其期刊价格承受力越强。学历越高，读者的收入水平也相应提高，同时，学历高的读者有更好的期刊阅读习惯，这就使得学历高的读者有更强的价格承受力（见表 3-2-21）。

表 3-2-21　不同学历人口期刊价格承受力（%）

	能接受的期刊价格				
	3元及以下	4—6元	7—9元	10—19元	20元以上
小学及以下	38.4	39.3	16.2	5.6	0.4
初中	28.2	45.5	15.2	10.2	0.9
高中/中专	21.0	44.9	21.5	11.4	1.1
大专	13.9	48.4	20.4	16.0	1.3
大学本科及以上	12.5	47.3	23.7	15.0	1.4

　　我国读者认为目前期刊的价格"非常便宜"和"比较便宜"的

人数很少，占 6.8%；认为目前期刊价格"合适"的较多，占 46.2%；认为目前期刊价格"比较贵"的有 37.9%，认为"非常贵"的有 2.4%（见图 3-2-8）。

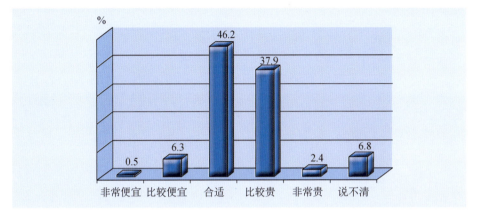

图 3-2-8　我国国民期刊价格合理性感知

3.2.4　期刊广告态度

3.2.4.1　期刊读者总体广告态度

本次调查的结果显示，在我国期刊读者中很少有人能接受广告版面占总版面比例的 50% 以上，能接受的读者比例只有 1.5%；能接受广告版面占总版面 30% 的比例仅为 5.4%；53.8% 的读者能接受占版面不到总版面 10% 的广告；10.5% 的读者希望没有广告。详见图 3-2-9：

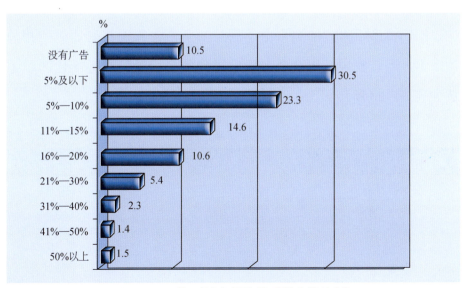

图 3-2-9　期刊读者能够接受的广告比例

如表 3-2-22 所示，反对期刊刊登广告的读者比例在 2007 年出现了大幅下降，认为广告版面可以占期刊总版面 50％及以上的人数比例也有一定提高，说明读者对于期刊广告的接受度有了较大的提高，但是大多数读者（64.3％）还是更能接受广告版面占期刊总版面 10％及以下，甚至希望没有广告。

表 3-2-22　期刊读者能够接受的广告比例历年变化趋势（％）

	选择比例			
	2001 年	2003 年	2005 年	2007 年
50％以上	0.3	0.3	0.2	1.5
41％—50％	0.0	1.4	0.4	1.4
31％—40％	0.5	1.0	1.0	2.3
21％—30％	0.7	1.1	2.0	5.4
16％—20％	5.5	2.6	1.9	10.6
11％—15％	4.1	5.9	3.7	14.6
6％—10％	16.2	19.4	17.2	23.3
5％及以下	56.3	52.1	55.5	30.5
没有广告	16.4	16.2	17.9	10.5

与报纸广告版面研究类似，我们将可以接受的期刊广告版面比例设为因变量，引入年龄、学历、户口类型、城市规模等自变量，构建回归模型，得到的结果中学历与期刊广告版面接受比例的相关关系不显著，删掉学历这个变量后得到各个变量的非标准化回归系数如表 3-2-23 所示：

表 3-2-23　人口特征变量与能够接受的期刊广告比例回归方程

	B	Sig.
家庭月收入	0.000004	0.000
户口类型	−0.015309	0.000
年龄	−0.000652	0.000
大中小城市	0.007183	0.000

由此可见，上述变量均与期刊广告接受比例有显著的关系，其中家庭月收入与广告版面接受比例呈正相关，家庭收入越高，可接受的广告版面比例也越高。

而年龄、城市规模与广告版面接受比例呈负相关。年龄越高，可接受的广告版面则越低。由于城市规模在本次研究中是以大型城市、中型城市、小型城市依次从1—3编码，因此结果显示城市规模越小，可接受的广告版面比例就越高。从户口类型上看，农业人口对于期刊广告的版面接受比例高于城镇人口。

3.2.4.2 不同学历人群对期刊广告态度的差异

不同学历人群对期刊广告的态度如表3-2-24所示。小学及以下、硕士及以上学历人群对于广告版面的平均接受比例分别是11.2％和11.0％，而其他学历背景人群的期刊广告版面平均接受比例则在9％—11％之间。

表3-2-24　不同学历人群能够接受的期刊广告比例（％）

	小学及以下	初中	高中/中专	大专	大学本科	硕士及以上
50％以上	0.2	1.6	1.2	2.0	1.8	1.4
41％—50％	2.1	0.8	1.6	2.0	1.2	0.0
31％—40％	2.2	1.6	2.6	3.2	2.2	0.0
21％—30％	5.8	5.2	6.1	4.7	4.0	6.8
16％—20％	16.4	9.8	11.0	10.4	8.4	20.4
11％—15％	21.1	16.2	12.4	13.6	15.5	11.7
6％—10％	19.6	24.0	22.8	22.4	25.6	35.7
5％及以下	19.7	28.6	32.4	33.7	31.0	19.5
没有广告	12.8	12.3	9.8	8.0	10.3	4.5
平均比例	11.2	9.9	10.4	10.9	10.0	11.0

3.2.4.3 不同家庭收入人群对期刊广告态度的差异

一般来说，家庭月收入越高的人群，其广告版面接受比例也越高。不同家庭收入人群对期刊广告的态度如表3-2-25所示：

表 3-2-25　不同家庭收入人群能够接受的期刊广告比例（%）

	无收入	500 元以下	501—1000 元	1001—1500 元	1501—2000 元	2001—3000 元
50%以上	0.7	2.8	0.8	1.4	1.3	1.7
41%—50%	0.7	1.2	1.2	0.7	1.3	1.1
31%—40%	0.0	2.1	2.0	1.0	1.1	2.9
21%—30%	0.0	1.6	5.7	4.2	4.5	5.9
16%—20%	31.2	20.7	7.9	11.1	9.3	9.2
11%—15%	5.1	9.7	14.4	16.1	13.0	13.8
6%—10%	22.5	24.3	23.8	22.6	23.0	23.0
5%及以下	32.6	28.2	31.3	31.5	34.7	30.8
没有广告	7.2	9.4	12.8	11.4	11.9	11.5
平均比例	9.8	11.2	9.4	9.5	9.2	10.3

	3001—4000 元	4001—5000 元	5001—6000 元	6001—7000 元	7001—8000 元	8000 元以上
50%以上	2.0	0.8	0.5	0.0	0.6	1.7
41%—50%	1.1	2.0	4.2	0.3	0.0	1.9
31%—40%	3.0	3.6	3.6	5.0	10.3	3.0
21%—30%	3.3	7.2	4.3	8.1	5.8	5.0
16%—20%	8.1	10.6	14.2	11.2	15.4	10.3
11%—15%	14.3	12.2	14.6	19.0	14.1	20.0
6%—10%	23.3	23.6	18.4	22.3	21.8	39.3
5%及以下	34.8	32.2	30.1	26.3	23.1	14.3
没有广告	10.2	7.8	10.1	7.8	9.0	4.6
平均比例	9.9	10.9	11.5	11.0	12.5	11.9

3.2.4.4　不同年龄人群对期刊广告态度的差异

不同年龄人群对期刊广告的态度如表 3-2-26 所示。从中我们可以看到，年轻读者对于期刊广告的接受度要高于年老读者。

表 3-2-26　不同年龄段人群能够接受的期刊广告比例（%）

	18—29 周岁	30—39 周岁	40—49 周岁	50—59 周岁	60—70 周岁
50%以上	1.6	1.8	1.0	0.6	1.5
41%—50%	2.2	0.5	1.2	1.4	0.4

	18—29 周岁	30—39 周岁	40—49 周岁	50—59 周岁	60—70 周岁
31％—40％	3.1	2.1	1.5	1.5	1.2
21％—30％	7.0	4.1	5.3	3.2	5.4
16％—20％	11.0	10.8	9.9	8.0	13.8
11％—15％	16.4	13.3	13.9	13.7	11.9
6％—10％	22.8	23.9	23.7	23.6	22.1
5％及以下	27.1	33.0	31.7	33.6	31.2
没有广告	8.7	10.5	11.8	14.5	12.5
平均比例	11.6	9.7	9.5	8.5	9.7

3.2.4.5 不同职业身份人群对期刊广告态度差异

不同职业身份人群对期刊广告的态度如表 3-2-27 所示。数据显示，"学生"、"专业技术人员/教师/医生"对期刊广告的接受度相对较高。而"离退休人员"、"无业/失业人员"对期刊广告的接受度相对较低。

表 3-2-27　不同职业人群能够接受的期刊广告比例（％）

	工人/商业服务业人员	企业领导/管理人员	农民/农民工	机关/事业单位干部	一般职员/文员/秘书	公检法/军人/武警
50％以上	1.1	1.0	1.0	2.7	1.5	3.6
41％—50％	1.6	0.2	0.7	1.8	2.2	0.0
31％—40％	1.3	5.0	2.5	2.9	1.7	0.9
21％—30％	4.7	5.2	6.3	2.6	5.6	3.6
16％—20％	7.6	11.9	12.3	6.2	10.9	4.5
11％—15％	14.3	9.8	17.0	13.7	17.3	19.8
6％—10％	20.8	25.9	24.7	29.2	24.0	19.8
5％及以下	36.1	32.2	26.0	29.8	28.6	41.4
没有广告	12.5	8.9	9.5	10.6	8.4	6.3

续前表

	专业技术人员/教师/医生	私营/个体劳动者	学生	离退休人员	无业/失业人员	其他
50％以上	3.1	1.7	1.1	1.8	1.2	1.0
41％—50％	1.5	1.7	3.0	0.6	0.8	0.8
31％—40％	1.5	1.4	5.9	1.2	1.6	1.2
21％—30％	4.8	4.5	8.5	3.6	5.6	4.4
16％—20％	10.2	9.8	15.0	5.3	8.4	20.2
11％—15％	12.7	14.7	14.0	9.7	11.8	16.5
6％—10％	25.3	22.3	20.2	22.0	18.6	29.6
5％及以下	33.4	30.8	24.9	38.9	37.0	22.9
没有广告	7.7	13.2	7.4	16.6	15.0	3.4

第四章
我国国民音像电子出版物阅读与购买倾向

■ 4.1 我国国民音像电子出版物购买率

音像出版物，是以磁、光、电等介质为载体，用数字或模拟信号，将图、文、声、像经编辑加工后记录下来，通过视听设备播放使用的出版物。其具体形态包括录有内容的录音带、录像带、唱片、激光唱盘和激光视盘等制品。本次调查，我们主要研究 VCD/DVD、盒式录音带、CD-ROM 以及 CD 这几类目前普及范围相对广泛、使用率较高的音像电子出版物。

4.1.1 音像电子出版物分类购买率

我们将过去一年（2007 年）自费购买过音像电子出版物的人群占本次调查样本总体的比例定义为音像电子出版物购买率。如表 4-1-1 所示，从各类别音像电子出版物的购买率看，VCD/DVD 制品的购买率最高，占到 25.3％；而 CD、盒式录音带以及 CD-ROM 的购买率相对较低，仅分别为 3.0％、2.8％及 0.9％。

表 4-1-1　我国音像电子出版物购买率（%）

	购买率
VCD/DVD	25.3
盒式录音带	2.8
CD-ROM	0.9
CD	3.0

4.1.2　我国农业人口音像电子出版物购买率

　　从城乡区别来看，农业人口 VCD/DVD 制品的购买率略高于城镇人口，为 25.4%。这一数据也与第一部分中农业人口在录像带/VCD/DVD 制品上的高接触率相一致。而在盒式录音带、CD 制品、CD-ROM 上，农业人口的购买率则低于城镇人口（见表 4-1-2）。

表 4-1-2　城乡人口音像电子出版物购买率（%）

	VCD/DVD	盒式录音带	CD-ROM	CD
农业人口	25.4	2.6	0.4	2.1
城镇人口	25.0	3.1	1.7	4.6

4.1.3　我国东/中/西部人口音像电子出版物购买率

　　从地域分布上看，西部地区 VCD/DVD 制品的购买率明显高于东部、中部地区，达到 34.4%。可见，西部地区的 VCD/DVD 制品渗入更强。而盒式录音带、CD-ROM 及 CD 制品的购买率，则以东部地区最高（见表 4-1-3）。

表 4-1-3　东中西部地区人口音像电子出版物购买率（%）

	VCD/DVD	盒式录音带	CD-ROM	CD
东部	23.7	3.0	1.2	4.1
中部	21.4	2.6	0.4	1.5
西部	34.4	2.6	0.9	3.4

4.1.4　我国大/中/小城市人口音像电子出版物购买率

从城市类型上看，大型城市在 VCD/DVD、CD-ROM、CD 等音像电子出版物的购买上显著高于中小型城市。值得注意的是，小型城市在以上类型音像电子出版物的购买率上高于中型城市。中型城市在盒式录音带上的购买率最高。

表 4-1-4　大中小型城市人口音像电子出版物购买率（%）

	VCD/DVD	盒式录音带	CD-ROM	CD
大型城市	31.0	2.7	1.3	3.6
中型城市	20.0	3.2	0.6	2.6
小型城市	26.2	2.5	0.8	2.9

4.1.5　我国少数民族地区人口音像电子出版物购买率

少数民族地区人口在音像电子出版物的购买率上均显著高于非少数民族地区人口，尤其是在 VCD/DVD 的购买率上，少数民族地区人口购买率为 36.6%，非少数民族地区人口为 23.6%（见表 4-1-5）。

表 4-1-5　少数民族地区人口音像电子出版物购买率（%）

	VCD/DVD	盒式录音带	CD-ROM	CD
少数民族地区	36.6	3.0	1.1	4.9
非少数民族地区	23.6	2.7	0.8	2.7

4.1.6　不同人口特征人群音像电子出版物购买率

从人口特征上看，男性、女性在音像电子出版物的购买率上没有显著差异，男性略高于女性。

从不同年龄段的人群来看，在上述四个类别的音像电子出版物上均呈现出随着年龄的升高，购买率逐渐下降的趋势。

从不同学历背景人群看，在四个类别的音像电子出版物上，学历越高的人群，其购买率越高。

从收入水平上来看，收入在 3000 元左右的人群，在四个类别的音像电子出版物上购买率更高。

从职业身份上来看，"学生"、"一般职员/文员/秘书"在上述四个类别的音像电子出版物上购买率更高。

详见表 4-1-6：

表 4-1-6　不同人口统计特征人群音像电子出版物购买率（%）

		VCD/DVD	盒式录音带	CD-ROM	CD
性别	女	23.9	2.8	0.8	2.9
	男	26.5	2.8	0.9	3.1
年龄	18—29 周岁	35.3	4.1	1.8	5.7
	30—39 周岁	30.6	3.5	0.7	2.9
	40—49 周岁	20.2	2.4	0.5	1.9
	50—59 周岁	14.6	1.0	0.4	1.4
	60—70 周岁	10.9	0.8	0.2	0.5
学历	小学及以下	15.2	0.8	0.0	0.8
	初中	25.3	2.2	0.3	1.9
	高中/中专	28.5	3.4	1.0	3.7
	大专	32.2	4.8	2.5	7.4
	大学本科	32.6	7.9	4.9	8.3
	硕士及以上	40.8	6.6	8.6	10.5
个人月收入	无收入	23.8	3.6	1.3	3.1
	500 元以下	21.3	1.2	0.2	1.0
	501—1000 元	26.7	2.5	0.3	2.4
	1001—1500 元	30.0	3.5	0.8	4.2
	1501—2000 元	29.8	2.7	2.2	5.1
	2001—3000 元	33.0	5.0	2.6	6.7
	3001—4000 元	30.0	3.9	2.3	5.3
	4001—5000 元	19.1	3.8	1.8	4.3
	5001—6000 元	10.7	4.2	0.9	1.9

续前表

		VCD/DVD	盒式录音带	CD-ROM	CD
个人月收入	6001—7000 元	30.0	0.0	4.0	8.0
	7001—8000 元	9.5	0.0	0.0	0.0
	8000 元以上	9.5	0.4	0.8	2.9
职业身份	工人/商业服务业人员	24.2	1.7	0.8	3.8
	企业领导/管理人员	29.4	3.3	2.2	6.3
	农民/农民工	25.0	1.8	0.2	1.4
	机关/事业单位干部	22.0	3.6	1.9	3.4
	一般职员/文员/秘书	32.5	3.3	2.3	6.5
	公检法/军人/武警	27.6	9.1	2.5	3.5
	专业技术人员/教师/医生	29.9	4.5	2.0	5.5
	私营/个体劳动者	27.7	3.7	0.7	3.5
	学生	33.8	7.9	3.9	8.5
	离退休人员	14.4	1.4	0.3	1.6
	无业/失业人员	20.5	3.5	0.8	2.4

■ 4.2　我国国民音像电子出版物价格承受力

4.2.1　分类音像电子出版物价格承受力

我国国民对几个类别的音像电子出版物的价格承受力比较平均，集中在 10—12 元之间。其中，对 CD-ROM 的承受力最高，为 11.88 元；第二位的为 DVD 光盘，平均承受价格为 11.39 元。而 VCD 光盘、CD 光盘及盒式录音带的承受力均在 10—11 元之间（见表 4-2-1）。

表 4-2-1　我国国民音像电子出版物价格承受力（元）

CD	VCD 光盘	DVD 光盘	盒式录音带	CD-ROM
10.56	10.58	11.39	10.19	11.88

如表 4-2-2 所示，对于目前的音像电子出版物价格，认为非常便宜和比较便宜的国民占 9.7％，而 40.7％的国民认为价格合适，也有 40.1％的国民认为目前的音像电子出版物价格偏贵。如果对答案进行赋值，将"非常便宜"至"非常贵"依次赋值，"非常便宜"认定为 1，而"非常贵"认定为 5，计算其平均值为 3.37，可见国民对于音像电子出版物价格的总体评定是偏贵的。

表 4-2-2　我国国民音像电子出版物价格合理性感知

目前音像电子出版物的价格	选择比例（％）
非常便宜	1.5
比较便宜	8.2
合适	40.7
比较贵	36.0
非常贵	4.1
说不清	9.4

4.2.2　不同购买渠道价格承受力

通过对不同渠道购买音像电子出版物人群音像制品价格承受力的分析，我们发现经常在网上购买各种音像电子出版物的人群，其价格承受力普遍高于其他渠道。通过书店、软件专卖店购买的人群，其价格承受力也相对较高。对比而言，在街头地摊购买各种音像电子制品的人群所能够承受的价格最低（见表 4-2-3）。

表 4-2-3　不同购买渠道人群音像电子出版物价格承受力（元）

	CD	VCD 光盘	DVD 光盘	盒式录音带	CD-ROM
书店	11.96	12.67	13.20	11.46	13.39

续前表

	CD	VCD 光盘	DVD 光盘	盒式录音带	CD-ROM
音像店	10.80	10.90	11.78	10.35	12.21
街头地摊	9.21	8.96	9.76	9.43	11.10
商场超市	10.34	10.51	11.38	9.88	11.32
网上	12.62	12.44	15.09	11.53	13.84
软件专卖店	11.32	11.38	13.07	9.91	13.72
其他	9.53	11.07	10.07	9.51	11.71
从不购买	11.68	12.24	13.71	11.03	11.36

4.2.3　不同人口特征人群价格承受力

不同性别的国民对各类音像电子出版物的价格承受力差别不大，其中女性对 DVD 光盘的承受价格略高于男性，而男性在其他种类音像电子制品上的价格承受力略高于女性。

城乡比较发现，城镇人口对音像电子制品的价格承受力普遍高于农业人口。

在不同年龄段的国民间进行比较，可以发现 60—70 周岁人群对于各类音像电子出版物的承受价格普遍低于其他年龄段人群。而 18—59 周岁年龄段的人群对于上述几类音像电子出版物的承受价格没有明显差异。

从学历水平看，随着学历水平的升高，人们对于音像电子出版物的承受价格也在逐渐上升，其中硕士及以上人群对于 CD-ROM 的承受价格在各个类别中是最高的，为 15.86 元。而大学本科学历人群对 VCD 光碟及盒式录音带的价格承受力略高于硕士人群，明显高于其他学历人群。

从职业身份上来看，机关/事业单位干部对于各类音像电子出版物的承受价格较其他职业身份人群要高。

表 4-2-4　不同人口特征人群音像电子出版物价格承受力（元）

		CD	VCD 光盘	DVD 光盘	盒式录音带	CD-ROM
性别	女	10.55	10.50	11.41	10.08	11.61
	男	10.56	10.65	11.38	10.26	12.09
户口	农业人口	10.34	10.27	10.94	10.07	11.45
	城镇人口	10.90	11.13	12.13	10.36	12.42
年龄	18—29 周岁	10.52	10.64	11.60	10.05	12.08
	30—39 周岁	10.65	10.47	11.22	10.40	12.25
	40—49 周岁	10.35	10.53	11.29	10.17	11.50
	50—59 周岁	11.03	10.89	11.58	10.15	11.01
	60—70 周岁	10.20	10.36	10.53	10.01	9.97
学历	小学及以下	9.93	9.67	10.09	9.74	9.58
	初中	10.28	10.23	10.86	10.05	11.48
	高中/中专	10.67	10.72	11.47	10.18	11.94
	大专	10.69	11.27	12.78	10.66	12.88
	大学本科	12.02	12.05	13.13	10.74	13.29
	硕士及以上	12.54	11.64	13.33	10.42	15.86
民族	少数民族地区	9.18	9.17	9.70	8.68	9.79
	非少数民族地区	10.63	10.66	11.50	10.24	12.00
职业身份	工人/商业服务业人员	10.61	10.69	11.54	10.24	12.25
	企业领导/管理人员	11.94	11.84	13.15	10.91	13.42
	农民/农民工	9.65	9.49	9.89	9.25	10.25
	机关/事业单位干部	12.62	13.98	14.79	12.67	13.88
	一般职员/文员/秘书	10.80	11.01	12.26	10.26	12.33
	公检法/军人/武警	10.15	9.93	11.84	9.46	10.60
	专业技术人员/教师/医生	10.63	10.73	12.18	10.62	12.10
	私营/个体劳动者	10.83	10.62	11.51	10.65	12.60
	学生	10.71	11.38	12.59	10.39	13.06
	离退休人员	10.86	10.99	11.67	10.00	11.05
	无业/失业人员	10.24	10.35	11.34	9.74	11.46

我们将被访者对音像电子出版物的价格评定（"非常便宜"至"非常贵"）依次赋值，"非常便宜"设定为1，而"非常贵"设定为5。由此计算出不同人口背景人群的价格评定均值在3.3—3.5之间，这表明各个人群对于音像电子出版物的价格评定为偏贵。60—70周岁年龄段的人群对音像电子出版物的价格评定值高于其他年龄段人群，也就是说，他们认为音像电子出版物偏贵的比例最高，这与该年龄段的价格承受力相一致。具体情况如表4-2-5所示。

表 4-2-5　不同人口特征人群音像电子出版物价格合理性感知（%）

人口特征	类别	价格合理性感知
性别	女	3.4
	男	3.3
年龄	18—29 周岁	3.4
	30—39 周岁	3.4
	40—49 周岁	3.4
	50—59 周岁	3.3
	60—70 周岁	3.5
户口	城镇人口	3.4
	农业人口	3.3
学历	小学及以下	3.4
	初中	3.3
	高中/中专	3.4
	大专	3.4
	大学本科	3.5
	硕士及以上	3.4

4.2.4　我国国民音像电子出版物价格承受力变化

历年来，人们对录音带价格承受力变化趋势如图4-2-1所示：

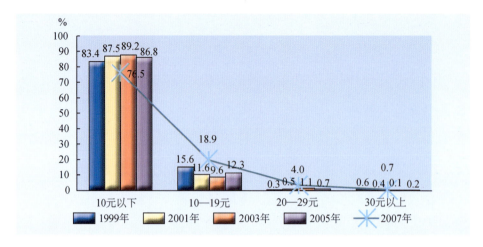

图 4-2-1　我国国民录音带价格承受力历年变化趋势

历年来，人们对 CD 价格承受力变化趋势如图 4-2-2 所示：

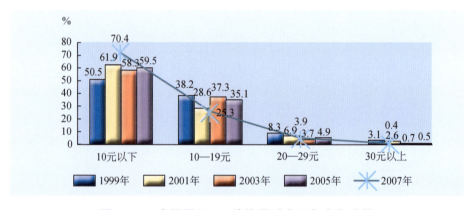

图 4-2-2　我国国民 CD 价格承受力历年变化趋势

历年来，人们对 VCD 价格承受力变化趋势如图 4-2-3 所示：

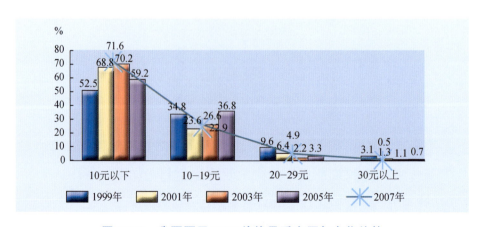

图 4-2-3　我国国民 VCD 价格承受力历年变化趋势

历年来，人们对 DVD 价格承受力变化趋势如图 4-2-4 所示：

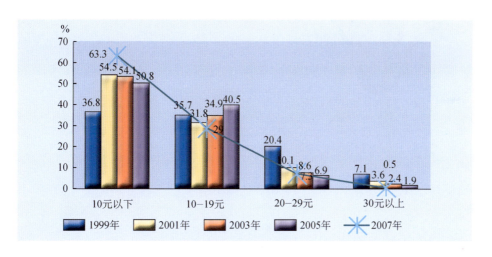

图 4-2-4 我国国民 DVD 价格承受力历年变化趋势

■ 4.3 我国音像电子出版物市场容量

4.3.1 总体市场容量

根据本次调查样本总体的音像电子产品消费情况，推算出全国国民在 2007 年音像电子出版物的总体消费状况。VCD/DVD 光碟无论从数量上还是金额上都在音像电子出版物中居首位，全年消费量达 10.22 亿张，总金额达 93.5 亿元人民币，产值仅次于报纸，高于期刊和图书，位居出版物排名第二位。

表 4-3-1 我国音像电子出版物市场总量

品种	消费数量（亿件）	消费金额（亿元）
VCD/DVD	10.22	93.5
盒式录音带	0.72	6.5
ROM	0.29	2.6
CD	0.87	9.0

4.3.2 区域市场容量

从东、中、西部的区域划分上看，总体而言东部地区各个种类音像电子出版物的消费规模均高于中、西部地区。在 VCD/DVD 的消费规模上东部地区仅略高于中、西部地区，分别达到 32.52 亿元、30.17 亿元和 30.85 亿元的市场规模。由此可见，VCD/DVD 制品在全国范围内达到了普及。而从 CD-ROM 制品和 CD 制品的消费规模来看，东部地区则远高于中部及西部地区（见表 4-3-2）。

表 4-3-2　东中西部地区音像电子出版物市场总量

		东部	中部	西部
VCD/DVD	购买数量（亿件）	3.74	3.25	3.23
	购买金额（亿元）	32.52	30.17	30.85
盒式录音带	购买数量（亿件）	0.31	0.26	0.15
	购买金额（亿元）	1.94	2.81	1.77
CD-ROM	购买数量（亿件）	0.18	0.05	0.06
	购买金额（亿元）	1.06	0.52	1.00
CD	购买数量（亿件）	0.49	0.14	0.24
	购买金额（亿元）	5.00	1.45	2.59

从城市规模上看，大型及小型城市在 VCD/DVD 制品和 CD 制品的消费规模上较为接近，均高于中型城市。而盒式录音带的消费规模则是中型城市高于大型、小型城市（见表 4-3-3）。

表 4-3-3　大中小型城市音像电子出版物市场总量

		大型城市	中型城市	小型城市
VCD/DVD	购买数量（亿件）	3.68	2.75	3.79
	购买金额（亿元）	36.64	26.75	30.14
盒式录音带	购买数量（亿件）	0.16	0.30	0.26
	购买金额（亿元）	1.38	2.81	2.34

续前表

		大型城市	中型城市	小型城市
CD-ROM	购买数量（亿件）	0.17	0.04	0.08
	购买金额（亿元）	1.12	0.76	0.69
CD	购买数量（亿件）	0.33	0.22	0.32
	购买金额（亿元）	3.88	2.40	2.76

如表 4-3-4 所示，从城镇人口和农业人口的区别来看，农业人口的 VCD/DVD 消费规模超过城镇人口，达到 53.78 亿元人民币；城镇人口的消费金额也高达 39.76 亿元。

盒式录音带制品的市场消费规模也是农村地区高于城镇地区。2007 年农村地区的消费数量达到 0.46 亿张，约 3.99 亿元人民币。而城镇地区的消费数量为 0.26 亿张，约 2.54 亿元。

在 CD-ROM 和 CD 制品这类对播放设备有一定要求的音像电子出版物消费规模上，则是城镇地区高于农村地区。

表 4-3-4　城乡地区音像电子出版物市场总量

		城镇人口	农业人口
VCD/DVD	购买数量（亿张）	4.14	6.09
	购买金额（亿元）	39.76	53.78
盒式录音带	购买数量（亿盒）	0.26	0.46
	购买金额（亿元）	2.54	3.99
CD-ROM	购买数量（亿张）	0.25	0.04
	购买金额（亿元）	2.24	0.34
CD	购买数量（亿张）	0.46	0.41
	购买金额（亿元）	5.61	3.43

如表 4-3-5 所示，少数民族地区也是一个很有潜力的音像电子出版物市场。少数民族地区 VCD/DVD 的年购买花费为 18.61 亿元，盒式录音带 0.85 亿元，CD-ROM 0.84 亿元，CD 2.09 亿元。

表 4-3-5　少数民族地区音像电子出版物市场总量

		少数民族地区	非少数民族地区
VCD/DVD	购买数量（亿件）	2.00	8.22
	购买金额（亿元）	18.61	74.93
盒式录音带	购买数量（亿件）	0.10	0.62
	购买金额（亿元）	0.85	5.67
CD-ROM	购买数量（亿件）	0.05	0.24
	购买金额（亿元）	0.84	1.74
CD	购买数量（亿件）	0.21	0.66
	购买金额（亿元）	2.09	6.95

■ 4.4　我国国民音像电子出版物购买渠道

我国国民音像电子出版物购买地点选择比例如图 4-4-1 所示：

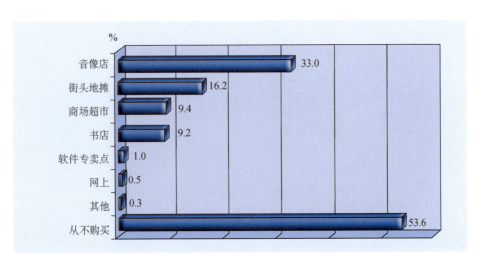

图 4-4-1　我国国民音像电子出版物购买渠道

数据显示，"音像店"是人们购买音像电子出版物的最主要的地点，33.0%的人群选择去"音像店"购买音像电子制品；而"街头地摊"则是排名第二位的购买地点，16.2%的人群会在"街头地摊"购买音像制品。其次，"商场超市"、"书店"也是我国国民经常购买音像电子出版物的地点。

而"软件专卖店"、"网上"和"其他渠道"则较少有人选择，仅有 1.0％的人群会到"软件专卖店"购买，0.5％的人群会在"网上"购买音像电子出版物。

■ 4.5 我国国民音像电子出版物的网上购买行为

本次调查发现，经常通过互联网购买音像电子出版物的人群占样本总体的 0.5％，在所有音像电子出版物的购买人群中这一比例达到 1.1％，在有网络购买经验的人群中，经常通过网络购买音像电子出版物的人群比例为 17.8％。可见，通过网络购买音像电子出版物是出版物网络购买的重要组成部分，因此在这里有必要对经常性通过网络购买音像电子出版物的人群行为特征作一下研究。

4.5.1 不同年龄人群网上购买行为比较

网上购买人群在各年龄段上的分布与调查样本总体在各年龄段上的分布如图 4-5-1 所示：

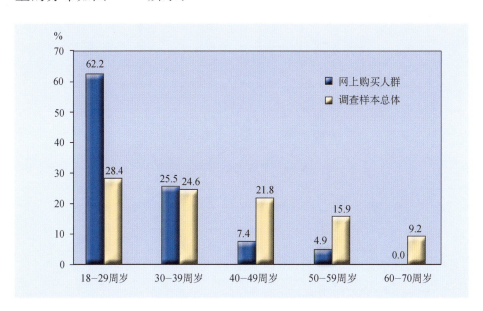

图 4-5-1 不同年龄段人群音像电子出版物网上购买行为

从年龄分段上看，音像电子出版物网上购买人群以18—29周岁的青年人为主，占网络购买人群的62.2%，这一比例远远高出占调查样本总体28.4%的分布。而30—39周岁年龄段中，网上购买人群的比例也略高于样本总体中的这一比例。

相比而言，40周岁以上人群的音像电子出版物网络购买行为明显偏少，60—70周岁的人群中几乎没有网络购买行为。

4.5.2　不同学历人群网上购买行为比较

网上购买人群在各学历上的分布与调查样本总体在各学历上的分布如图4-5-2所示：

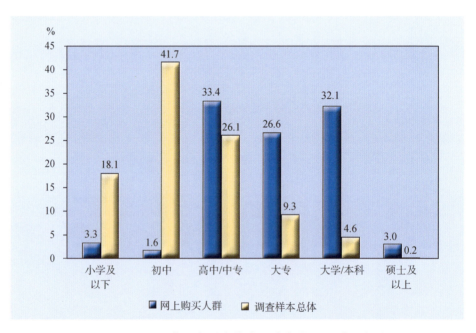

图4-5-2　不同学历人群音像电子出版物网上购买行为

从学历分布上看，网上购买音像电子出版物的人群以高中及以上学历为主，其中大专、大学本科学历人群分别达到了26.6%和32.1%，远高于调查样本总体中大专学历9.3%和大学本科学历4.6%的分布比例。

4.5.3　不同收入人群网上购买行为比较

从个人月收入的不同水平来看，大致呈现出月收入高的人群音像电子出版物网络购买比例高的特征，尤其是月收入 1501—6000 元之间的人群，网上购买比例远超过调查样本总体。较为特殊的是无收入人群，这一人群在网上购买音像电子出版物的比例达到了 19.7％，高于调查样本总体中 15.4％ 的比例。

表 4-5-1　不同收入人群音像电子出版物网上购买行为

个人平均月收入	网上购买人群（％）	调查样本总体（％）	家庭平均月收入	网上购买人群（％）	调查样本总体（％）
无收入	19.7	15.4	无收入	0.0	0.5
500 元以下	7.7	22.2	500 元以下	0.5	6.9
501—1000 元	4.4	27.1	501—1000 元	7.7	19.8
1001—1500 元	9.8	14.1	1001—1500 元	7.4	16.3
1501—2000 元	19.7	7.0	1501—2000 元	7.1	13.7
2001—3000 元	15.0	3.8	2001—3000 元	11.5	13.2
3001—4000 元	8.5	1.5	3001—4000 元	16.2	6.6
4001—5000 元	3.6	0.9	4001—5000 元	11.8	3.5
5001—6000 元	2.2	1.0	5001—6000 元	7.1	2.1
6001—7000 元	0.0	0.1	6001—7000 元	3.0	0.7
7001—8000 元	0.0	0.0	7001—8000 元	2.5	0.4
8000 元以上	0.3	0.7	8000 元以上	3.6	3.4

考虑到学生群体中无收入情况经常出现，因此我们引入家庭月收入指标。根据家庭月收入的不同水平，明显呈现出家庭月收入高则网上购买比例高的特征。网上购买人群中，家庭月收入水平在 3000 元以上的人群所占比例均明显高于样本总体中的平均比例。

4.5.4　不同职业身份人群网上购买行为比较

网上购买人群在各职业上的分布与调查样本总体在各职业上的

分布如图 4-5-3 所示。

通过比较不同职业人群的网上购买行为，我们发现，"学生"和"一般职员/文员/秘书"网上购买行为较多，而"农民/农民工"和"离退休人员"，网上购买行为较少。

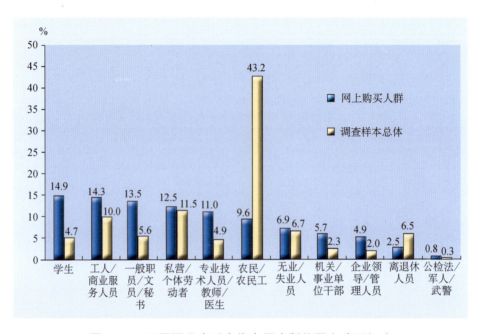

图 4-5-3　不同职业人群音像电子出版物网上购买行为

第五章
我国国民动漫与游戏产品消费倾向

■5.1 我国动漫产品消费市场

5.1.1 我国动漫产品市场渗透率

动漫作为一种流行文化，起源于日本的"漫画"。随着大众文化产业的繁盛和发展，除了静态的漫画书籍、期刊等，也发展出了动态的动画。本研究中将动漫产品界定为"漫画书/漫画期刊/动画片/动漫影视/单机游戏/网络游戏"等。

我国国民动漫作品接触比例如图 5-1-1 所示。

在调查的样本总体中，73.9％的被访者表示没有接触过动漫作品，换言之，26.1％的被访者接触过动漫作品。

在接触类型中，伴随着电视机及电波信号的普及，动画片/动漫影视的接触排名最高，网络游戏和单机游戏紧随其后。在多媒介时代，影视和游戏这类综合运用影、画、声、光等多种手段而制成的动态的、表现丰富的动漫作品更受青睐。与之相比，漫画书和期刊等静态作品接触人群比例较低。

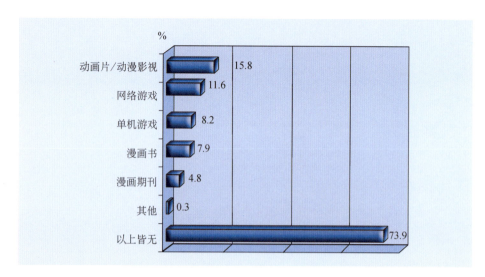

图 5-1-1　我国国民动漫作品接触比例

如表 5-1-1 所示，与总人口分布情况相比，动漫接触人群呈现出男性偏多、年轻化、高学历的特征。

作为一种流行娱乐载体，动漫作品受到了普遍欢迎，而男性在游戏上的爱好造成男性动漫接触偏多的倾向。就年龄而言，不同人群对动漫作品的接触在 30—39 周岁、40—49 周岁年龄段之间出现了明显落差。超过 80％的动漫接触人群集中在 18—39 周岁年龄段。这与 20 世纪八九十年代的动漫作品大流行趋势相吻合。而 18—22 周岁这一年龄段集中了 25.9％的动漫接触人群，明显高于总体人群，年轻化倾向显著。

动漫接触人群中，学历在高中及以上的占 59.3％，远超总体水平。动漫作品本身多样性强，包含文字、影视、游戏多种形式，可以满足各个学历层次人群的需要。偏高的学历水平表明接触动漫作品仍然是一项需要较高智力投入的活动。

学生群体中接触动漫的倾向非常显著，而农民或农民工接触动漫的倾向性很低。

从区域和城市类型上看，东部和西部地区人口对动漫的接触倾向性高于中部地区；大中型城市人口对动漫的接触倾向性高于小型城市；少数民族地区人口动漫接触的倾向性与非少数民族地区人口无显著差异。

表 5-1-1　动漫接触人群人口特征

		研究总体（%）	动漫接触人群（%）
性别	男	51.3	55.2
	女	48.7	44.8
年龄	18—22 周岁	10.9	25.9
	23—29 周岁	16.1	27.5
	30—39 周岁	23.7	27.6
	40—49 周岁	21.6	11.6
	50—59 周岁	17.0	5.0
	60—70 周岁	10.7	2.3
学历	小学及以下	22.4	6.6
	初中	39.5	34.0
	高中/中专	24.6	32.8
	大专	8.9	16.6
	本科及以上	4.6	9.9
区域	东部	41.4	42.7
	中部	35.6	31.4
	西部	23.0	25.9
规模	大型城市	26.7	28.8
	中型城市	36.6	37.1
	小型城市	36.7	34.1
城乡	城镇人口	33.7	41.1
	农业人口	66.3	58.9
职业	企业职工干部	29.3	35.1
	农民或农民工	43.4	28.3
	机关事业单位	7.5	12.9
	学生	4.7	12.4
民族	少数民族地区	13.8	13.5
	非少数民族地区	86.2	86.5

5.1.2 受众对不同动漫题材的偏好

受众对不同动漫作品题材偏好如图 5-1-2 所示。

在所有接触过动漫作品的人群中，搞笑题材作品因其广泛适应性受到普遍欢迎，动漫接触人群中 53.5％表示喜爱搞笑类作品。神话、科幻、侦探等富有戏剧性情节的作品也为动漫接触人群所喜爱。恐怖、励志题材作品则较为小众，仅为部分人所喜爱。

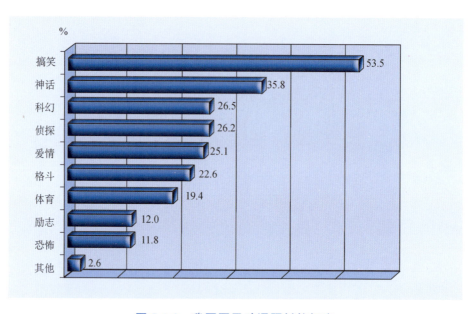

图 5-1-2 我国国民动漫题材偏好度

不同性别人群对动漫作品题材的偏好如图 5-1-3 所示。

从不同题材作品的性别偏好看，格斗、体育和恐怖题材为更多的男性所偏爱，而爱情、神话题材则为女性偏爱。相比而言，励志、侦探、科幻和搞笑题材具有明显的中性特征，受到普遍关注。

从年龄分布来看，不同题材作品中，格斗、爱情和恐怖题材在30 周岁以下的年轻人中受到关注，励志题材在 23—29 周岁这一年龄段的年轻人中更受欢迎，这一年龄段中的许多人刚刚踏入工作，面临着跨入成人世界的第一步，对励志类作品有普遍的需求。相比而言，神话题材则受到 40 周岁以上年龄段人群的喜爱。体育、侦探等题材则被各个年龄层人群所普遍喜爱（见表 5-1-2）。

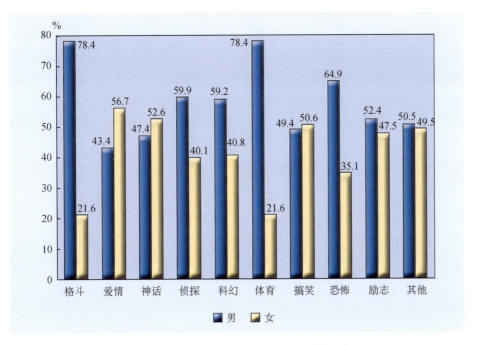

图 5-1-3　不同性别人群动漫题材偏好度

表 5-1-2　不同年龄段人群动漫题材偏好度（％）

	格斗	爱情	神话	侦探	科幻	体育	搞笑	恐怖	励志	其他	合计
18—22周岁	33.9	36.1	22.7	26.7	28.4	28.8	29.0	37.4	22.5	17.5	25.8
23—29周岁	35.0	29.0	25.4	27.7	29.5	28.1	29.0	28.4	32.9	15.0	27.6
30—39周岁	21.0	22.3	28.6	28.2	26.2	24.5	26.5	19.6	27.2	42.6	27.7
40—49周岁	6.2	8.1	13.6	11.7	10.7	12.5	9.1	9.6	12.2	15.8	11.7
50—59周岁	2.7	3.2	6.7	4.2	3.5	5.3	4.4	3.3	3.9	6.6	5.0
60—70周岁	1.2	1.4	3.0	1.5	1.7	0.9	2.1	1.7	1.2	2.5	2.2

不同题材的动漫作品中，按照学历分布，科幻、励志题材呈现出随学历升高受欢迎比例上升的趋势。科幻题材需要接触人群具有

一定的知识背景，而励志题材与学业密切相关。与之相应，神话题材以高中以下学历人群为主；爱情、搞笑题材则不受学历的限制，在各学历人群中均受到喜爱（见表 5-1-3）。

表 5-1-3　不同学历人群动漫题材偏好度（%）

	格斗	爱情	神话	侦探	科幻	体育	搞笑	恐怖	励志	其他	合计
小学及以下	4.1	4.6	8.6	4.8	4.3	2.6	5.9	5.3	2.8	24.1	6.7
初中	26.3	36.2	39.1	29.9	24.5	32.0	34.0	25.8	17.9	36.6	33.8
高中/中专	34.5	32.3	30.4	34.3	37.2	32.0	33.7	41.1	33.7	26.3	32.9
大专	22.6	18.0	13.9	18.1	21.1	19.3	16.7	17.9	27.2	9.5	16.7
大学本科	12.3	8.7	7.6	12.5	12.7	13.8	9.4	9.9	18.3	3.5	9.6
硕士及以上	0.2	0.3	0.3	0.3	0.3	0.3	0.3	0.0	0.2	0.0	0.3

城乡人口对不同动漫题材作品偏好度如图 5-1-4 所示：

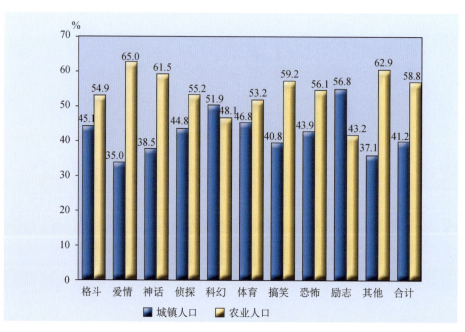

图 5-1-4　城乡人口动漫题材偏好度

在不同题材的作品中，励志和科幻题材更受到非农业人口人群的喜爱，而神话题材则为农业人口人群所喜爱。

综上所述，在各种题材的动漫作品中，搞笑题材受到广泛的喜爱，在不同性别、年龄、学历层次的人群中的喜爱程度均没有显著差别。而体育题材在男性各年龄、学历层次的人群中受到普遍喜爱。

5.1.3 受众对不同国家及地区动漫作品的偏好

从动漫作品起源上说，欧美是现代漫画的发端，在美国流行的漫画作品通常以科幻、动作题材为主，以"超人"为代表的漫画英雄形象层出不穷。而日本漫画则在欧美漫画的基础上进一步发展，以题材多元开放、幻想奇特、偏重生活题材和感情细腻在全球范围获得成功。中国内地由于起步较晚，目前漫画发展处于发展阶段，并未呈现出清晰的特征。在漫画基础上发展出的动画影视作品也同样如此。

受众对不同国家动漫作品偏好度如图 5-1-5 所示：

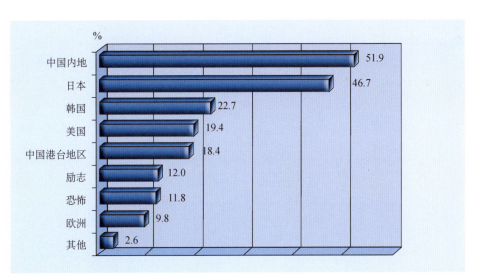

图 5-1-5　受众对不同国家及地区动漫作品偏好度

在本次调查中，中国内地的动漫作品以 51.9% 的偏好度占据绝对优势,而日本紧随其后(46.7%),排在第二位。韩、美及中国港台地区的动漫作品的偏好度依次降低。

分析各个国家及地区动漫作品在不同人口、背景人群中的喜好程度,可知欧美动漫作品更受男性青睐,这与其题材偏动作类、科幻类不无关系;日本、韩国的动漫作品在30周岁以下的人群中更受欢迎;中国内地的作品在初中及以下学历的人群中更受关注。

表5-1-4 不同人口特征人群对不同国家及地区动漫作品的偏好度(%)

		中国内地	中国港台地区	欧洲	美国	日本	韩国	其他	平均值
性别	男	51.9	57.6	63.2	65.7	58.3	51.8	41.6	55.1
	女	48.1	42.4	36.8	34.3	41.7	48.2	58.4	44.9
年龄	18—22周岁	16.9	29.3	28.9	28.5	34.5	32.6	10.5	26.0
	23—29周岁	24.2	26.7	27.9	27.3	31.5	29.7	19.6	27.5
	30—39周岁	33.5	27.6	25.7	27.2	22.3	24.2	39.6	27.7
	40—49周岁	14.9	11.0	11.6	10.8	8.4	9.2	23.2	11.6
	50—59周岁	7.5	4.3	5.5	4.8	2.5	3.8	3.8	5.0
	60—70周岁	3.1	1.0	0.4	1.4	0.9	0.6	3.3	2.2
学历	小学及以下	8.7	4.8	1.8	2.4	3.1	2.6	29.1	6.7
	初中	39.9	33.8	31.1	27.7	24.4	31.8	42.2	33.9
	高中/中专	30.8	35.4	33.1	36.9	35.4	37.2	22.0	32.9
	大专	12.3	17.0	23.0	20.0	23.3	17.5	4.0	16.7
	大学本科	8.0	8.8	10.5	12.7	13.4	10.3	2.7	9.7
	硕士及以上	0.2	0.2	0.4	0.3	0.4	0.3	0.0	0.3
户口	农业人口	61.4	54.9	43.6	46.0	53.3	59.2	76.9	58.9
	城镇人口	38.6	45.1	56.4	54.0	46.7	40.8	23.1	41.1
职业身份	工人/商业服务业人员	11.3	15.2	17.8	13.6	11.3	14.6	11.7	12.1
	企业领导/管理人员	2.6	4.0	2.9	5.8	3.5	3.5	0.4	3.0
	农民/农民工	37.2	19.1	13.8	15.6	19.6	16.6	43.5	28.3

		中国内地	中国港台地区	欧洲	美国	日本	韩国	其他	平均值
职业身份	机关/事业单位干部	5.0	5.0	9.8	6.7	3.4	7.3	1.2	4.1
	一般职员/文员/秘书	7.0	7.5	11.8	10.2	10.4	10.2	3.4	8.1
	公检法/军人/武警	0.5	1.2	0.6	0.5	1.1	0.3	—	0.6
	专业技术人员/教师/医生	7.1	7.0	7.8	9.7	9.2	6.7	10.5	8.2
	私营/个体劳动者	10.6	14.8	9.8	13.3	12.1	14.0	4.5	11.9
	学生	6.8	12.7	13.1	12.5	19.7	13.8	3.0	12.4
	离退休人员	2.8	1.6	2.4	2.1	1.5	0.7	1.2	2.0
	无业/失业人员	5.8	6.8	4.0	7.2	6.6	6.9	16.0	6.8

■5.2 我国单机游戏消费市场

5.2.1 受众对单机游戏的题材偏好

根据单机游戏的类型划分，可将其分为角色扮演类（RPG）、音乐舞蹈类、赛车类、体育类、棋牌益智类、策略模拟类以及动作类几大部分。角色扮演类又可以分为我国独有的神话武侠类角色扮演和科幻奇幻类角色扮演，以下分别简称为神话武侠 RPG、科幻奇幻 RPG。网络游戏类型与单机游戏大体一致。受众对单机题材的偏好度如图 5-2-1 所示。

总体而言，游戏玩家最偏爱的单机游戏类型是以动作操控为主的赛车类，棋牌益智类休闲游戏位居第二，而富于情节的神话武侠 RPG、动作类和科幻奇幻类 RPG 的偏好度依次下降。

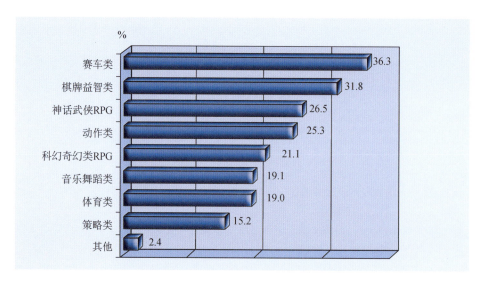

图 5-2-1　游戏玩家对单机游戏题材偏好度

在不同类型的单机游戏中，男性更偏爱体育类、动作类和神话武侠 RPG 类等较为激烈的单机游戏，而女性对音乐舞蹈类等相对轻松的游戏更为喜爱。棋牌益智类和策略类等则属于较为中性的游戏。策略类、动作类游戏更受到 18—30 周岁青年人的喜爱，而 23—29 周岁人群相对于 18—23 周岁人群更为中意较为休闲的棋牌益智类游戏。30 周岁以上人群对于游戏类型没有显著的偏好。从学历角度分析，随着学历的升高，体育类、棋牌益智类、策略类游戏的喜爱度都显著升高，尤其以大学学历人群最为显著。

少数民族地区人口在音乐舞蹈类、棋牌益智类、策略类等题材的单机游戏上偏好倾向显著；非少数民族地区人口在神话武侠 RPG、科幻奇幻 RPG 等题材的单机游戏上偏好倾向显著。

具体情况如表 5-2-1 所示：

表 5-2-1　不同人口特征人群对单机游戏题材偏好度（%）

		神话武侠 RPG	科幻奇幻 RPG	音乐舞蹈类	赛车类	体育类
性别	女	21.4	23.8	49.6	25.2	14.2
	男	78.6	76.2	50.4	74.8	85.8

续前表

		神话武侠 RPG	科幻奇幻 RPG	音乐舞蹈类	赛车类	体育类
年龄	18—22 周岁	35.7	32.4	39.2	37.4	39.4
	23—29 周岁	36.5	34.2	29.3	31.0	34.0
	30—39 周岁	16.0	21.6	19.8	19.5	18.9
	40—49 周岁	8.9	9.3	8.8	8.2	5.7
	50—59 周岁	2.8	2.4	2.4	3.8	1.8
	60—70 周岁	0.2	0.1	0.5	0.1	0.2
学历	小学及以下	2.5	1.8	3.2	0.7	0.9
	初中	21.2	31.9	24.3	25.8	15.1
	高中/中专	33.7	32.9	41.7	36.5	35.3
	大专	20.4	18.3	17.6	19.5	19.5
	大学本科	21.7	14.7	13.0	16.8	28.5
	硕士及以上	0.4	0.4	0.2	0.7	0.6
户口	农业人口	52.7	58.1	63.2	50.7	44.1
	城镇人口	47.3	41.9	36.8	49.3	55.9
民族	少数民族地区	8.4	8.4	17.6	11.5	10.5
	非少数民族地区	91.6	91.6	82.4	88.5	89.5
职业身份	工人/商业服务业人员	14.7	16.0	18.5	13.6	11.7
	企业领导/管理人员	3.1	5.6	3.6	3.0	3.2
	农民/农民工	10.3	13.3	8.3	16.7	15.3
	机关/事业单位干部	6.6	10.5	9.9	5.8	4.2
	一般职员/文员/秘书	6.7	8.4	11.2	9.0	10.7
	公检法/军人/武警	0.8	0.3	0.2	0.8	0.8
	专业技术人员/教师/医生	8.6	6.5	4.1	7.4	7.8
	私营/个体劳动者	13.5	15.3	14.4	9.6	9.3
	学生	26.5	18.0	14.4	20.7	25.3
	离退休人员	0.8	0.2	0.6	0.6	0.6
	无业/失业人员	2.3	1.6	4.9	7.6	7.2

续前表

		棋牌 益智类	策略类	动作类	其他	合计
性别	女	34.5	26.4	17.5	47.4	29.6
	男	65.5	73.6	82.5	52.6	70.4
年龄	18—22 周岁	29.1	40.3	45.6	23.1	34.2
	23—29 周岁	37.3	38.0	35.9	53.8	32.4
	30—39 周岁	21.7	16.6	13.9	5.1	20.3
	40—49 周岁	9.7	3.6	3.2	17.9	9.7
	50—59 周岁	2.0	1.1	1.0	0.0	3.2
	60—70 周岁	0.3	0.3	0.3	0.0	0.3
学历	小学及以下	0.9	0.3	2.3	0.0	1.6
	初中	16.9	10.9	30.3	34.2	26.2
	高中/中专	41.3	39.3	30.9	42.1	36.3
	大专	19.0	25.6	20.5	15.8	19.4
	大学本科	21.4	22.7	15.4	7.9	16.0
	硕士及以上	0.5	1.2	0.6	0.0	0.5
户口	农业人口	50.0	48.7	49.0	34.2	53.6
	城镇人口	50.0	51.3	51.0	65.8	46.4
民族	少数民族地区	15.9	20.5	12.7	6.0	12.7
	非少数民族地区	84.1	79.5	87.3	94.0	87.3
职业 身份	工人/商业服务业人员	16.0	14.5	15.2	21.6	14.3
	企业领导/管理人员	2.4	5.2	4.9	—	4.3
	农民/农民工	16.0	5.6	20.4	—	13.1
	机关/事业单位干部	4.1	4.9	3.1	5.1	7.7
	一般职员/文员/秘书	12.6	14.9	9.6	4.7	9.2
	公检法/军人/武警	0.8	1.7	1.1	—	0.7
	专业技术人员/教师/医生	11.2	12.1	6.5	2.2	7.8
	私营/个体劳动者	11.5	9.0	12.0	39.5	13.3
	学生	12.5	23.4	20.4	22.8	16.9
	离退休人员	1.4	0.7	0.5	—	1.0
	无业/失业人员	7.9	7.7	5.6	—	5.8

5.2.2 单机游戏的黏度

平均而言，游戏玩家花在单机游戏上的时间每天约为 1.30 小时。这些玩家平均每天花费在单机游戏上的时间分布如图 5-2-2 所示：

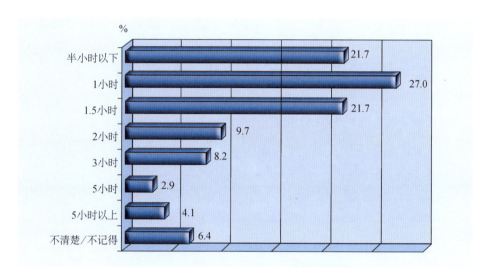

图 5-2-2　游戏玩家单机游戏平均每天花费时间

从人群特征分析，如表 5-2-2 所示，18—30 周岁人群的游戏时间较长，而随着学历的升高，单机游戏时间则逐渐下降。与众不同的是大学本科人群，他们的单机游戏时间为每天 1.47 小时。

表 5-2-2　不同人口特征人群单机游戏平均每天花费时间

平均每天花费时间（小时）		平均每天花费时间（小时）	
女	1.34	小学及以下	1.64
男	1.27	初中	1.32
18—22 周岁	1.31	高中/中专	1.24
23—29 周岁	1.40	大专	1.19
30—39 周岁	1.16	大学本科	1.47
40—49 周岁	1.13	硕士及以上	0.84
50—59 周岁	1.24	农业	1.25
60—70 周岁	1.41	非农	1.34

5.2.3　单机游戏的消费状况

从消费状况衡量，动漫作品接触人群过去一年在单机游戏上的平均花费为 47.1 元。如图 5-2-3 所示，超过六成的动漫接触人群在单机游戏上没有花费，而进行消费的多数集中在 50 元以下。

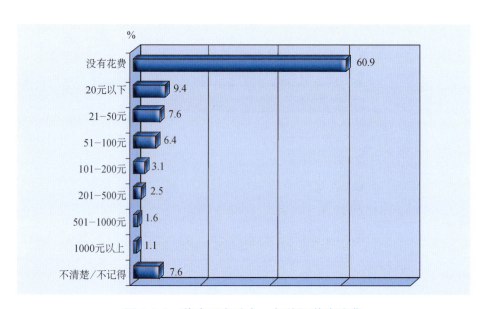

图 5-2-3　游戏玩家过去一年单机游戏消费

如表 5-2-3 所示，从不同的人口背景特征分析，男性花费高于女性、青年人花费高于中老年人，而初高中、大专学历人群的花费高于其他学历人群。

单机游戏的花费状况，也是不同人群对于单机游戏涉入程度的侧面反映。在单机游戏上花费越多，其投入程度也越高。

表 5-2-3　不同人口特征游戏玩家过去一年单机游戏消费

平均花费（元）		平均花费（元）	
女	41.2	小学及以下	39.5
男	49.2	初中	56.4
18—22 周岁	66.5	高中/中专	48.7
23—29 周岁	55.8	大专	45.5
30—39 周岁	21.7	大学本科	30.0

续前表

平均花费（元）		平均花费（元）	
40—49 周岁	12.5	硕士及以上	31.8
50—59 周岁	21.1	农业	40.7
60—70 周岁	17.6	非农	53.9

5.3　我国网络游戏消费市场

5.3.1　受众对网络游戏的题材偏好

　　网络游戏题材与单机游戏大体一致，但网络游戏环境中参与者众多，其竞技性更强，游戏环境更为真实，因此对于网络游戏的题材偏好呈现出与单机游戏不同的特征。我国网络游戏玩家对网络游戏题材的偏好度如图 5-3-1 所示：

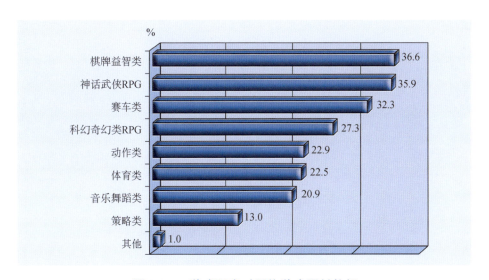

%

题材	百分比
棋牌益智类	36.6
神话武侠RPG	35.9
赛车类	32.3
科幻奇幻类RPG	27.3
动作类	22.9
体育类	22.5
音乐舞蹈类	20.9
策略类	13.0
其他	1.0

图 5-3-1　游戏玩家对网络游戏题材偏好

　　与单机游戏不同，动漫接触人群最为喜爱的网络游戏为棋牌益智类，占 36.6%。在能够实现多人联网游戏的网络游戏环境下，适于多人合作竞技而进行的棋牌益智类具有独特优势。神话武侠 RPG 则位居第二，35.9% 的人群对其表示喜爱。总体而言，无论是网络游戏或单机游戏，棋牌益智类、神话武侠 RPG、科幻奇幻 RPG 及赛车类都受到了普遍的喜爱。

如表 5-3-1 所示，从人口背景特征看，在各种网络游戏题材中，体育类、策略类、神话武侠类更受男性喜爱；而音乐舞蹈、棋牌益智类休闲游戏更为女性喜爱。动作类、音乐舞蹈类在 18—29 岁年龄段人群中的喜爱度更高；而其他题材的游戏在不同年龄段上没有明显差别。从学历而言，策略类网络游戏由于对逻辑能力、综合分析能力要求较高，高中以上学历的人群对其偏好度明显高于初中及以下学历的人群。策略类和棋牌益智类游戏在城镇人口中的喜爱程度也高于农业人口。

少数民族地区人口在音乐舞蹈类、策略类题材的网络游戏上偏好倾向明显；非少数民族地区人口在赛车类、体育类题材的网络游戏上偏好倾向明显。

表 5-3-1　不同人口特征游戏玩家网络游戏题材偏好度（％）

		神话武侠 RPG	科幻奇幻 RPG	音乐舞蹈类	赛车类	体育类
性别	女	22.3	26.3	46.2	23.3	21.0
	男	77.7	73.7	53.8	76.7	79.0
性别	18—22 周岁	38.5	35.0	43.4	35.8	37.5
	23—29 周岁	33.0	35.8	34.5	30.5	27.4
	30—39 周岁	18.2	19.5	11.3	21.6	23.3
	40—49 周岁	6.8	6.7	9.0	9.9	8.4
	50—59 周岁	3.3	2.7	1.8	2.1	2.9
	60—70 周岁	0.2	0.3	0.1	0.1	0.5
学历	小学及以下	2.1	1.3	2.2	0.7	0.4
	初中	23.9	24.1	26.9	22.5	21.6
	高中/中专	41.0	34.7	37.6	38.8	37.1
	大专	19.8	24.2	21.8	23.7	24.0

续前表

		神话武侠 RPG	科幻奇幻 RPG	音乐舞蹈类	赛车类	体育类
学历	大学本科	12.9	15.5	11.3	14.0	16.8
	硕士及以上	0.4	0.3	0.1	0.3	—
户口	农业人口	51.6	45.2	53.2	49.0	45.3
	城镇人口	48.4	54.8	46.8	51.0	54.7
民族	少数民族地区	12.4	9.5	19.3	8.7	8.6
	非少数民族地区	87.6	90.5	80.7	91.3	91.4
职业身份	工人/商业服务业人员	14.1	17.4	19.8	17.4	16.8
	企业领导/管理人员	4.6	4.8	1.5	3.5	4.0
	农民/农民工	11.9	12.6	10.3	9.4	12.7
	机关/事业单位干部	8.3	5.9	2.7	8.0	6.0
	一般职员/文员/秘书	8.2	13.2	12.9	9.6	10.9
	公检法/军人/武警	2.2	0.5	2.2	0.4	0.3
	专业技术人员/教师/医生	10.8	8.2	9.1	8.4	7.0
	私营/个体劳动者	11.2	9.5	9.6	11.0	12.1
	学生	18.4	19.1	17.8	19.8	19.7
	离退休人员	0.2	0.5	0.7	0.1	0.8
	无业/失业人员	7.0	4.6	10.1	7.6	5.3

		棋牌益智类	策略类	动作类	其他	合计
性别	女	38.1	22.6	16.5	29.1	30.9
	男	61.9	77.4	83.5	70.9	69.1
性别	18—22 周岁	27.1	35.8	43.1	12.7	34.5
	23—29 周岁	32.9	37.2	35.8	46.8	32.2
	30—39 周岁	24.4	16.5	15.1	40.5	20.5
	40—49 周岁	11.1	7.5	4.8	—	9.3
	50—59 周岁	3.9	2.6	1.1		3.1
	60—70 周岁	0.7	0.4	0.1		0.4
学历	小学及以下	0.9	0.1	1.6	—	1.3
	初中	22.8	11.9	26.6	7.7	25.4

续前表

		棋牌益智类	策略类	动作类	其他	合计
学历	高中/中专	41.5	44.3	38.2	19.2	38.9
	大专	21.4	27.8	22.9	15.4	21.3
户口	农业人口	40.8	37.7	44.1	54.4	48.1
	城镇人口	59.2	62.3	55.9	45.6	51.9
民族	少数民族地区	9.3	21.5	10.6	7.3	12.3
	非少数民族地区	90.7	78.5	89.4	92.7	87.7
职业身份	工人/商业服务业人员	14.8	16.5	16.1	2.5	15.2
	企业领导/管理人员	5.8	3.5	3.9	1.3	4.4
	农民/农民工	11.5	5.1	16.5	—	12.0
	机关/事业单位干部	4.0	4.2	1.8	—	6.2
	一般职员/文员/秘书	10.6	12.7	12.3	2.5	10.2
	公检法/军人/武警	0.6	0.5	0.6	—	1.0
	专业技术人员/教师/医生	9.9	12.1	7.9	0.6	9.0
	私营/个体劳动者	15.7	9.1	8.8	0.4	12.6
	学生	11.2	21.6	17.6	0.6	16.0
	离退休人员	2.1	0.9	0.1	—	1.1
	无业/失业人员	8.8	10.2	11.0	0.1	7.7

5.3.2 网络游戏的黏度

网络游戏玩家平均每天花在网络游戏上的时间如图 5-3-2 所示。动漫接触人群花费在网络游戏上的平均时间明显长于单机游戏，为 1.64 小时。

如表 5-3-2 所示，男性平均每天在网络游戏上花费的时间明显长于女性。较之单机游戏花费的时间，男性更倾向于在网络游戏上花费时间。随着年龄增长，动漫接触人群在网络游戏上花费的时间逐渐缩短。不同学历人群中，处于小学及以下、硕士及以上这两端的人群表现出明显的热情。

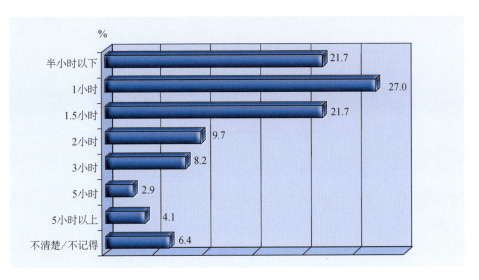

图 5-3-2　游戏玩家网络游戏平均每天花费时间

表 5-3-2　不同人口特征游戏玩家网络游戏平均每天花费时间

平均每天花费时间（小时）		平均每天花费时间（小时）	
女	1.46	小学及以下	2.84
男	1.72	初中	1.44
18—22 周岁	1.74	高中/中专	1.63
23—29 周岁	1.69	大专	1.77
30—39 周岁	1.52	大学本科	1.72
40—49 周岁	1.42	硕士及以上	1.91
50—59 周岁	1.54	农业人口	1.55
60—70 周岁	1.37	城镇人口	1.73

5.3.3　网络游戏的消费状况

　　网络游戏的消费状况是动漫接触人群对网络游戏投入程度的直接反映。从数量上看，动漫接触人群 2007 年网络游戏的平均花费为 155.4 元，远超在单机游戏上的花费。仅有 35.0％表示在网络游戏上没有花费，这也反映出网络游戏对时间、金钱成本的要求。

如表 5-3-3 所示，与网络游戏的时间花费相一致，男性在网络游戏上的消费金额高于女性；18—29 周岁年龄段高于 30 周岁以上年龄段；小学及以下、硕士及以上人群的消费金额高于其他学历人群。

综上所述，单机游戏和网络游戏在题材喜好上没有显著差别，棋牌益智类、神话武侠 RPG、科幻奇幻 RPG 及赛车类题材都受到了普遍喜爱。就时间花费而言，网络游戏在不同人口背景的人群中花费都略长于单机游戏；在金钱花费上，网络游戏则明显高于单机游戏。人们在网络游戏上长时间、高成本的花费显示出动漫接触人群对网络游戏的喜爱和兴趣，而单机游戏也以其花费小、进入门槛低占据了自己的位置。

表 5-3-3　不同人口特征游戏玩家网络游戏过去一年平均花费

平均花费（元）		平均花费（元）	
女	136.6	小学及以下	256.5
男	163.2	初中	149.4
18—22 周岁	145.9	高中/中专	174.9
23—29 周岁	175.7	大专	138.1
30—39 周岁	142.7	大学本科	120.9
40—49 周岁	153.3	硕士及以上	219.5
50—59 周岁	135.9	农业人口	151.4
60—70 周岁	87.1	城镇人口	157.8

第六章
我国国民数字出版产品阅读与购买倾向

在互联网快速发展的媒介环境下，通过数字存储和传播技术来进行字、图、音、画的复制和传播成为出版行业发展的重要趋势。数字出版具有低成本、传播快、多媒介、交互性好等优点。

数字出版是国家近年来大力支持的文化产业方向。《国家"十一五"时期文化发展规划纲要》中明确提出：推动产业结构调整和升级，加快从主要依赖传统纸介质出版物向多种介质形态出版物共存的现代出版产业转变，积极发展以数字化生产、网络化传播为主要特征的数字内容产业。

本次调查也将数字出版作为一个重要的视角，力求通过对数字出版市场现状和趋势的分析，为出版业提供数据支持和决策依据。

广义上来说，数字出版的定义是：只要使用二进制技术手段对出版的整个环节进行操作，都属于数字出版的范畴，其中包括原创作品的数字化、编辑加工的数字化、印刷复制的数字化、发行销售数字化和阅读消费数字化等。在本研究中，对数字出版主要以出版物为界定，重点探讨电子图书和数字报刊两类数字出版物。网络阅读行为是更广泛意义上的数字阅读，虽然网络阅读的对象不局限于数字出版物，但与数字出版阅读密切相关，我们在本章的最后将讨论这一话题。

6.1 我国国民电子图书阅读与购买倾向

电子图书，也称数字图书，即纸质图书的数字化表现形式，是指以数字代码方式将图、文、声、像等信息存储在磁、光、电介质上，通过计算机或类似设备可复制发行的大众传播体。与传统印刷图书相比，电子图书具有集成性、非线性、交互性、数字化、高密存贮、快速检索、可靠性、体积小、出版周期短、制作简单、修订再版容易、检索能力强、图文声并茂、发行传递快等优势。

本次调查中，我们将电子图书按照阅读方式划分成三种：网络在线阅读，下载到终端设备上阅读（包括计算机、MP3、PDA 等），CD-ROM 读取。

6.1.1 电子图书认知状况

数据显示，在我国图书读者中，知道或听说过电子图书的人群占总体的 47.4%。其中男性对电子图书的认知度比女性要高。城镇人口对电子图书的认知率显著高于农业人口，高出近 18 个百分点。高学历群体、低年龄群体对电子图书的认知度更高。具体数据如表 6-1-1 所示：

表 6-1-1 不同人口特征人群电子图书认知率

人口特征	类别	电子图书认知率（%）
性别	男性	48.6
	女性	45.6
年龄	18—29 周岁	64.4
	30—39 周岁	44.6
	40—49 周岁	35.6
	50—59 周岁	24.6
	60—70 周岁	16.5

续前表

人口特征	类别	电子图书认知率（％）
户口	城镇人口	57.1
	农业人口	39.3
学历	小学及以下	19.3
	初中	28.3
	高中/中专	49.3
	大专	65.7
	大学本科	80.8
	硕士及以上	86.0
总　体		47.4

注：电子图书认知率计算的人口基数为 2007 年读过图书的人口

从不同职业人群上看，学生人群对电子图书的认知度最高，农民或农民工对电子图书的认知度最低。具体数据如表 6-1-2 所示：

表 6-1-2　不同职业人群电子图书认知率

职业身份	电子图书认知率（％）	职业身份	电子图书认知率（％）	职业身份	电子图书认知率（％）
工人/商业服务业人员	49.8	一般职员/文员/秘书	62.1	学生	80.3
企业领导/管理人员	57.5	公检法/军人/武警	76.9	离退休人员	28.6
农民/农民工	27.1	专业技术人员/教师/医生	61.1	无业/失业人员	47.9
机关/事业单位干部	47.2	私营/个体劳动者	46.7		

注：电子图书认知率计算的人口基数为 2007 年读过图书的人口

从区域上看，中部地区人口对电子图书的认知率高于东部、西部人口。大型城市对电子图书的认知率高于中、小型城市。非少数民族地区人口对电子图书的认知率高于少数民族地区。具体数据如表 6-1-3 所示：

表 6-1-3　不同区域人群电子图书认知率

区域	电子图书认知率（%）	城市类型	电子图书认知率（%）	民族	电子图书认知率（%）
东部	47.9	大型城市	53.6	少数民族地区	46.7
中部	49.5	中型城市	43.5	非少数民族地区	47.5
西部	43.5	小型城市	45.8		

注：电子图书认知率计算的人口基数为 2007 年读过图书的人口

6.1.2　电子图书阅读状况

　　数据显示，在 2007 年阅读过图书的人群中，19.3％的人口阅读过电子图书。其中男性为 21.4％，显著高于女性（16.3％）。城镇人口中电子图书阅读率为 24.8％，远远高于农业人口的 14.7％。电子图书阅读率在高学历人群和低学历人群的差距相当惊人。硕士及以上学历人群中电子图书阅读率高达 64.8％，而小学及以下学历人群仅为 1.0％。低年龄群体的电子图书阅读率也显著高于高年龄群体。具体数据如表 6-1-4 所示：

表 6-1-4　不同人口特征人群电子图书阅读率

人口特征	类别	电子图书阅读率（%）
性别	男性	21.4
	女性	16.3
年龄	18—29 岁	32.9
	30—39 岁	13.7
	40—49 岁	9.7
	50—59 岁	6.0
	60—70 岁	2.0
户口类型	城镇人口	24.8
	农业人口	14.7

续前表

人口特征	类别	电子图书阅读率（%）
学历	小学及以下	1.0
	初中	7.8
	高中/中专	16.9
	大专	31.2
	大学本科	49.7
	硕士及以上	64.8
总　体		19.3

注：电子图书阅读率计算的人口基数为 2007 年读过图书的人口

　　从不同职业人群上看，学生人群对电子图书的阅读率最高，农民/农民工对电子图书的阅读率最低。具体数据如表 6-1-5 所示：

表 6-1-5　不同职业人群电子图书阅读率

职业身份	电子图书阅读率（%）	职业身份	电子图书阅读率（%）	职业身份	电子图书认知率（%）
工人/商业服务业人员	19.4	一般职员/文员/秘书	28.7	学生	40.9
企业领导/管理人员	22.8	公检法/军人/武警	39.6	离退休人员	4.9
农民/农民工	5.3	专业技术人员/教师/医生	34.4	无业/失业人员	20.3
机关/事业单位干部	26.5	私营/个体劳动者	12.7		

　　从区域上看，东部地区人口和大型城市人口中电子图书的阅读率较高。非少数民族地区人口电子图书阅读率显著高于少数民族地区。具体数据如表 6-1-6 所示：

表 6-1-6　不同区域人群电子图书阅读率

区域	电子图书阅读率（％）	城市类型	电子图书阅读率（％）	民族	电子图书阅读率（％）
东部	20.4	大型城市	20.8	少数民族地区	16.1
中部	19.6	中型城市	17.4	非少数民族地区	19.8
西部	16.6	小型城市	20.0		

注：电子图书阅读率计算的人口基数为2007年读过图书的人口

在阅读过电子图书的人中，阅读最多的类型是小说，占74.1％；其次是专业书籍，占36.0％；第三是工具书，占22.7％。具体数据如图6-1-1所示：

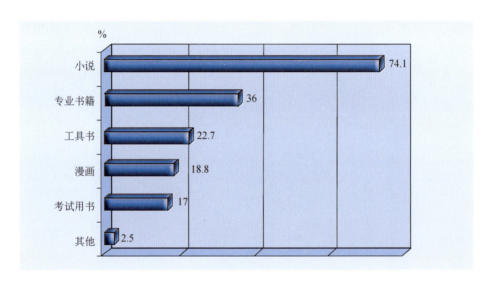

图 6-1-1　我国国民电子图书阅读类型

对于阅读电子书的原因，选择比例最高的是"获取便利"，占66.2％；其次是"收费少甚至不付费"，选择比例为38.4％；排在第三位的是"方便信息检索"，占33.8％。具体数据如图6-1-2所示：

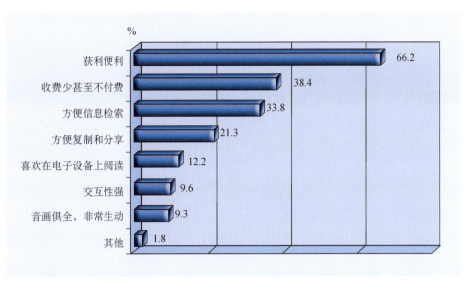

图 6-1-2　我国国民阅读电子图书的原因

6.1.3　电子图书市场状况

在电子图书的三种获取方式中，网络在线阅读是最普遍的阅读方式，选择比例高达 79.7%；其次为下载阅读，为 49.6%；再次是以光盘（CD-ROM）读取，为 7.3%。具体数据如表 6-1-7 所示：

表 6-1-7　不同电子图书阅读方式阅读状况及受众特征

	网络在线阅读	下载阅读	光盘（CD-ROM）读取
选择比例（%）	79.7	49.6	7.3
每周接触互联网时间（小时）	11.9	12.0	11.1
平均学历	3.7	3.9	4.1
平均年龄（周岁）	27.5	26.9	30.6
家庭月收入（元）	2933	3278	4125
农业人口比例（%）	42.2	39.0	30.0

这三种不同阅读方式的人群在人口统计变量上存在一些差异。主要通过光盘读取的方式来阅读电子书的人群具有高学历、年龄较大、高收入等特征。一方面，他们年龄较大，对互联网接触率较低；另一方面，他们学历和收入较高，对电子阅读有较高的认知和

需求。以上原因使他们通过光盘读取的方式来阅读电子书的倾向性较强。

同样是通过网络，下载到终端阅读和网络在线阅读的人群也存在明显差异。网络在线阅读人群平均学历较低，收入较低，农业人口的比例较多；而下载到终端设备阅读的人群的学历和收入都较高。可能的原因是，低收入和农业人口较少地拥有自己的阅读终端设备，例如计算机、PDA 等，他们接触互联网的主要地点可能在网吧，因而在线阅读的比例较高。

对于以上几种电子图书的阅读方式，2007 年付费人群的比例及推及的市场规模如表 6-1-8 所示：

表 6-1-8　不同电子图书阅读方式市场规模

电子阅读方式	付费率（%）	市场规模（万元）
网络在线阅读	23.7	24246[①]
下载阅读	28.2	8612
光盘（CD-ROM）读取	60.2	2659

从上表可以看到，虽然光盘（CD-ROM）读取这种阅读方式的用户规模较低，但付费率非常高。我们将通过以上几种方式阅读电子图书的付费金额进行加总，得到 2007 年购买电子图书的总花费。通过对不同职业人口间电子图书总花费的均值比较，结果如表 6-1-9 所示：

表 6-1-9　不同职业人群电子图书花费

职业	购买电子图书总花费（元）
机关/事业单位干部	16.3
学生	15.1
企业领导/管理人员	14.6

---

① 关于付费在线阅读的市场规模，目前没有权威机构发布的数据可供比对。但根据起点中文网对外公布的数据来推算，仅起点一家付费阅读的年收入就在 1.4 亿左右。

职业	购买电子图书总花费（元）
专业技术人员/教师/医生	12.6
无业/失业人员	10.9
私营/个体劳动者	9.4
农民/农民工	8.9
一般职员/文员/秘书	7.9
离退休人员	7.7
公检法/军人/武警	6.3
工人/商业服务业人员	5.7

可以看到，购买电子图书花费最高的是"机关/事业单位干部"，其次是"学生"和"企业领导/管理人员"。电子图书出版机构在进行市场推广时，可以推出针对这些细分市场的图书内容。例如针对学生的教材教辅类电子图书以及针对领导干部的管理、经济类电子图书。

在问及能接受的电子图书的价格时，41.7%的读者表示不能接受付费下载。具体选择比例如图 6-1-3 所示：

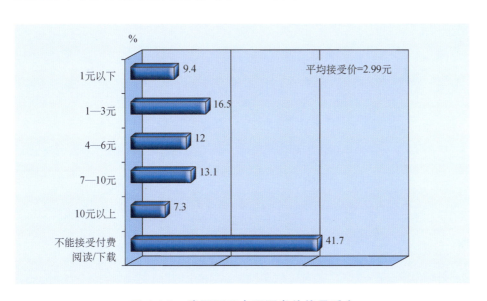

图 6-1-3　我国国民电子图书价格承受力

对以上分段价格进行加权平均，得到平均能接受的一本电子图书的价格在 2.99 元左右。这与上文我们提到的 200 页左右的文学类简装书读者能接受的价格 14.30 元存在很大的差距。

对阅读电子书的类型与能接受的电子书的价格进行均值比较，结果如表 6-1-10 所示：

表 6-1-10　不同内容电子图书价格承受力

阅读电子书类型	能接受电子书价格（元）	阅读电子图书总花费（元）
考试用书	3.69	15.1
工具书	3.62	15.1
专业书籍	3.62	17.0
漫画	3.33	16.0
小说	2.67	10.3

可以看到，阅读考试用书、工具书和专业书籍的读者能接受的价格与实际花费都较高；而阅读小说为主的读者能接受的价格和实际花费都远远低于其他读者。

做阅读电子书原因和能接受电子书价格的均值比较，结果如表 6-1-11 所示：

表 6-1-11　不同阅读原因读者电子图书价格承受力

阅读电子书的原因	能接受的电子书的价格（元）
音画俱全，非常生动	4.49
喜欢在电子设备上阅读	3.90
方便信息检索	3.58
方便复制和分享	2.97
获取便利	2.83
交互性强	2.82
收费少甚至不付费	2.21

可以看到，看重电子图书"音画俱全，非常生动"这一特点的读者对价格的承受力最高，其次是"喜欢在电子设备上阅读"以及认为电子书"方便信息检索"的人。主要看重电子书"收费少甚至不付费"的人，价格承受力最低。这说明，如果能更好地发挥电子图书"音画俱全，非常生动"的特性，在电子图书的制作上强调其多媒介的特点，可以提高消费者对电子图书价值的认知，从而提升消费者对价格的承受力。

6.1.4 电子图书对传统图书出版的影响

数据显示，有 39.9% 的被访者认为阅读电子书对印刷书籍的购买"不会有任何影响"，有 34.9% 的人认为"会减少印刷书籍的购买"，只有 4.4% 的人认为"会增加印刷书籍的购买"。不同人群对此的看法也有差异，其中学生群体中认为会减少印刷书籍购买的比例较低，而认为不变或增加的比例较高。相比农业人口，城镇人口中认为不变或增加的比例较高。具体数据如表 6-1-12 所示：

表 6-1-12　阅读电子图书对购买印刷书籍的影响（%）

阅读电子图书的影响	总体	学生	城镇人口	农业人口
会增加印刷书籍的购买	4.4	5.2	5.5	2.8
会减少印刷书籍的购买	34.9	29.1	31.6	39.7
不会有任何影响	39.9	40.8	45.1	32.6
说不清	20.8	24.8	17.8	24.9

另外，认为"会增加印刷书籍的购买"的人平均年龄更大，学历更高，平时购买和阅读印刷书籍的数量较少；认为"会减少印刷书籍的购买"的人，较年轻，收入较低，是互联网更重度的使用者；而认为"不会有任何影响"的人收入较高，是传统印刷书籍的重度购买者和阅读者。具体数据如表 6-1-13 所示：

表 6-1-13　阅读电子图书对购买印刷书籍不同影响人群的人口特征

	会增加印刷书籍的购买	会减少印刷书籍的购买	不会有任何影响
平均年龄（周岁）	29.6	26.4	28.3
平均学历	4.0	3.7	3.8
个人月收入（元）	1244.5	1183.5	1255.7
每周接触互联网时间（小时）	11.4	12.4	11.3
购书数量（本）	7.0	7.19	9.1
读书数量（本）	20.8	21.5	24.1

■ 6.2　我国国民数字报刊阅读与购买倾向

6.2.1　手机报

手机报是将传统媒介的新闻内容通过无线技术平台发送到彩信手机上，从而在手机上开发发送短信新闻、彩图、动漫和 WAP（上网浏览）等功能。手机报已经成为传统报业继创办网络版、兴办网站之后，跻身电子媒介的又一举措，是报业开发新媒介的一种特殊方式。

本次调查数据显示，在我国报纸读者中，有固定阅读手机报习惯的用户人口规模在 251 万人左右，占报纸总体读者的 0.56％，占人口总体的比例为 0.33％。

表 6-2-1　我国手机报读者规模和阅读率

手机报	
读者规模（万人）	251
占报纸读者比例	0.56％
占人口整体比例	0.33％

在不同人群中，手机报阅读率有所差异，男性阅读手机报的比例略高于女性。城镇人口中手机报阅读率高于农业人口。在高学历和低年龄群体中手机报的阅读率较高。具体数据如表6-2-2所示：

表6-2-2　不同人口特征人群手机报阅读率

人口特征	类别	手机报阅读率（%）
性别	男性	0.57
	女性	0.56
年龄	18—29周岁	1.37
	30—39周岁	0.43
	40—49周岁	0.19
	50—59周岁	0.03
	60—70周岁	0.00
户口	城镇人口	0.61
	农业人口	0.53
学历	小学及以下	0.00
	初中	0.05
	高中/中专	0.48
	大专	1.29
	大学本科	3.32
	硕士及以上	3.09

注：手机报阅读率＝有固定手机报阅读习惯的人群占过去一年（2007年）阅读过报纸的人口比例

在不同职业人群中，"公检法/军人/武警"职业人群手机报的阅读率最高。具体数据如表6-2-3所示：

表6-2-3　不同职业人群手机报阅读率

职业	手机报阅读率（%）	职业	手机报阅读率（%）
工人/商业服务业人员	0.81	专业技术人员/教师/医生	1.25
企业领导/管理人员	0.98	私营/个体劳动者	0.28
农民/农民工	0.06	学生	2.62

续前表

职业	手机报阅读率（%）	职业	手机报阅读率（%）
机关/事业单位干部	0.26	离退休人员	0.00
一般职员/文员/秘书	1.10	无业/失业人员	0.51
公检法/军人/武警	3.14		

在东部地区和中型城市，有固定阅读手机报习惯的人口比例较高。少数民族地区人口有固定阅读手机报习惯的比例略高于非少数民族地区人口。具体数据如表 6-2-4 所示：

表 6-2-4　不同区域人群手机报阅读率

地域	手机报阅读率（%）	城市	手机报阅读率（%）	民族	手机报阅读率（%）
东部	0.89	大型城市	0.29	少数民族地区	0.60
中部	0.24	中型城市	0.92	非少数民族地区	0.56
西部	0.34	小型城市	0.54		

注：手机报阅读率＝有固定手机报阅读习惯的人群占过去一年（2007 年）阅读过报纸的人口比例

我国国民过去一年平均自费购买手机报 0.11 份，人均购买金额 0.54 元，购买总金额在 1.6 亿元左右。

表 6-2-5　手机报自费购买金额及市场总量

	自费购买数量（份）	人均金额（元）	总金额（万元）
手机报	0.11	0.54	16251

6.2.2　电子期刊

电子期刊就是将期刊的内容数字化，通过特定的阅读软件在特制的阅读器或电脑、PDA 乃至手机等终端上阅读的媒介形态。

本次调查数据显示，在我国期刊的读者中，有固定阅读电子期刊习惯的人口规模在 227 万人左右，占期刊读者的 0.77％，占调查总体的 0.30％。

表 6-2-6　我国电子期刊读者规模

电子期刊	
读者规模（万人）	227
占期刊读者比例（%）	0.77
占人口整体比例（%）	0.30

数据显示，女性中有固定阅读电子期刊习惯的比例高于男性。高学历和低年龄群体的电子期刊阅读率较高。具体数据如表 6-2-7 所示：

表 6-2-7　不同人口特征人群电子期刊阅读率

人口特征	类别	电子期刊阅读率（%）
性别	男性	0.75
	女性	0.80
年龄	18—29 周岁	1.05
	30—39 周岁	1.16
	40—49 周岁	0.19
	50—59 周岁	0.05
	60—70 周岁	0.00
户口	城镇人口	0.60
	农业人口	0.93
学历	小学及以下	0.11
	初中	0.33
	高中/中专	0.91
	大专	1.02
	大学本科	1.86
	硕士及以上	2.73

注：电子期刊阅读率＝有固定电子期刊阅读习惯的人群占过去一年（2007 年）阅读过期刊的人口比例

从不同职业人群上看，学生的电子期刊阅读率最高，离退休人员电子期刊阅读率最低。具体数据如表 6-2-8 所示：

表 6-2-8　不同职业人群电子期刊阅读率

职业	电子期刊阅读率（%）
工人/商业服务业人员	0.18
企业领导/管理人员	2.62
农民/农民工	0.37
机关/事业单位干部	0.72
一般职员/文员/秘书	0.67
公检法/军人/武警	0.89
专业技术人员/教师/医生	0.64
私营/个体劳动者	1.05
学生	3.02
离退休人员	0.05
无业/失业人员	0.17

在东部地区和中型城市，有固定阅读电子期刊习惯的人口比例较高。少数民族地区人口有固定阅读电子期刊习惯的比例高于非少数民族地区人口。

表 6-2-9　不同区域人群电子期刊阅读率

	电子期刊阅读率（%）
东部	1.06
中部	0.47
西部	0.69
大型城市	0.57
中型城市	1.27
小型城市	0.44
少数民族地区	1.08
非少数民族地区	0.73

注：电子期刊阅读率＝有固定电子期刊阅读习惯的人群占过去一年（2007年）阅读过期刊的人口比例

■ 6.3 我国国民网上阅读状况

6.3.1 我国国民网上从事的活动

本次调查数据显示，我国网民上网从事的活动中，比例最高的是"网上聊天/交友"，占 61.1％；其次是"阅读新闻"，占 52.5％；第三位的是"查询各类信息"，占 50.7％。具体数据如表 6-3-1 所示：

表 6-3-1　我国网民网上从事活动比例（％）

上网从事活动	选择比例	上网从事活动	选择比例
网上聊天/交友	61.1	制作/维护个人主页/博客	9.1
阅读新闻	52.5	网上购物/商务服务	5.5
查询各类信息	50.7	参与在线教育或培训	3.6
网络游戏	45.1	上网求职	3.4
收听/收看/下载歌曲和电影	39.6	网络电话	2.1
收发 E-mail	27.2	发送手机短信（SMS）	1.8
阅读网络书籍、报刊	19.1	其他	1.1
软件上传或下载	18.2		

表 6-3-2 为 2003—2007 年网上活动内容的变化情况。从表中我们可以看到，网民中从事"网上聊天/交友"、"阅读新闻"、"查询各类信息"、"网络游戏"、"收发 E-mail"这几项活动的比例逐年递增。

表 6-3-2　我国网民网上从事活动比例历年变化趋势（％）

上网从事活动	2003 年	2005 年	2007 年
网上聊天/交友	2.2	42.1	61.1
阅读新闻	11.0	37.0	52.5
查询各类信息	6.3	32.4	50.7
网络游戏	7.8	35.5	45.1
收发 E-mail	6.5	20.7	27.2

表 6-3-3 是按性别划分 2007 年男女网民的网上活动情况。可以看到，女性网民"网上聊天/交友"、"查询各类信息"、"收听/收看/下载歌曲和电影"的倾向性更高；而男性网民"阅读新闻"、"网络游戏"、"制作/维护个人主页/博客"的倾向性更高。

表 6-3-3　不同性别网民网上从事活动比例（%）

网上活动内容	男性网民	女性网民
网上聊天/交友	59.0	64.1
阅读新闻	54.6	49.4
网络游戏	51.7	35.7
查询各类信息	48.9	53.3
收听/收看/下载歌曲和电影	38.6	41.0
收发 Email	26.7	27.9
阅读网络书籍、报刊	19.2	18.8
软件上传或下载	18.3	18.2
制作/维护个人主页/博客	10.1	7.6
网上购物/商务服务	5.3	5.8
参与在线教育或培训	3.2	4.3
上网求职	2.6	4.5
网络电话	2.5	1.7
发送手机短信（SMS）	2.0	1.6
其他	1.0	1.2

表 6-3-4 是按年龄划分的不同网民的网上活动情况。可以看到，高年龄网民在网上"阅读新闻"、"查询各类信息"的倾向性更加显著；而年轻网民的网上活动则更为多样化。

表 6-3-4　不同年龄段网民网上从事活动比例（%）

网上活动内容	18—29周岁	30—39周岁	40—49周岁	50—59周岁	60—70周岁
收发 E-mail	29.0	26.7	23.8	16.6	15.5
阅读新闻	47.2	60.1	60.7	59.8	76.9
查询各类信息	48.7	53.7	54.8	52.0	49.1

网上活动内容	18—29周岁	30—39周岁	40—49周岁	50—59周岁	60—70周岁
阅读网络书籍、报刊	19.5	19.1	19.3	13.1	15.5
网上聊天/交友	73.3	48.8	36.0	26.0	35.3
网络游戏	49.0	39.6	39.4	37.4	31.9
参与在线教育或培训	3.0	5.3	4.7	2.3	0.3
发送手机短信（SMS）	2.1	1.8	0.9	0.6	0.5
软件上传或下载	20.6	16.8	13.2	7.7	10.0
网上购物/商务服务	5.2	5.6	5.5	10.0	2.5
网络电话	2.3	2.0	1.3	3.0	0.3
上网求职	4.2	2.6	1.4	1.2	—
制作/维护个人主页/博客	9.8	8.5	6.9	9.1	4.9
收听/收看/下载歌曲和电影	42.1	39.2	33.8	27.2	8.6
其他	0.3	1.7	1.9	6.6	3.1

6.3.2 我国国民网上阅读行为

在上一节中我们讨论了电子图书和数字报刊两种数字出版形式。在互联网飞速发展的今天，网上阅读也不仅仅局限于电子图书和数字报刊，而是渗入到互联网的各种功能中。我们经常会用"浏览"这个词来特指在互联网上的阅读行为，浏览邮件、浏览新闻、浏览帖子……这些都是与阅读有关的行为。正如我们在上文中讨论到的，互联网的发展对阅读观念不仅没有消极影响可能还有所帮助。在网民群体中，虽然传统纸质媒介的阅读行为有所降低，但包括网上阅读在内的综合阅读行为却没有下降的趋势。本节中我们将讨论网民上网从事的活动中与阅读有关的行为。

我们可以将以上网上活动划分为与阅读有关和与阅读无关两种行为，具体划分如下表 6-3-5 所示：

表 6-3-5　网上阅读/非阅读行为划分

非阅读行为	阅读行为
网上聊天/交友	阅读新闻
网络游戏	查询各类信息
收听/收看/下载歌曲和电影	收发 E-mail
软件上传或下载	阅读网络书籍、报刊
网上购物/商务服务	制作/维护个人主页/博客
上网求职	参与在线教育或培训
网络电话	
发送手机短信（SMS）	

　　数据显示，在网上主要从事与阅读有关行为的人占全体网民的81.2%。其中女性中在网上主要从事与阅读有关行为的比例略高于男性，城镇人口高于农业人口。在高学历和高年龄的人中这个比例较高。具体数据如表 6-3-6 所示：

表 6-3-6　不同人口特征网民网上阅读率

人口特征	类别	网上阅读率（%）
性别	男性	80.8
	女性	81.7
年龄	18—29 周岁	77.9
	30—39 周岁	85.8
	40—49 周岁	87.2
	50—59 周岁	83.8
	60—70 周岁	92.7
户口类型	城镇人口	87.8
	农业人口	72.8

续前表

人口特征	类别	网上阅读率（%）
学历	小学及以下	58.1
	初中	71.6
	高中/中专	77.5
	大专	87.6
	大学本科	94.0
	硕士及以上	100.0
总 体		81.2

注：网上阅读率＝在网上主要从事与阅读有关行为的人占网民的比例

如表 6-3-7 所示，在东部区域人口和大型城市人口中，网上阅读率较高。在不同职业的人群中，"机关/事业单位干部"、"专业技术人员/教师/医生"的网上阅读率较高；"农民/农民工"群体的网上阅读率较低。少数民族地区人口的网上阅读率显著低于非少数民族地区人口的网上阅读率。

值得注意的是，学生群体的网上阅读率低于总体水平。我们应该注意对学生群体进行媒介素养的教育，引导学生群体更有效地使用互联网。

表 6-3-7　不同区域/职业网民网上阅读率

	类别	网上阅读率（%）
城市类型	大型城市	84.5
	中型城市	81.1
	小型城市	77.9
地区分布	东部	83.9
	中部	79.8
	西部	74.8
民族区域	少数民族地区	72.2
	非少数民族地区	82.3

续前表

类别		网上阅读率（%）
职业类型	工人/商业服务业人员	82.0
	企业领导/管理人员	88.4
	农民/农民工	57.5
	机关/事业单位干部	92.5
	一般职员/文员/秘书	89.5
	公检法/军人/武警	76.1
	专业技术人员/教师/医生	90.9
	私营/个体劳动者	78.0
	学生	77.8
	离退休人员	85.5
	无业/失业人员	73.6

注：网上阅读率＝在网上主要从事与阅读有关行为的人占网民的比例

第七章
我国国民版权认知状况

■7.1 我国国民版权观念

随着我国经济的持续发展，市场化程度的加深，出版文化行业也蓬勃发展起来，随之而来，"版权"概念及其引发的一系列问题也进入公众视野。树立正确的版权观念，维护著作权人的合法权益不受侵害、建立公平有序的文化产业市场，对版权产品的著作权人、出版者和消费者都具有积极意义。在2005年的研究中，我们首次将"国民版权知识基本状况"部分纳入调查，本次研究继续沿用这一部分。

7.1.1 对版权的认知度

在本次调查中，我们将在题目"是否听说过版权这回事"中选择"听说过"这一答案的比例定义为"版权认知度"。结果显示，71.3％的国民表示"听说过"版权这回事，仅有28.7％的国民表示"没听说过"。与2005年60.6％的国民认知率相比，国民对于版权概念的认知在2007年有大幅度提高。

7.1.1.1　不同区域人群对版权的认知度比较

从东/中/西部区域分布看，各个区域人口之间版权认知度具有一定差异，东部地区79.8％的国民"听说过"版权概念，高于中部和西部地区。从城市规模来看，大型城市的版权认知度达到78.7％，中型城市为71.8％，小型城市达65.3％，呈现出城市规模越大版权认知度越高的趋势。而从城、乡分布来看，城镇人口对于版权的认知度明显高于农村，87.2％的城镇人口表示"听说过"版权概念。非少数民族地区人口对版权的认知度显著高于少数民族地区。

总体而言，不同区域的国民对于版权概念的认知存在差异，经济越发达、城市规模越大的地区的人们的版权认知度越高。

表 7-1-1　不同区域人群版权认知度（％）

		听说过	没听说过
地域	东部	79.8	20.2
	中部	65.8	34.2
	西部	64.4	35.6
城市	大型城市	78.7	21.3
	中型城市	71.8	28.2
	小型城市	65.3	34.7
户口	农业人口	62.7	37.3
	城镇人口	87.2	12.8
民族	少数民族地区	65.0	35.0
	非少数民族地区	72.3	27.7

7.1.1.2　不同人口特征人群对版权的认知度比较

表 7-1-2　不同人口特征人群版权认知度（％）

		听说过	没听说过
性别	女	66.7	33.3
	男	75.5	24.5

续前表

		听说过	没听说过
年龄	18—29周岁	81.8	18.2
	30—39周岁	77.3	22.7
	40—49周岁	67.5	32.5
	50—59周岁	60.5	39.5
	60—70周岁	50.4	49.6
学历	小学及以下	38.5	61.5
	初中	67.4	32.6
	高中/中专	86.7	13.3
	大专	96.2	3.8
	大学本科	96.6	3.4
	硕士及以上	96.6	3.4
个人月收入	无收入	67.1	32.9
	500元以下	51.2	48.8
	501—1000元	72.2	27.8
	1001—1500元	82.1	17.9
	1501—2000元	90.7	9.3
	2001—3000元	89.3	10.7
	3001—4000元	96.7	3.3
	4001—5000元	96.1	3.9
	5001—6000元	94.2	5.8
	6001—7000元	94.1	5.9
	7001—8000元	90.5	9.5
	8000元以上	96.3	3.7
职业身份	工人/商业服务业人员	84.9	15.1
	企业领导/管理人员	92.4	7.6
	农民/农民工	54.2	45.8
	机关/事业单位干部	91.7	8.4

		听说过	没听说过
职业身份	一般职员/文员/秘书	91.6	8.4
	公检法/军人/武警	95.9	4.1
	专业技术人员/教师/医生	88.6	11.5
	私营/个体劳动者	80.1	19.9
	学生	95.5	4.6
	离退休人员	77.2	22.8
	无业及失业人员	69.4	30.6

国民的版权认知度因人口背景特征的不同也呈现出不同特点，男性高于女性、中青年人高于老年人、高学历人群高于较低学历人群。

具体来看，男性的版权认知度有 75.5%，高于女性的 66.7%；虽然随着年龄的升高，版权认知度逐渐降低，但 60—70 周岁人群仍然有超过 50% 的版权认知度；从学历特征看，学历程度在小学及以下人口中，版权认知仅有 38.5%，而初中以上学历程度的国民，其版权认知度均达到了 60% 以上，并随着学历的升高而升高，大专以上学历的国民，版权认知度均达到 96% 以上。

7.1.1.3 各城市被调查者对版权认知情况

表 7-1-3 为各城市被访者版权认知情况：

表 7-1-3 各城市人口版权认知度

城市	百分比	城市	百分比	城市	百分比
北京	92.9	广州	86.8	荆门	74.6
天津	74.1	中山	92.9	邵阳	53.3
邯郸	76.0	揭阳	80.2	益阳	54.1
廊坊	78.1	临汾	68.5	玉林	46.0
沈阳	78.9	忻州	59.5	重庆	62.9
抚顺	70.7	呼和浩特	48.1	成都	71.6

续前表

城市	百分比	城市	百分比	城市	百分比
阜新	64.6	通辽	73.9	资阳	68.4
上海	94.8	松原	68.2	攀枝花	51.2
南京	79.6	齐齐哈尔	66.2	遵义	41.7
徐州	78.5	牡丹江	79.4	昆明	76.2
南通	63.2	亳州	65.5	曲靖	64.5
杭州	80.4	马鞍山	67.4	商洛	58.1
湖州	93.9	宜春	38.6	西安	73.7
金华	86.3	吉安	57.6	兰州	74.5
泉州	78.4	郑州	68.5	天水	86.4
漳州	87.3	开封	46.3	银川	69.7
济南	82.7	新乡	66.3	西宁	59.8
临沂	68.2	武汉	90.1	乌鲁木齐	87.2
德州	60.2	荆州	91.1		

7.1.2　版权知识普及情况

7.1.2.1　版权涉及范围认知度

从版权涉及的范围看，国民认知的版权作品类型中，64％以上的国民认为文字作品、书报刊和音像制品属于版权作品，认知度最高；影视作品的国民版权认知度也达到47.2％；软件、设计图、美术摄影作品等也有20％以上的国民认为属于版权作品。仅有10.7％的人口认为口述作品属于版权作品。另外，也分别有39.8％和21.2％的国民将"专利、商标、发明等"和"工商产品"这类与版权作品同属于知识产权保护范围的产品形式误选为是版权作品。

表 7-1-4　我国国民认知的版权作品范围（%）

您认为版权作品都包括哪几类			
文字作品、书、报、刊等	64.7	美术作品、摄影作品	27.5
音像制品	64.4	音乐戏剧作品	22.8
影视作品	47.2	工商产品	21.2
专利、商标、发明等	39.8	网络作品	19.9
软件	30.2	口述作品	10.7
设计图	28.7	其他	9.8

可见我国国民对于文字、音像、影视作品这类普遍接触的艺术形式的版权内涵较为了解，而对"口述作品"等形式则了解不深。另外，国民对于"版权"和"知识产权"这两个概念之间的区别尚不明晰。

7.1.2.2　版权管理机构认知度

我国国民认为版权受到侵害时可以寻求帮助的机构，选择比例如图 7-1-1 所示：

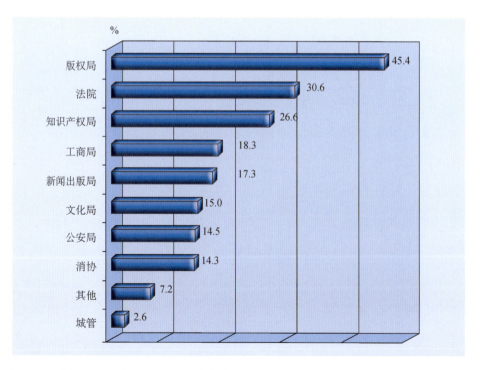

图 7-1-1　我国国民认为在版权受到侵害时可以寻求帮助的机构

对于版权受到侵害时应该去寻求帮助的管理机构，国民对版权局、法院和知识产权局的认知度最高，分别是 45.4％、30.6％和 26.6％，也有 17.3％的国民认为，应该向新闻出版局寻求帮助。仅有 2.6％国民认为，在版权受到侵害时应该向城管部门寻求帮助，对消费者协会、公安局的认知度也均不高。数据显示，消费者对于版权管理机构的认知度较好。

比较 2005 年和 2007 年人群对于版权管理机构的认识，可以看到，对于"法院"、"工商局"的认知有所提高，但是对于"版权局"、"知识产权局"、"新闻出版局"、"文化局"、"公安局"的认知都有所降低（见表 7-1-5）。

表 7-1-5　我国国民认为在版权受到侵害时可以寻求
帮助的机构历年变化趋势（％）

	2005 年	2007 年
版权局	47.8	45.4
法院	27.7	30.6
知识产权局	40.1	26.6
工商局	16.0	18.3
新闻出版局	20.0	17.3
文化局	23.8	15.0
公安局	15.5	14.5
消协	17.3	14.3
城管	0.6	2.6

7.1.2.3　版权罚责认知度

在回答"您认为侵犯版权应该受到什么处罚"这一问题时，仅有 1.7％的国民认为侵犯版权"不应受到处罚"，意味着绝大部分国民均认为侵犯版权应该受到相应处罚。具体而言，69.0％的国民认为应该"没收非法所得并罚款"，而 26.5％的国民也表示应该"没

收非法所得"，对于"判刑"这一处罚措施，有 17.8％的国民认同
（见表 7-1-6）。

表 7-1-6　我国国民版权责罚态度（％）

侵犯版权应该受到的处罚	
没收非法所得	26.5
没收非法所得并罚款	69.0
判刑	17.8
不应受到处罚	1.7
其他	5.1

通过对比 2005 年和 2007 年人群对于侵犯版权应受处罚的认知，
可以看到，2007 年被调查者对于盗版的态度较 2005 年宽容。2007
年较 2005 年有更少的被访者认为应该对盗版"没收非法所得并罚
款"、"判刑"；有更多被访者认为盗版"不应受到处罚"。

表 7-1-7　我国国民版权责罚态度历年变化趋势（％）

应受处罚	2005 年	2007 年
没收非法所得	18.6	26.5
没收非法所得并罚款	81.4	69.0
判刑	19.4	17.8
不应受到处罚	0.8	1.7
其他	2.4	5.1

■7.2　我国盗版出版物现状

7.2.1　盗版出版物的购买率及其变化

本次调查结果表明，2007 年我国国民的盗版出版物购买率
为 41.9％，与 2005 年 45.5％的盗版出版物购买率相比，有所

下降。历年调查中我国国民盗版出版物购买率变化趋势如图
7-2-1 所示：

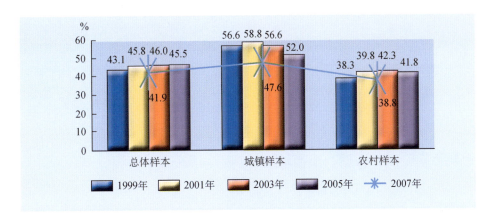

图 7-2-1 我国国民盗版出版物购买率历年变化趋势

从盗版出版物分类来看，音像制品的购买率为最高，76.6％的
盗版购买人群表示购买过音像制品；一般图书的购买率位居第二，
有 36.9％的人群购买过一般图书；而游戏软件和计算机软件的购买
率则维持在 6.1％，购买比例较低（见表 7-2-1）。

表 7-2-1 我国国民不同类型盗版出版物购买率

	购买率（％）
一般图书	36.9
教材教辅	10.6
音像制品	76.6
计算机软件	5.9
游戏软件	6.1
其他	0.5

7.2.1.1 盗版出版物区域市场占有状况比较

从东/中/西部市场划分来看，东部地区的盗版出版物购买率明
显高于中、西部地区。46.8％的东部人群购买过盗版出版物，而中
部和西部地区的盗版出版物购买率均在 38％左右（见表 7-2-2）。

表 7-2-2　东中西部地区人口盗版出版物购买率（%）

	买过	没买过
东部	46.8	53.2
中部	38.4	61.6
西部	38.3	61.7

从城市规模分布来看，大、中、小型城市的盗版出版物购买率分布比较均匀，均在 40%—45% 之间，其中，中型城市的盗版出版物购买率略高于大型、小型城市。

表 7-2-3　大中小型城市人口盗版出版物购买率（%）

	买过	没买过
大型城市	41.1	58.9
中型城市	44.2	55.8
小型城市	40.1	59.9

从城、乡分布看，城镇人口的盗版出版物购买率高于农村人口，分别为 47.6% 和 38.8%（见表 7-2-4）。

表 7-2-4　城乡地区人口盗版出版物购买率（%）

	买过	没买过
农业人口	38.8	61.2
城镇人口	47.6	52.4

从民族区域来看，非少数民族地区人口的盗版出版物购买率高于少数民族地区人口，分别为 42.1% 和 40.3%（见表 7-2-5）。

表 7-2-5　少数民族和非少数民族地区人口盗版出版物购买率（%）

	买过	没买过
少数民族地区	40.3	59.7
非少数民族地区	42.1	57.9

从以上数据来看，经济越发达的区域盗版出版物的购买率越高。这一方面是经济发达地区的文化需求更大，另一方面也可能在

经济相对不发达的地区，人们的版权意识较弱，无法分辨什么是盗版物，即便其购买了盗版出版物也没有意识到自己有这方面的行为。

以下数据可以在一定层面说明这一解释的合理性：

表 7-2-6　盗版出版物认知与盗版出版物购买交叉分析（%）

		您听说过版权这回事吗？	
		听说过	没听说过
您买过盗版出版物吗？	买过	49.7	22.4
	没买过	50.3	77.6

可以看到，在"没有听说过版权这回事"的人群中，声称自己有购买盗版物行为的人远远低于"听说过版权"的人群。

从以上分析可以看到，各区域不同的盗版物购买率数据可以作为该区域盗版物市场占有情况的一个参考，但不能把读者自我报告的盗版物购买情况完全等同于该区域的盗版物实际购买行为。

7.2.1.2　盗版出版物购买人群特征

对比购买盗版者与本次调查研究样本总体的人口特征分布情况看，相对于调查样本总体，购买盗版人群呈现出男性多于女性、青年人多于中老年人、高学历人群多于低学历人群、城镇居民多于农村居民的特点。

表 7-2-7　盗版出版物购买者人口特征分析

		购买盗版者（%）	样本总体（%）
性别	女	42.7	48.7
	男	57.3	51.3
年龄	18—29 周岁	41.8	27.0
	30—39 周岁	28.9	23.7
	40—49 周岁	17.7	21.6
	50—59 周岁	8.2	17.0
	60—70 周岁	3.5	10.7

		购买盗版者（%）	样本总体（%）
学历	小学及以下	7.6	22.4
	初中	37.7	39.5
	高中/中专	31.8	24.6
	大专	14.8	8.9
	大学本科	7.8	4.4
	硕士及以上	0.3	0.2
户口	农业人口	60.1	66.3
	城镇人口	39.9	33.7
民族	少数民族地区	12.7	13.8
	非少数民族地区	87.3	86.2
职业身份	工人/商业服务业人员	51.5	10.1
	企业领导/管理人员	56.8	2.0
	农民/农民工	30.8	43.3
	机关/事业单位干部	58.7	2.3
	一般职员/文员/秘书	56.8	5.6
	公检法/军人/武警	48.3	0.3
	专业技术人员/教师/医生	62.9	4.9
	私营/个体劳动者	45.6	11.6
	学生	71.7	4.7
	离退休人员	22.8	6.5
	无业/失业人员	42.2	6.7

由表 7-2-7 可知，盗版购买者中男性比例为 57.3%，高于总体的 51.3%。而盗版购买者中 18—29 周岁年龄段的比例为 41.8%，明显高于总体的 27.0%，30—39 周岁年龄段购买盗版的比例也高于总体水平，而 40 周岁以上的人群中购买盗版的比例均低于总体水平。值得注意的是，在盗版购买者和调查样本总体的比较中，盗版购买者的学历水平高于总体水平，接受过高中及以上教育的人群购买盗版的可能性更大。从城乡和民族区域来看，非农户口和非少数

民族地区人口购买盗版物的倾向性更高。

跟上节中的情况一样,年轻人、高学历群体的版权认知度更高,其盗版物的购买率也更高。这很可能是由于高年龄、低学历人群版权认知度低,并没有意识到自己购买了盗版物所导致的。

不同类型的盗版出版物的购买人群特征如表 7-2-8 所示:

表 7-2-8　不同类型盗版出版物购买者人口特征分析(%)

		一般图书	教材教辅	音像制品	计算机软件	游戏软件	其他
性别	女	36.2	11.0	78.2	3.9	3.1	0.6
	男	35.7	10.3	75.5	7.3	8.3	0.5
年龄	18—29 周岁	37.7	12.3	76.4	9.1	10.3	0.6
	30—39 周岁	34.1	11.3	78.0	4.1	4.1	0.3
	40—49 周岁	33.7	7.7	77.6	3.5	2.4	0.4
	50—59 周岁	35.5	6.7	74.6	3.2	1.7	1.3
	60—70 周岁	40.5	7.6	67.6	0.5	0.7	0.5
学历	小学及以下	16.2	9.5	85.0	2.1	1.1	0.3
	初中	28.5	5.8	82.8	1.0	1.1	0.5
	高中/中专	41.1	12.0	77.0	4.7	7.2	0.6
	大专	44.2	14.3	66.6	14.2	12.0	0.7
	大学本科	52.4	21.8	56.3	20.5	18.7	0.3
	硕士及以上	53.8	16.1	69.9	44.1	15.1	0.0
户口	农业人口	32.2	9.2	80.9	3.2	3.6	0.3
	城镇人口	41.4	12.7	70.1	9.9	9.8	0.8
民族	少数民族地区	38.6	8.1	83.0	6.3	6.0	0.2
	非少数民族地区	35.5	10.9	75.7	5.8	6.1	0.6
职业身份	工人/商业服务业人员	36.1	8.9	75.9	0.1	6.2	0.1
	企业领导/管理人员	37.9	8.3	67.3	0.1	14.2	1.4
	农民/农民工	23.6	5.9	87.0	0.0	1.7	0.3
	机关/事业单位干部	51.1	9.9	54.5	0.1	9.0	0.2
	一般职员/文员/秘书	37.9	11.6	76.0	0.1	11.3	0.4

		一般图书	教材教辅	音像制品	计算机软件	游戏软件	其他
职业身份	公检法/军人/武警	46.0	11.8	60.8	0.2	15.3	3.1
	专业技术人员/教师/医生	45.9	18.8	66.9	0.1	8.8	0.2
	私营/个体劳动者	35.4	11.8	76.5	0.0	3.5	1.0
	学生	49.5	21.9	64.5	0.2	17.3	0.4
	离退休人员	47.9	7.6	59.4	0.0	1.1	2.3
	无业/失业人员	33.2	11.7	80.0	0.1	5.0	0.9

从不同人口特征的盗版出版物购买偏好来看，"一般图书"的购买者分布较为均匀，其中高中以上学历的人口购买"一般图书"的比例略高；"教材教辅"则在18—39周岁、高中以上学历人群中购买率较高；"音像制品"以小学及以下、初中学历的购买者为多，农业人口的购买比例也高于城镇人口；而"计算机软件"、"游戏软件"的购买率，则是男性多于女性，18—29周岁年龄段多于其他年龄段，大专及以上学历多于较低学历的人群，这也与软件制品的使用要求相关。

少数民族地区人口在购买盗版"一般图书"、"音像制品"、"计算机制品"的倾向性上显著。非少数民族地区人口在购买盗版"教材教辅"的倾向性上显著（见表7-2-8）。

表7-2-9为历年盗版出版物购买者分类出版物购买率。从中我们可以看出，2007年"一般图书"和"教材教辅"的盗版购买率提高了，但是"音像制品"和"计算机软件"的盗版购买率降低了。另外，我们可以看到无论是在城镇还是农村盗版"音像电子"出版物的购买率都一直较高。

表 7-2-9　不同类型盗版出版物购买率历年变化趋势（%）

盗版出版物	总体			城镇人口			农业人口		
	2003 年	2005 年	2007 年	2003 年	2005 年	2007 年	2003 年	2005 年	2007 年
一般图书	33.3	22.1	36.6	38.0	28.6	32.2	31.0	17.6	32.2
教材教辅	13.2	9.5	10.7	14.9	13.4	9.2	12.4	6.8	9.2
音像制品	77.7	83.3	77.6	74.5	75.5	80.9	79.2	88.8	80.9
计算机软件	12.4	10.3	6.0	22.0	16.8	3.2	7.9	5.7	3.2

7.2.2　购买盗版出版物的原因分析

　　"价格便宜"是吸引人们购买盗版出版物的最主要原因，84.2％的盗版购买者表示因为价格原因而购买盗版出版物。而"购买方便"也是人们购买盗版出版物的原因之一，30.4％的盗版购买者出于"购买方便"而选择盗版出版物。也有14.6％的盗版购买者表示"买时不知道是盗版"。另外，"品种丰富"、"内容新颖"和"没有正版可买"也是盗版购买者选择盗版的原因。

　　我国国民购买盗版物的主要原因如图 7-2-2 所示：

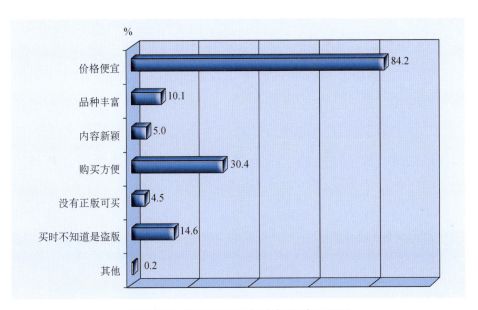

图 7-2-2　我国国民盗版出版物购买原因

表7-2-10为历年来被访者购买盗版出版物原因变化表。相比2005年，2007年读者由于"价格便宜"而选择购买盗版出版物的比例增加。

表 7-2-10 我国国民盗版出版物购买原因历年变化趋势（%）

	1999 年	2001 年	2003 年	2005 年	2007 年
价格便宜	79.0	83.7	85.7	75.8	84.2
品种丰富	21.5	13.2	18.7	15.3	10.1
购买方便	38.7	33.3	44.1	34.7	30.4
没有正版可买	9.5	13.4	6.8	6.6	4.5
买时不知道是盗版	—	—	1.3	26.1	14.6
其他	4.1	4.0	0.9	0.7	0.2

7.2.2.1 不同区域人口的盗版出版物购买原因分析

总体看来，"价格便宜"是不同地域、区划间国民购买盗版出版物的最普遍原因。而大型城市中，价格因素的影响尤为突出，这一定程度上反映了大型城市中盗版出版物与正版出版物价格落差较大，价格因素对购买者的吸引力强。

"购买方便"这一指标从侧面反映出某地区盗版出版物的丰富和方便程度。数据显示，东部、西部地区购买者因为"购买方便"而选择盗版出版物的比例高于中部地区；而中型城市选择盗版出版物的比例高于大型、小型城市，上述地区的盗版出版物打击力度仍需加强。

"买时不知道是盗版"这一原因反映出盗版物购买者对于盗版出版物的辨识能力。中、西部地区、小型城市选择"买时不知道是盗版"这一原因的比例较高。针对这一情况，需要在加大打击盗版力度的同时，加强国民的版权教育，提高他们辨识盗版出版物的能力，防止盗版生产者钻空子、走漏洞，牟取暴利。

表 7-2-11 不同区域人口盗版出版物购买原因（%）

	价格便宜	购买方便	没有正版可买	买时不知道是盗版
东部	81.5	34.1	3.5	10.9
中部	85.8	22.5	6.4	19.4

续前表

	价格便宜	购买方便	没有正版可买	买时不知道是盗版
西部	87.9	34.4	3.8	15.6
大型城市	89.7	25.0	2.2	11.9
中型城市	80.7	35.7	4.8	12.7
小型城市	83.8	28.7	6.1	18.8
农村	83.9	30.5	4.5	15.3
城镇	84.7	30.2	4.6	13.6

7.2.2.2 不同人群盗版出版物购买原因分析

通过表7-2-12可以看出，价格这一在盗版购买行为中最主要的原因，在不同人群中没有明显差异，是不同背景特征的人群选择盗版出版物的最主要原因。

"品种丰富"、"内容新颖"这两个指标反映了盗版出版物的内容特点，虽然选择这两个原因的人群总体比例较低，但仍能得出一些有趣的发现。首先，从年龄分段上看，18—39周岁年龄段的人群认为盗版出版物"品种丰富"的比例明显高于40周岁以上年龄段；其次，高中及以上学历的人群中超过10%的国民认为盗版出版物"品种丰富"，而大学本科、硕士及以上学历的人群中认为盗版出版物"内容新颖"的比例也明显高于其他学历人群。上述结果从侧面反映出盗版出版物在内容上存在一定优势，这也是进一步提高国民版权维护意识、鼓励国民支持正版出版物所必须解决的问题。

表7-2-12 不同人口特征人群盗版出版物购买原因（%）

		价格便宜	品种丰富	内容新颖
性别	女	83.3	10.3	5.2
	男	84.9	9.9	4.9
学历	小学及以下	87.3	7.7	3.9
	初中	82.5	8.4	3.3
	高中/中专	84.0	11.2	6.3

续前表

		价格便宜	品种丰富	内容新颖
学历	大专	86.7	12.3	5.4
	大学本科	85.9	11.7	8.1
	硕士及以上	84.0	11.6	9.5
年龄	18—29 周岁	85.0	10.8	4.7
	30—39 周岁	85.0	11.0	4.9
	40—49 周岁	80.7	7.9	6.1
	50—59 周岁	85.0	9.6	4.4
	60—70 周岁	84.0	5.5	5.5

7.2.3 盗版购买者对盗版危害的认识

从历年来我国国民对于盗版出版物的认知变化来看，认为"盗版对读者和出版者都不利"的比例逐年下降。2001 年，61.8％的国民持此观点，2003 年下降到 53.2％，2005 年为 47.4％，直到 2007 年的调查结果显示，选择"盗版对读者和出版者都不利"的比例达45.2％，为历年最低。

另外，36.8％的国民认为"盗版对读者有利，对出版者不利"，而认为"盗版对读者和出版者都有利"的国民则略有上升，从 2005 年的 5.3％上升至 2007 年的 7.3％（见表 7-2-13）。

表 7-2-13　我国国民对盗版出版物危害的认识（％）

	1999 年	2001 年	2003 年	2005 年	2007 年
盗版对读者和出版者都不利	52.7	61.8	53.2	47.4	45.2
盗版对读者有利，对出版者不利	42.7	44.3	31.4	39.2	36.8
盗版对读者不利，对出版者有利	14.7	13.3	13.4	13.4	10.8
盗版对读者和出版者都有利	10.7	8.9	12.1	5.3	7.3

从盗版出版物购买者的学历背景来看，随着学历水平的升高，国民认为"盗版对读者和出版者都不利"的比例并未出现明显的上升趋势。值得注意的是，大学本科学历的人群选择该选项的比例最低，仅为39.5％，而大学本科学历的人群选择"盗版对读者有利、对出版者不利"这一原因的比例则在不同学历的人群中为最高，48.7％的本科学历人群支持这一观点（见表 7-2-14）。

表 7-2-14　不同学历人群对盗版出版物危害的认识（％）

	盗版对读者和出版者都不利	盗版对读者有利，对出版者不利	盗版对读者不利，对出版者有利	盗版对读者和出版者都有利
小学及以下	47.8	32.9	9.6	9.6
初中	46.1	36.9	10.7	6.3
高中/中专	41.4	43.6	9.2	5.9
大专	46.3	42.2	6.2	5.3
大学本科	39.5	48.7	5.2	6.7
硕士及以上	56.0	34.8	2.8	6.4

从盗版购买者的性别来看，女性中认为"盗版对读者和出版者都不利"的比例较男性高；而男性中同意其他三个选项的比例较女性高（见表 7-2-15）。

表 7-2-15　不同性别人群对盗版出版物危害的认识（％）

	盗版对读者和出版者都不利	盗版对读者有利，对出版者不利	盗版对读者不利，对出版者有利	盗版对读者和出版者都有利
男	43.8	37.9	10.9	7.4
女	46.7	35.5	10.6	7.2

从盗版购买者的户口类型上看，城镇人口对于"盗版对读者有利，对出版者不利"的比例较农业人口高；而农业人口对于其他三个选项的同意比例较城镇人口高（见表 7-2-16）。

表 7-2-16　城乡人口对盗版出版物危害的认识（％）

	盗版对读者和出版者都不利	盗版对读者有利，对出版者不利	盗版对读者不利，对出版者有利	盗版对读者和出版者都有利
农业	45.7	34.2	11.9	8.1
非农	44.1	41.5	8.6	5.9

从盗版购买者的职业身份上看，"农民/农民工"、"离退休人员"、"无业/失业人员"中认为"盗版对读者和出版者都不利"的比例更高；而"企业领导/管理人员"中认为"盗版对读者有利，对出版者不利"的比例更高；"农民/农民工"、"无业/失业人员"中认为"盗版对读者不利，对出版者有利"的比例更高（见表 7-2-17）。

表 7-2-17　不同职业人群对盗版出版物危害的认识（％）

	盗版对读者和出版者都不利	盗版对读者有利，对出版者不利	盗版对读者不利，对出版者有利	盗版对读者和出版者都有利
工人/商业服务业人员	42.4	42.7	8.6	6.3
企业领导/管理人员	38.9	48.3	6.8	6.1
农民/农民工	45.7	32.4	13.8	8.2
机关/事业单位干部	43.1	42.3	7.0	7.7
一般职员/文员/秘书	46.2	44.6	4.5	4.8
公检法/军人/武警	39.8	44.3	7.0	9.0
专业技术人员/教师/医生	46.6	37.6	9.3	6.6
私营/个体劳动者	44.4	35.9	10.0	9.7
学生	43.6	43.4	7.0	6.1
离退休人员	48.9	36.3	9.9	5.0
无业/失业人员	48.2	34.2	11.1	6.5

第八章
我国国民公共文化设施使用状况

■ 8.1 城镇地区公共文化设施

8.1.1 城镇地区公共文化设施普及率

城镇地区公共文化设施有公共图书馆、社区阅览室、报刊栏等阅读设施。本次研究中，我们将公共文化设施普及率定义为居住地（社区/街道）拥有任何一种公共文化设施的人群占本次调查的样本总体的百分比。

在城镇地区，公共文化设施普及率为 65.0%。

城镇地区不同种类公共文化设施普及率如图 8-1-1 所示：

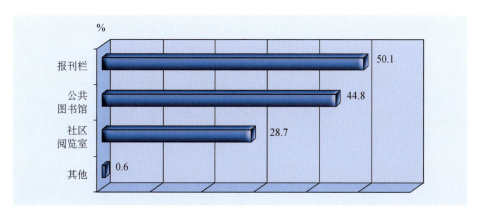

图 8-1-1 城镇地区不同种类公共文化设施普及率

总体而言，报刊栏是普及率最高的公共文化设施，达 50.1%，这与其占地小、设置灵活方便的特点有关。公共图书馆的普及率为 44.8%，而社区阅览室的普及率较报刊栏和公共图书馆普及率低，为 28.7%。

从公共文化设施的地区分布来看，公共图书馆在东、中、西部的普及率均在 45% 左右，分布相对均匀。从城市规模看，大型城市的公共图书馆普及率在 50.3%，高于 44.8% 的平均水平；小型城市的图书馆普及率为 46.8%，也处在平均水平之上；而中型城市的图书馆普及率仅有 35.1%，低于平均水平。

社区阅览室的普及率在东部地区较高，高于中部、西部地区近 10 个百分点；就城市规模而言，大型城市的社区阅览室以 39.4% 普及率高于平均水平，中、小型城市均未及平均水平。在社区中开设公共阅览室，能够作为公共图书馆的补充渠道，为更广阔的人群、在更广的范围内提供阅读机会，应在国民阅读中发挥更重要的作用。

报刊栏普及率在中部地区的普及率低于东、西部地区，而大型城市的报刊栏普及率也明显高于中、小型城市。

就几种公共服务设施的综合普及率而言，东、西部地区高于中部地区；而大型城市的公共文化设施普及率达到 70.4%，高于小型城市的 63.9% 及中型城市的 58.6%。

在公共文化设施总普及率上，少数民族地区高于非少数民族地区，尤其是在公共图书馆和报刊栏的普及率上；但在社区阅览室的普及率上，少数民族地区低于非少数民族地区（见表 8-1-1）。

表 8-1-1　不同区域城镇地区公共文化设施普及率（%）

	公共图书馆普及率	社区阅览室普及率	报刊栏普及率	其他公共文化设施普及率	公共文化设施总普及率
东部	43.9	33.2	51.9	0.7	66.5
中部	46.0	24.1	44.8	0.6	61.0
西部	45.2	23.5	54.2	0.7	67.4

续前表

	公共图书馆普及率	社区阅览室普及率	报刊栏普及率	其他公共文化设施普及率	公共文化设施总普及率
大型城市	50.3	39.4	60.7	0.6	70.4
中型城市	35.1	23.0	43.9	0.4	58.6
小型城市	46.8	19.7	41.7	0.9	63.9
少数民族地区	51.2	25.5	58.8	1.0	73.4
非少数民族地区	44.1	29.0	49.2	0.6	64.1

8.1.2　城镇地区公共文化设施使用率

　　总体而言，公共服务设施的使用频率以阅报栏为最高，平均使用频率为 13.3 次/年，而每月使用阅报栏一次以上的居民比例达到49.9%，公共阅报栏是居民最经常使用的公共阅读文化设施。社区阅览室的平均使用频率为 6.9 次/年，略高于公共图书馆的使用频率（见表 8-1-2）。

表 8-1-2　城镇地区公共文化设施使用率

	公共图书馆	社区阅览室	阅报栏
1 个月一次以上（%）	18.8	20.5	49.9
2—3 个月一次（%）	7.6	4.8	5.2
4—6 个月一次（%）	7.7	3.9	44.9
1 年一次（%）	8.6	4.4	0.0
从未使用（%）	57.3	66.4	0.0
平均使用频率（次/年）	6.5	6.9	13.3

　　从不同人口背景特征来看，如表 8-1-3 所示，男性使用公共文化设施的频率在各项设施上均高于女性。

表 8-1-3　城镇地区不同性别人群公共文化设施使用率（%）

	公共图书馆	社区阅览室	阅报栏
女	5.9	6.5	21.8
男	7.1	7.4	24.7

从年龄分布看，随着年龄的升高，使用公共图书馆的频率逐渐下降，而18—29周岁年龄段的人群公共图书馆使用率最高，为9.8次/年，其中，每个月去一次以上图书馆的比例达到27.8%。

表 8-1-4　城镇地区不同年龄段人群公共图书馆使用率

年龄	1 个月一次以上（%）	2—3 个月一次（%）	4—6 个月一次（%）	1 年一次（%）	从未使用（%）	平均频率（次/年）
18—29 周岁	27.8	9.3	8.6	9.5	44.9	9.8
30—39 周岁	18.7	8.9	9.1	9.2	54.1	6.2
40—49 周岁	14.9	7.5	8.1	7.5	62.1	5.0
50—59 周岁	12.7	5.4	4.9	7.9	69.1	4.7
60—70 周岁	11.9	3.5	5.2	8.3	71.1	4.0

各个年龄段人群的社区阅览室使用率中，60—70 周岁年龄段人群使用频率最高，为8.7次/年。社区阅览室为老年人增加了阅读机会，给老年人的生活学习提供了理想去处。其他各年龄段人群使用社区阅览室的频率较为平均，总体而言，每月使用社区阅览室一次以上的比例均达到19%以上。

表 8-1-5　城镇地区不同年龄段人群社区阅览室使用率

年龄	1 个月一次以上（%）	2—3 个月一次（%）	4—6 个月一次（%）	1 年一次（%）	从未使用（%）	平均频率（次/年）
18—29 周岁	21.0	4.8	3.7	6.3	64.2	7.4
30—39 周岁	19.3	4.3	4.1	4.2	68.1	6.5
40—49 周岁	19.8	6.6	4.2	4.1	65.4	6.3
50—59 周岁	20.2	4.3	3.6	3.0	68.8	6.7
60—70 周岁	23.7	2.5	4.1	3.9	65.8	8.7

阅报栏的使用在各个年龄段中较为平均，每个月使用频率在一次以上的人群占调查样本总体的50%左右。

表 8-1-6　城镇地区不同年龄段人群阅报栏使用率

年龄	1个月一次以上（%）	2—3个月一次（%）	4—6个月一次（%）	平均频率（次/年）
18—29 周岁	49.5	4.9	45.6	23.8
30—39 周岁	49.0	5.3	45.7	22.3
40—49 周岁	50.9	5.6	43.5	23.2
50—59 周岁	50.4	5.2	44.4	23.4
60—70 周岁	49.9	4.7	45.4	24.4

城镇地区学生和非学生群体对不同种类公共文化设施的使用频率比较如图 8-1-2 所示：

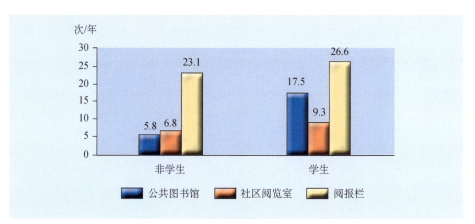

图 8-1-2　城镇地区学生和非学生群体对不同种类公共文化设施的使用率

比较学生和非学生群体使用公共文化设施的频率，可以看出学生群体使用各种形式的文化设施的频率均高于非学生群体。其中，学生使用公共图书馆的频率最高，为 17.5 次/年，学生是公共文化设施的最大使用者和收益者。

少数民族地区人口和非少数民族地区城镇人口对公共文化设施的使用频率比较如图 8-1-3 所示：

少数民族地区城镇人口在各公共文化设施的使用频率上高于非少数民族地区城镇人口。

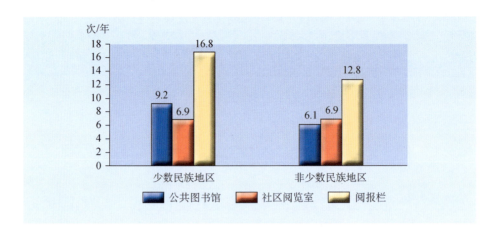

次/年

图 8-1-3　少数民族和非少数民族城镇地区公共文化设施使用率

8.1.3　城镇地区公共文化设施满意度

城镇地区各公共文化设施满意度如图 8-1-4 所示：

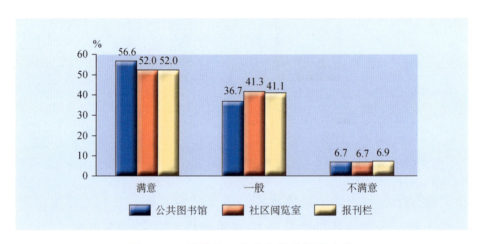

图 8-1-4　城镇地区公共文化设施满意度

从满意度水平分析，公众对于公共文化设施的满意度普遍达到
50％以上。其中，对于公共图书馆的满意度最高，56.6％的人群表
示对公共图书馆"满意"或"比较满意"，仅有 6.7％的人群对公共
图书馆表示不满意。社区阅览室、报刊栏的公众满意度也均超
过 50％。

东、中、西部地区对公共文化设施满意度比较如图 8-1-5 所示：

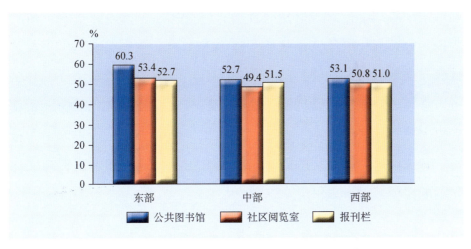

图 8-1-5　东中西部城镇地区公共文化设施满意度

从东、中、西部各个区域分析来看，东部地区人口对于公共图书馆及社区阅览室、报刊栏的满意度均最高；而中、西部地区对于各个公共服务设施的满意度差别不大，均在 50% 左右。

少数民族地区和非少数民族地区对公共文化设施满意度比较如图 8-1-6 所示：

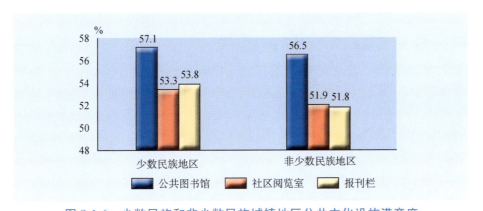

图 8-1-6　少数民族和非少数民族城镇地区公共文化设施满意度

少数民族地区人口对城镇公共文化设施的满意度略高于非少数民族地区人口。

■ 8.2　农村地区公共文化设施——农家书屋

农家书屋工程是新闻出版总署等 8 部委于 2007 年初共同发起实

施的一项惠及广大农民群众、推动农村文化建设的重大工程，被列为国家公共文化服务体系建设 5 项重大工程之一。农家书屋工程是社会主义新农村文化建设的基础性工程，是由政府规划主导、社会各方参与、农民自主管理的，建在行政村上的公用文化场所。实施农家书屋工程将从根本上解决广大农民群众看书难、借书难、看报难、音像电子产品缺乏的问题，满足农民求知成才和丰富精神文化生活的愿望，保障人民群众基本文化权益。

8.2.1　农村地区公共文化设施普及率

经过近一年的实施和发展，农家书屋在农村地区取得了一定成效，在全国的普及率达到 12.7%。

分区域来看，东部地区农家书屋的普及率高于中部、西部地区，达到 16.3%；中部地区普及率在 12.9%，与平均水平基本持平；而西部地区农家书屋的普及率为 7.3%，仍然需要大力发展和普及。

从城市规模看，中型城市农家书屋的普及率最高，为 19.2%，而大型、小型城市则相对较低。大型城市城镇化水平高、城镇公共文化设施齐全，农家书屋的普及需求并不迫切；相比而言，小型城市发展农家书屋的力度仍需加大。

从民族区域看，非少数民族地区农家书屋普及率为 14.3%，显著高于少数民族地区的 3.4%。

具体情况如表 8-2-1 所示：

表 8-2-1　不同区域农村地区农家书屋普及率

地域	农家书屋普及率（%）	城市	农家书屋普及率（%）	民族	农家书屋普及率（%）
东部	16.3	大型城市	7.4	少数民族地区	3.4
中部	12.9	中型城市	19.2	非少数民族地区	14.3
西部	7.3	小型城市	8.9		

8.2.2 农村地区公共文化设施使用率

如表 8-2-2 所示，从使用频率上看，已经建成农家书屋的地区，其平均使用频率为 6.7 次/年，与城镇公共文化设施中公共图书馆 6.5 次/年、社区阅览室 6.9 次/年的平均使用频率不相上下。

表 8-2-2　我国农村地区农家书屋使用率

频率	使用程度
1 个月一次以上（%）	19.2
2—3 个月一次（%）	9.4
4—6 个月一次（%）	5.8
1 年一次（%）	6.9
从未使用（%）	58.7
平均使用频率（次/年）	6.7

如表 8-2-3 所示，从不同地域的农家书屋使用频率看，呈现出西部地区高于中、东部地区，小型城市高于大、中型城市的特点。具体而言，西部地区使用农家书屋频率在"一个月一次以上"的人群占 27.2%，而小型城市中使用频率在"一个月一次以上"的人群为 25.7%，均明显高于平均水平。

结合农家书屋在各个区域的普及率看，西部地区、小型城市均为农家书屋普及率较低的区域，充分证明这些地区普及农家书屋的需要更为迫切。

少数民族地区的情况也是如此，少数民族地区农家书屋的普及率远低于非少数民族地区，但有农家书屋地区人口对农家书屋的使用频率远高于非少数民族地区。

表 8-2-3　不同区域农村地区农家书屋使用率

	1 个月一次以上（%）	2—3 个月一次（%）	4—6 个月一次（%）	1 年一次（%）	从未使用（%）	平均使用频率（次/年）
东部	19.7	8.8	9.7	10.4	51.4	6.6
中部	15.7	10.1	1.6	3.3	69.3	6.5

	1个月一次以上（%）	2—3个月一次（%）	4—6个月一次（%）	1年一次（%）	从未使用（%）	平均使用频率(次/年)
西部	27.2	9.2	4.7	5.7	53.2	7.5
大型城市	14.0	1.9	5.5	10.8	67.8	5.2
中型城市	17.2	9.5	5.9	4.7	62.8	6.1
小型城市	25.7	12.2	5.6	10.2	46.3	8.5
少数民族地区	39.6	13.2	7.2	6.0	34.0	10.4
非少数民族地区	18.4	9.2	5.7	7.0	59.7	6.5

不同人口特征的人群对于农家书屋的使用情况如表 8-2-4 所示：

表 8-2-4　农村地区不同人口特征人群农家书屋使用率

	1个月一次以上（%）	2—3个月一次（%）	4—6个月一次（%）	1年一次（%）	从未使用（%）	平均使用频率（次/年）
女	17.9	7.0	5.9	6.4	62.7	6.2
男	20.3	11.2	5.7	7.3	55.5	7.1
18—29 周岁	17.2	8.9	6.4	7.3	60.2	7.1
30—39 周岁	19.0	15.3	6.4	10.2	49.1	6.1
40—49 周岁	27.0	7.0	6.5	4.2	55.4	8.1
50—59 周岁	16.4	5.0	5.1	4.5	69.1	7.2
60—70 周岁	10.8	2.6	0.0	4.8	81.8	2.0
小学及以下	19.7	4.2	6.2	2.4	67.5	7.1
初中	20.2	9.6	3.8	6.9	59.5	6.1
高中/中专	12.7	9.9	8.8	12.7	56.0	8.1
大专	20.3	16.9	4.2	5.1	53.5	7.2
大学本科	31.4	6.8	20.4	6.8	34.6	2.0

　　从性别角度看，男性使用农家书屋的平均频率为 7.1 次/年，高于女性的 6.2 次/年。而从年龄分布看，除 60—70 周岁以上人群使用频率较低以外，18—59 周岁年龄段人群使用农家书屋的频率分布较为均匀，"一个月使用一次以上"的比例均高于 15%，以上数据表明农家书屋在各年龄段的农村居民中均受到一定程度的欢迎。

　　从学历分布看，大学本科学历的人群每月使用一次以上的比例最高，为31.4%，但每年使用3次以下的比例也较高，导致大学本科人群农家书屋的平均使用频率仅有2次/年。其他学历水平上，每个月使用农家书屋一次以上的比例分布也较为均匀，而平均使用频率分布在6—8次/年。

8.2.3　农村地区公共文化设施满意度及意见探讨

8.2.3.1　农村地区公共文化设施满意度

农家书屋总体满意度如图8-2-1所示：

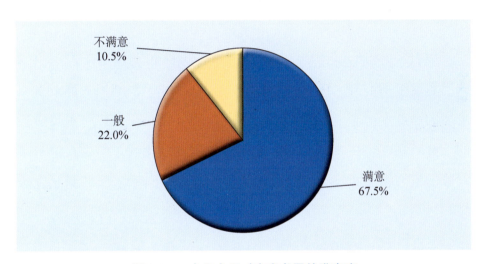

图 8-2-1　农业人口对农家书屋的满意度

总体而言，农村居民对于农家书屋的满意度较高，67.5%的农业人口对农家书屋表示满意。与城镇人口对于城市公共文化设施50%左右的满意度相比，农村居民对于农家书屋的满意度较高。

从不同区域的满意度差别看，东、中、西部地区对于农家书屋的满意度均较高，在65%—70%之间。而从城市规模看，中型城市的满意度明显高于大型、小型城市，为75.0%。

少数民族地区人口对农家书屋的态度比较模糊，选择"一般"的比例高于非少数民族地区；而非少数民族地区人口对农家书屋的满意度呈现两极化趋势，选择"满意"和"不满意"的倾向性都高于少数民族地区。具体情况如表8-2-5所示：

表 8-2-5　不同区域农村地区人口农家书屋满意度（%）

	满意	一般	不满意
东部	67.6	26.5	5.8
中部	68.9	14.4	16.7
西部	64.6	25.5	9.9
大型城市	54.4	31.1	14.5
中型城市	75.0	19.6	5.4
小型城市	59.5	23.4	17.1
少数民族地区	58.1	41.9	0.0
非少数民族地区	68.1	20.8	11.1

　　如表 8-2-6 所示，从人口特征来看，男性和女性对于农家书屋的满意度差别不大。在不同年龄段人群中，18—29 周岁人群对农家书屋的满意度低于其他年龄段，为 59.0%，而 30—70 周岁年龄段的人群满意度均在 64%—74% 之间。从职业分布看，学生人群对于农家书屋的满意度较低，相反，非学生人群对农家书屋的满意度较高，达 68.1%。

表 8-2-6　农村地区不同人口特征人群农家书屋满意度（%）

	满意	一般	不满意
女	65.5	24.7	9.8
男	69.1	19.7	11.2
18—29 周岁	59.0	30.4	10.6
30—39 周岁	73.3	19.9	6.8
40—49 周岁	72.2	17.1	10.7
50—59 周岁	64.4	16.2	19.4
60—70 周岁	68.5	18.5	13.0
非学生	68.1	21.6	10.3
学生	59.6	27.4	13.0

8.2.3.2　农村地区公共文化设施意见探讨

　　针对对农家书屋的设置表示"一般"和"不满意"的人群，我

们进一步询问了他们不满意的原因及认为缺少的读物。

对农家书屋感觉一般或不满意的原因选择比例如图 8-2-2 所示：

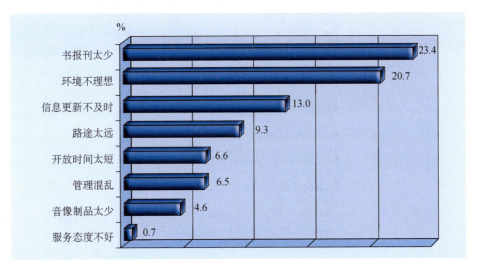

图 8-2-2　我国农业人口农家书屋不满意原因

数据显示，农业人口对农家书屋感觉"一般"的原因，最主要的是"书报刊太少"，23.4%的人群认同这一观点，也有 13.0%的人认为农家书屋的信息更新不及时。可见书刊资源、书刊信息是农业人口对农家书屋最主要的需求。认为农家书屋"音像制品太少"的人群占 4.6%。

"环境不理想"这一原因排在第二位，为 20.7%。在农业人口看来，农家书屋的硬件环境还需加强。

而"路途太远"、"开放时间短"、"管理混乱"和"服务态度不好"等关于农家书屋开放管理等软件方面的因素，虽然选择比例不高，但也是农业人口对于农家书屋感到"不满意"的原因。

如图 8-2-3 所示，对于农家书屋的出版物类型，农业人口认为最为缺少的是自然科学技术类，这一比例达到 32.0%。文学艺术类、哲学社会科学类也占到了 29.8%和 25.8%。选择文化教育和少儿读物的比例也达到 21.9%和 18.6%。另外，也有 14.6%和 11.4%的人群认为农家书屋缺少影视作品、音乐作品。

整体来说，自然科学类、文学艺术类和哲学社科类等是农业人口认为农家书屋较为缺乏的图书类型。在农家书屋的建设中，我们应该加强这些种类图书的配备。

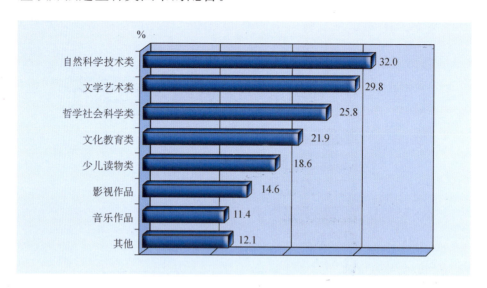

图 8-2-3　我国农业人口认为农家书屋缺少的图书类型

版权声明

图书在版编目（CIP）数据

全国国民阅读调查报告.2008/郝振省主编.—北京：中国
书籍出版社，2009.10
ISBN 978-7-5068-1943-5

Ⅰ.①全… Ⅱ.①郝… Ⅲ.①出版物－市场－调查报告－
中国－2008 Ⅳ.①G239.21

中国版本图书馆 CIP 数据核字（2009）第 178576 号

责任编辑 / 张卓宏　卢剑锋
责任印制 / 拜庆平　熊　力
封面设计 / 敬人设计工作室
装帧设计 / 楠竹文化公司
出版发行 / 中国书籍出版社
　　　　　地　　址：北京市丰台区三路居路 97 号（邮编：100073）
　　　　　电　　话：（010）52257142（总编室）（010）52257154（发行部）
　　　　　电子邮箱：chinabp@vip. sina. com
经　销 / 全国新华书店
印　刷 / 中青印刷厂
开　本 / 185mm×260mm　1/16
印　张 / 18.5
字　数 / 235 千字
版　次 / 2009 年 12 月第 1 版　2009 年 12 月第 1 次印刷
定　价 / 198.00 元